ERKENNTNIS
DES WANDELS

Erkenntnis des Wandels

Vipassana-Meditation in praktischer
Anwendung
von
Ian Hetherington

Vipassana Research Publications

VIPASSANA RESEARCH PUBLICATIONS

AN IMPRINT OF

Pariyatti Publishing

www.pariyatti.org

❧

Originalausgabe, 2003
Erste deutsche Auflage, 2024

ISBN: 978-1-68172-670-0 (Print)
ISBN: 978-1-68172-671-7 (PDF)
ISBN: 978-1-68172-672-4 (ePub)
ISBN: 978-1-68172-673-1 (Mobi)
Library of Congress Control Number: 2024935361

Deutsche Übersetzung: Vipassana-Vereinigung e.V., Deutschland

Fotografien auf den Seiten 6, 26, 42, 60, 78, 100, 184, 214 von Kirk Brown. © 2003 Kirk Brown

Fotografien auf den Seiten 134, 250, 276 von Michael Green.
© 2003 Michael Green

Inhalt

Vorwort

Ungeachtet des gegen Ende des 20sten Jahrhunderts allgemein gestiegenen Angebotes an Meditationskursen, waren der Begriff und das Potential der Vipassana-Meditation in der westlichen Welt dennoch weitgehend unbekannt geblieben. Dieses Buch, das Erfahrungsberichte von Praktizierenden im Alltagsleben enthält, soll dazu beitragen, dass Vipassana bekannter und klarer verstanden wird.

In den 1980er Jahren hatte ich das große Glück, die Vipassana-Technik direkt von S.N. Goenka zu erlernen, einem zeitgenössischen Laien-Meditationsmeister in einer Tradition, die bis in die Zeit des Buddha zurückreicht. Seitdem habe ich, wie unzählige andere auch, zu schätzen gelernt, was für ein unbezahlbares Geschenk Vipassana ist. Ich weiß aus eigener Erfahrung, dass die positiven Ergebnisse gigantisch sind, die ich persönlich wie beruflich von dieser Meditationspraxis bis heute erfahren habe. Ich bin Herrn Goenka, dessen Lehre dieses Buch durchzieht und der ein unermüdlicher und beispielhafter Botschafter für Vipassana auf der ganzen Welt ist, zutiefst zu Dank verpflichtet.

Das Buch *Erkenntnis des Wandels* entstand über einen Zeitraum von fünf Jahren hinweg. Viele Menschen weltweit haben großzügig ihre Zeit, Energie und ihr Können zur Verfügung gestellt, um diesem Projekt zur Reife zu verhelfen. Besonders dankbar bin ich den Dutzenden von Meditierenden, Schülern und Lehrern, die Geschichten ihrer eigenen Erfahrungen mit Vipassana eingesandt haben. Leider konnte hier nur eine Auswahl aufgenommen werden.

Beim Erstellen dieser Auswahl hatte ich das Glück, auf eine Fülle von Quellmaterial verschiedener Medien zurückgreifen zu können: das Vipassana Research Institute (Indien) und Pariyatti Press (USA) und ihre Autoren mit einer langen Liste von Büchern, Artikeln und Seminarpapieren; Karuna Film, Filmemacher wie David Donnenfield, Michael Norton und Gerald Frape sowie Texte von Drehbüchern und Kamera-Interviews; Michael Green und Kirk Brown stellten Fotomaterial zur Verfügung; Paul Fleischman gab mir die Erlaubnis, einen Auszug aus „Cultivating Inner Peace" zu verwenden.

Meine Aufgabe war mehr die eines Anthologen als eines Urhebers, nämlich persönliche Schilderungen mit einer leicht verständlichen Darstellung der Vipassana-Meditation und ihrer Bedeutung für das zeitgenössische Leben zu verknüpfen.

Mein spezieller Dank geht an die Lektoren Rick Crutcher von Pariyatti und Bill Hart für ihre einfühlsamen Kommentare, Vorschläge und ihre geduldige Hilfe. Indem sie uns immer wieder auf das Wesentliche zurückführten, haben ihre Anregungen zweifellos zur Verbesserung des Textes beigetragen. Dank gebührt auch dem U.K. Vipassana Trust für den überaus wertvollen Zugang zu den Mitarbeitern und Einrichtungen des Meditationszentrums in Hereford.

Meine Freunde Kirk und Reinette Brown und meine Frau Shelina haben den gesamten Text gegengelesen und mich stets ermutigt – das ideale Unterstützungsteam.

Vipassana war in den letzten 24 Jahren ein zentraler Bestandteil meines Lebens, und der Text spiegelt natürlich auch meine eigenen Erfahrungen und mein Verständnis wider, sowohl als Meditierender als auch in meiner Rolle als Assistenzlehrer. Sollten sich Fehler eingeschlichen haben, so liegen diese bei mir allein und sind kein Ausdruck der Lehre, die makellos ist.

Herzlichen Dank an alle, die zu diesem freudigen Werk beigetragen haben. Mögen sie alle an seinen Verdiensten teilhaben.

Ian Hetherington
Herefordshire, England
2002.

Einleitung

Wohin geht es jetzt?
Veränderungen in Orkanstärke kennzeichnen die heutige Zeit. Während sie unser Glück dabei abwechselnd vermehren und zerstören, stellen sie uns auf eine harte Probe. Gibt es einen Schutz vor diesem Sturm? Die Welt wird nicht anhalten, um uns aussteigen zu lassen. Was also sollen wir tun, und welchen Weg sollen wir gehen? Beugen wir uns oder zerbrechen wir? Vipassana ist eine Übung im Erfahren von Veränderung – direkt und in vollem Verstehen – jeden Moment und jeden Tag. Indem wir Veränderung direkt und mit vollem Verständnis erkennen, können wir Akteure statt passive Dulder sein. Das Ziel dieses Buches ist es, Vipassana-Meditation als eine erprobte und bewährte Art vorzustellen, wie wir unsere alltäglichen Probleme lösen können.

Das Buch ist zum einen als Würdigung einer lebendigen Meditationstradition geschrieben, die heute auf der ganzen Welt praktiziert wird und das Leben der Menschen im Großen wie im Kleinen positiv verändert, so wie sie es seit über zweitausend Jahren unfehlbar tut. Gleichzeitig ist das Buch die Einladung zu einer gemeinsamen Reise in ein faszinierendes Reich aus Fühlen, Denken und Handeln.

Vipassana ist eine uralte Meditationstechnik aus Indien. Der Buddha hat sie entdeckt, durch ihre Anwendung volle Erleuchtung erlangt und sie zum Kern seiner Lehre gemacht, die sich über den ganzen indischen Subkontinent ausgebreitet hat und von dort weiter in die Nachbarländer. Fünfhundert Jahre lang florierte Vipassana in Indien, wurde dann jedoch nach und nach verunreinigt und ging dort verloren.

Nur in Burma (jetzt Myanmar) bewahrte eine Linie hingebungsvoller Lehrer über Jahrhunderte hinweg die Theorie und Praxis der Technik in ihrer ursprünglichen Form. Es war der angesehene Laienmeditationslehrer und hohe Regierungsbeamte, Sayagyi U Ba Khin, der direkt für die Wiederbelebung von Vipassana im modernen Zeitalter gesorgt hat. In seinem Zentrum in Rangun unterrichtete er sowohl Ausländer als auch burmesische Landsleute. Zu seinen engsten Schülern gehörte S.N. Goenka, ein burmesischer Geschäftsmann indischer Herkunft, dessen Familie sich einige Generationen zuvor in Burma niedergelassen hatte. Nach vierzehn Jahren des Studiums der Meditation und mit der Unterstützung seines Lehrers kehrte Herr Goenka 1969 nach Indien zurück.

Die Mission, die U Ba Khin ihm anvertraut hatte, bestand darin, Vipassana an seinen Geburtsort, das Land des Buddha, zurückzubringen und es von dort aus in der ganzen Welt zu verbreiten. Dementsprechend begann S.N. Goenka zunächst in Indien Vipassana-Kurse zu geben und dann auch im Ausland. Mit der Zeit wurden Meditationszentren eingerichtet, die sich ausschließlich dieser Lehre widmen.

Obwohl Vipassana seinen Ursprung in Indien hat und in buddhistischer Tradition überliefert wurde, ist damit keinerlei religiöse Zugehörigkeit verbunden, und die Meditation kann von Menschen mit beliebigem Hintergrund angenommen und praktiziert werden.

Im Westen fühlen sich Menschen häufig unwohl, wenn Meditation erwähnt wird. Dabei werden verschiedene negative Assoziationen gemacht: mit „Kulten"; mit „anderen Religionen"; mit „Mystizismus". Insgesamt lässt sich jedoch sagen, dass die Menschen häufig bei dem Wort Meditation einfach nur das Gefühl haben: „Das ist nichts für uns." Durch seine Fortschritte in den letzten dreißig Jahren hat Vipassana aber gezeigt, wie unbegründet diese Ängste sind. Die Herangehensweise ist praktisch, vernünftig und wissenschaftlich – eine objektive Untersuchung unseres eigenen Geistes und Körpers, frei von jeglichem Ritual oder blindem Glauben. Vipassana wird von Angehörigen aller Religionen genauso wie von Konfessionslosen aus allen Teilen der Welt, allen Schichten und Berufen erfolgreich praktiziert. Das sollte nicht überraschen. Unsere Probleme sind schließlich universell und ebenso universell muss auch die Lösung sein. Damals wie heute sind die Menschen in Ost und West letztlich gleich.

Konkrete Beispiele für die Wirksamkeit dieser Technik werden hier anhand von Anekdoten und Recherchen vorgestellt. Wir werden sehen, wie Einzelne, durch das Praktizieren von Vipassana und über alle kulturellen Grenzen hinweg, nicht nur ihr eigenes Potential als Menschen entwickeln, sondern auch einen größeren Beitrag zur Gesellschaft als Ganzes leisten können.

Die Einladung, liebe Lesende, ist folgende: Sie werden eine grundsätzliche Beschreibung der Technik finden, so dass Sie eine Vorstellung davon haben, worum es geht. Allerdings ist das Buch kein „Do-it-yourself"-Meditationshandbuch und sollte nicht als solches verwendet werden. Für das Erlernen von Vipassana durch eigene, persönliche Erfahrung gibt es keinen Ersatz. Dazu müssen Sie sich auf einen 10-Tage-Kurs mit einem autorisierten Lehrer begeben und in einer unterstützenden Umgebung darauf einlassen. Die Kurse sind so konzipiert, dass Sie aus erster Hand erfahren, wie man meditiert und dabei die besten Ergebnisse erzielt.

Neben der Darstellung der Technik finden Sie immer wieder die Stimmen von Meditierenden verschiedener Gemeinschaften: jungen und alten, weiblichen und männlichen, einfachen und gebildeten. Bei einigen Beiträgen wurde der Name auf Wunsch geändert. Jeder von ihnen hat seine eigene Geschichte, wie er oder sie zu Vipassana gekommen ist, was sie gelernt haben, die Kämpfe, die Errungenschaften. Die gesamte

Menschheit steht vor enormen Herausforderungen. Stärkung findet sie in einer Übung, die auf Frieden, Glück, Mitgefühl und liebevolle Güte ausgerichtet ist. Dies ist das Terrain, auf dem wir uns bewegen werden.

Das Buch ist in drei Teile gegliedert:

Teil A: „Vipassana – über Unbeständigkeit meditieren" betrachtet die Auswirkungen des Wandels auf unser heutiges Leben, was Vipassana-Meditation ist und was während eines 10-Tage-Kurses geschieht.

Teil B: „Vipassana – das tägliche Leben verändern" beschreibt die verschiedenen Wege, wie Einzelpersonen und Organisationen die Lehre in täglichen Situationen zu Hause, mit Freunden und im Rahmen von Erziehung, Handel und Verwaltung sowie mit Blick auf Sozialreformen und Gesundheit anwenden.

Die Anhänge bieten Informationen für alle, die mehr über Vipassana erfahren und wissen möchten, wie man an einem Kurs teilnimmt.

Möge das, was Sie hier lesen, Ihnen bei Ihrer eigenen Suche nach Glück und Wahrheit Ermutigung und Richtung geben.

∿

VIPASSANA –
ÜBER UNBESTÄNDIGKEIT
MEDITIEREN

∿

KAPITEL I

HERAUSFORDERUNG UND WANDEL

„Um 1965 in einem kleinen griechischen Küstendorf unehelich gezeugt, war meine leibliche Mutter in dem kulturellen Klima des Ortes und zu dieser Zeit nicht in der Lage, mich zu behalten und aufzuziehen. Stattdessen wurde ich nach meiner Entbindung im stadtauswärts fahrenden Dorfbus in einem nahe gelegenen Waisenhaus untergebracht. Das war zwar ein unglücklicher Anfang, jedoch wurde ich mit sechs Monaten von einer griechisch-amerikanischen Familie adoptiert und in eine Großstadt im Mittleren Westen der Vereinigten Staaten gebracht. Von meiner Familie wurde ich gut versorgt, was mich während meiner prägenden Jahre stabilisiert und geerdet hat. Die Wunden der Adoptionsgeschichte von beiden, der Familie und dem Sohn, wurden jedoch niemals direkt angesprochen, wodurch einige begannen, langsam vor sich hin zu eitern. Außerdem streute eine verwirrende Familiendynamik immer wieder Salz in diese Wunden. Ich wurde mit der Aufgabe alleingelassen, all die Fürsorge und Liebe, die ich in meiner Familie erfahren hatte, gegen die ständigen Einflüsterungen von Angst und Beklemmung aus meinem eigenen Innern zu verteidigen.

Während meiner Kindheit begegnete ich dieser Herausforderung, wie es viele Kinder tun, indem sie ihre Mütter in philosophische Diskussionen verstricken. Bis heute erinnere ich mich an viele dieser Gespräche, in deren Mittelpunkt meine Beschäftigung mit dem Ursprung des Lebens, dem Ende des Lebens und dem Leiden anderer stand.

Nach einer Ivy League-Erziehung auf den besten Universitäten und einem Master in Spiritualität kehrte ich in meine Heimatstadt zurück und nahm einen Job in einer örtlichen „Progressive Ära"-Buchhandlung an[1], um alles über das Menschsein zu lesen, was ich nur konnte. Meine formale Ausbildung konnte meine Neugier hinsichtlich existenzieller Fragen nicht befriedigen. So nahm ich den Job an, um neben dem bisschen Gelderwerb auch den Widersprüchlichkeiten universeller Bedingungen und meiner eigenen Geschichte auf den Grund zu gehen. Ich las Bücher über Heilen, Familiendynamik, Adoption, Trauer, die „Scienza nuova"[2] etc. Schließlich gelangte ich zur Abteilung über den Buddhismus, und die Botschaft, die ich besonders von einem Autor übernahm, lautete, man müsse zur Überwindung des Leidens zuerst das gesamte Gebiet des Denkens und der Sprache überwinden. An diesem Punkt erreiche man eine doppelte Perspektive, bei der die Schönheit wie auch der Wahnsinn des Lebens sich gleichsam in einem einzigen stillen Mysterium auflösen. Dem Autor zufolge könne Verstehen und Lesen allein dieses Paradox nicht lösen. Dazu sei nur Meditation in der Lage.

Meditation würde es also sein und weg war ich, um den Weg jenseits des Leidens zu erlernen…"

Dimitri Topitzes aus Wisconsin, USA,
saß seinen ersten Vipassana-Kurs 1996.

---

1   Die Progressive Ära war eine vom Mittelstand getragene Reformbewegung in den USA Anfang des 20sten Jahrhunderts – die Übersetzer.

2   Die Scienza nuova war eine italienische Strömung aus dem 18. Jahrhundert, die untersuchte, unter welchen Bedingungen Zivilisationen entstehen, florieren und vergehen – die Übersetzer.

Unbeständigkeit – die einzige Gewissheit, die es gibt

Für alle Menschen, die gegen Ende des zwanzigsten Jahrhunderts im Wohlstand aufgewachsen sind, könnte man meinen, dass die meisten Probleme des Lebens gelöst sind. Die Mehrzahl der Bevölkerung ist gut ernährt und hat ein komfortables Zuhause. Wir leben länger und verbringen weniger Zeit in Erwerbstätigkeit. Wir haben mehr Geld als jemals zuvor und ein weites Spektrum an Gütern und Diensten, die wir erwerben und genießen können. Sollten allerdings Selbstmordraten, Scheidungsstatistiken und Drogen- und Alkohol-Missbrauchszahlen verlässliche Indikatoren sein, dann sind selbst die Wohlhabenden nicht glücklich.

Es überrascht nicht, dass die verschiedenen Minderheiten, ethnische Gruppen in ihren Ghettos, ältere Menschen, Behinderte oder Kranke, die arbeitslose Unterschicht – alle, die keinen Zugang zu Wohlstand und Chancen haben – in jeder Hinsicht schlechter abschneiden. So entsteht leicht ein Teufelskreis der Entbehrung, der natürlich nicht nur für Einzelne, sondern indirekt für alle Menschen bittere Folgen nach sich zieht. Dieselben Städte, die tagsüber als Finanz- und Handelszentren fungieren, werden nachts zu Elendsquartieren. Szenen, die wir lieber mit weit entfernten Baracken in Verbindung bringen würden, spielen sich nun in unseren eigenen Hinterhöfen ab.

Die eine Hälfte der Welt scheint jenseits aller Vorstellung beschäftigt zu sein, arbeitet rund um die Uhr, bis zum Ausbrennen. Die andere Hälfte ist ohne Beschäftigung, vom Geschehen abgekoppelt, verbittert. Was für ein höllischer Plan ist das?

In den Entwicklungsländern können die einfachen Bedürfnisse nach Getreide, Wasser und Obdach nicht befriedigt werden, obwohl der Reichtum der Erde groß ist. Es besteht die Gefahr, dass sich viele Schwellenländer kopfüber in den „Fortschritt" nach westlichem Vorbild stürzen und letztlich ihre eigene Bevölkerung erneut in die Spaltung treiben. Armut ist zwar nicht absolut, aber doch relativ, wenn man sie mit dem

Lebensstandard in den Industrieländern vergleicht. Wie seit jeher ist das Überleben für die meisten in diesen Teilen der Erdkugel eine Vollzeitbeschäftigung. Es könnte sie jedoch überraschen, zu entdecken, dass die Reichtümer, nach denen sich viele sehnen, gar nicht zur Zufriedenheit führen. Der Preis für wirtschaftlichen Erfolg ist hoch, nicht nur für die offensichtlichen Verlierer, sondern auch für die angeblichen Gewinner. Weniger Arbeiter in Fabriken, Farmen, Büros und Geschäften arbeiten länger und das mit mehr Pflichten, oftmals für weniger Geld und geringe Befriedigung. Die Auswirkungen des quantitativen und qualitativen Wandels auf das Leben der Menschen sind überall zu beobachten. Ein sicherer Arbeitsplatz gehört bald der Vergangenheit an und mit ihm das soziale Sicherheitsnetz, das unter ihm aufgespannt war.

Der heutige Tagesablauf – die Termine, die Aufgaben,
die Pflichten, Prioritäten, Fristen.
Zeit für Persönliches? Gestrichen.

Unermüdlich werden Designer-Träume für jede Bevölkerungsgruppe produziert, gefertigt und vermarktet. Diejenigen, die hart arbeiten, werden dazu getrieben, auch sonst hart zu spielen – im Fitnesscenter, in der Bar oder im Club, entlang der Einkaufsmeile. Der Druck, Erfolg zu haben und zur Schau zu stellen, steht an oberster Stelle, und wo es nicht genug Belohnung gibt oder die Gier dominiert, gedeihen Kriminalität und Korruption. Die Palette der Fluchtmöglichkeiten wie beispielsweise Partys, Schlemmerei, Komasaufen, exotische Reisen, in allem auf dem neuesten Stand der Technik sein, wird oft ausprobiert. Die Linderung, die solche Angebote bieten, ist jedoch von kurzer Dauer, eine kurzzeitige Ablenkung vom Alltagstrott. Wo führt uns das hin?

Mit Sex lässt sich alles verkaufen: von Autos und Kosmetika
bis hin zu Sport und selbst Brotlaiben – eine Besessenheit mit
epidemischem Ausmaß.

Was können wir über den Veränderungsprozess sagen, den wir durchleben? Das Leben war schon immer mit Kämpfen verbunden, aber was Tempo und Intensität angeht, ist dieses Zeitalter in der Geschichte der Menschheit wohl unübertroffen. Die Revolution in Wissenschaft, Technologie, Medizin und Kommunikation sorgt für Schlagzeilen. Hingegen zeigt die Flut der miteinander konkurrierenden Ideologien ein anderes Bild: Kolonialismus, Kapitalismus, Faschismus, Kommunismus, Rassismus, Feminismus, Umweltaktivismus, Fundamentalismus; die Liste wächst stetig weiter. Die eigentlichen Dramen spielen sich aber auf der menschlichen Ebene ab. So viele Fragen werden aufgeworfen, die entweder ignoriert werden oder in einem Vakuum enden, wo eigentlich Antworten sein sollten. Die Tradition beugt sich der Moderne. Was sollen wir tun, wenn es keine Arbeit gibt? Wenn es sich gut anfühlt, tu es – vergiss die Konsequenzen. Wenn es hart auf hart kommt, gehen die Harten in Führung. Gibt es noch irgendeine bleibende Bindung zum Partner, den Eltern, Kindern, Freunden, Arbeitskollegen, Geschäftspartnern und zu dir, meinem Nachbarn? Gibt es jenseits der Nettigkeiten noch irgendetwas außer nacktem Eigennutz? Überall drohen Geld und Selbstbelohnung das komplizierte Geflecht aus gegenseitigem Respekt, Fürsorge und Verantwortung zu verdrängen, das sich einst zusammen mit unserer Spezies entwickelt hat. Die Familie, heißt es, ist tot, Religion irrelevant, Politik – die ultimative Heuchelei. Der Zynismus dieser Zeit ist zersetzend und alle werden davon berührt. Man denke nur an die hasserfüllten Attacken auf Ausländer oder die letzte Episode von Verkehrsrowdytum. Wir sind in keinem guten Zustand.

Wer braucht schon diesen ganzen Stress?

Menschen auf der ganzen Welt versuchen, in diesem Strudel einen Sinn in ihr auf den Kopf gestelltes Leben zu bringen. Mit Glück finden wir die Ressourcen in uns selbst und die Sachkenntnis und Unterstützung, die uns weiterbringen, im Außen. Haben wir weniger Glück, bringt uns die Kombination aus persönlicher Schwäche, Vernachlässigung und aggressivem Geschäftsgebaren in die Klemme. Kein Wunder, dass ohne Vorbereitung darauf oder Rückhalt so viele Menschen in der einen oder anderen Form unter kräftezehrendem Stress leiden. Stress – unsere Seite des Paktes mit dem Teufel, die Kehrseite unserer Glitzerkultur – eine Kultur in Gefahr, den Kontakt zum Boden zu verlieren.

Körper braten am Strand in der Sonne
Wie zwanghafte Raucher,
Die zwar das Risiko kennen
Aber denken, dass es jemand anderen treffen wird.

Während wir eine Zeit anhaltender, ja sich beschleunigender Turbulenzen durchlaufen, erkennen immer mehr Menschen, dass etwas getan werden muss, um das Gleichgewicht in der Gesellschaft wiederherzustellen und aufrechtzuerhalten. Die Uhr zurückzudrehen ist keine Option. Die guten alten Zeiten sind vorbei. Es ist ihr Schicksal, nur noch als Kuriosum in den Archiven historischer Internetseiten aufzutauchen. Institutionen, Schulen, Wirtschaftsgesellschaften, selbst Regierungen können zwar mit der Zeit gehen, aber nur so schnell, wie der Einzelne es zulässt. Der Schlüssel zum Glück liegt in den Individuen selbst.

Wie geht der Mensch mit dem Ausmaß an Veränderungen um, die wir gerade beschrieben haben? Überleben – durch Kampf, Flucht oder jedes andere Mittel – erfordert Anpassung. In dem Maße, wie wir neue Gegebenheiten akzeptieren und unser Verhalten entsprechend anpassen können, werden wir mehr im Einklang mit der neuen Situation sein. Dennoch nehmen wir möglicherweise viele äußerliche Veränderungen als unwillkommen wahr, als unbequem und störend für unsere gewohnten Lebensmuster. Also ist die Reaktion darauf entweder Verleugnung oder Widerstand. Andererseits denken wir vielleicht, dass wir uns der Herausforderung stellen und ganz gut damit zurechtkommen, während auf einer tiefen unbewussten Ebene des Geistes eine heftige Reaktion stattfindet und unsere wahren Gefühle unterdrückt werden.

Die Welt mag sich ja verändern;
Aber lass mich bloß damit in Ruhe.

Der Geist und seine Inhalte sind immens wichtig. Wie ein Eisberg, von dem nur die Spitze sichtbar ist, repräsentiert der bewusste Geist nur einen kleinen Teil des Ganzen. Der Intellekt, der rationale Teil des Geistes, wird häufig mit dem Ganzen verwechselt. Tatsächlich existiert unter der Oberfläche ein riesiger Vorrat an ungesehenen und nicht gefühlten Erfahrungen und Emotionen, die ständig auf den bewussten Geist einwirken und ihn dominieren. Um mit Unbeständigkeit nicht nur auf einer oberflächlichen Ebene umzugehen, müssen wir vollen Zugang zu den Mysterien unseres Geistes haben. Ebenso brauchen wir eine sichere Art an uns selbst zu arbeiten, die uns hilft, uns in der Tiefe unseres Seins an dem Strom auszurichten, der das ganze Universum durchzieht. Vipassana-Meditation stellt genau solch eine Methode zur Verfügung. Durch Selbstbeobachtung kann jeder von uns die Wahrheit über sich selbst erfahren und eine lebendige Weisheit entwickeln, um effektiv mit Veränderung umzugehen.

‿❧

„Es war der 26. April 1977, fast drei Jahre nach meiner Zeit in Indien und viele Monate seit meiner letzten ernsthaften Meditation. Obwohl ich mich völlig orientierungslos in den fremden, dunklen Straßen von Guatemala befand, erreichte ich den Flughafen pünktlich zum Abflug. Mein Ziel war Tikal, die Stätte der größten Maya-Ruine. Der Abflug erfolgte mit ziemlicher Verspätung. Die Stadt liegt hoch, und wir begannen den Sinkflug zu einer Küstenstadt, wo wir einen Stopp einlegen wollten, bevor wir Tikal erreichen würden. Das Flugzeug hatte zwei Motoren, aber einer davon entwickelte eine Störung, und wir versuchten nach Guatemala City zurückzukehren. Das Flugzeug hatte nicht genug Kraft, um nur mit einem Triebwerk zu fliegen und wir sanken tiefer und tiefer in Richtung Boden. Ich wusste nicht, dass etwas wirklich falsch lief und schaute in Erwartung der Landebahn weiter aus meinem Fenster.

Dann stießen wir gegen etwas, und ich wusste, wir würden abstürzen. Ich sagte ziemlich wörtlich zu mir: „Die Chancen, dass ich dies überlebe, sind nicht sehr gut", drückte meinen Kopf gegen die Rückseite des Sitzes vor mir und wartete auf den Zusammenstoß, der mein Leben beenden würde. Ich fühlte weder Angst noch Bedauern darüber, in dieser Situation zu sein. Positive Gefühle hatte ich aber auch nicht gerade. Jetzt war es nur eine sich entfaltende Erfahrung und Emotionen waren daran nicht beteiligt.

Wir prallten ziemlich hart auf, kamen aber schließlich zum Stehen. Mein Kopf kam hoch und ebenso die Köpfe all der restlichen Passagiere. Alle schauten sich mit überraschtem Gesichtsausdruck um. Ich konnte Rauch wahrnehmen, aber ich war immer noch nicht beunruhigt. Ich war im hinteren Teil des Flugzeugs und stand noch an meinem Platz, während diejenigen weiter hinten schon den Gang zu den Ausgängen über den Tragflächen nahmen. Ähnlich war es von der Spitze des Flugzeugs aus. Die letzte Person von vorne verließ eben den Ausgang über eine Tragfläche, als ich über die andere rausging, und dann war das Flugzeug komplett leer.

Nachdem ich draußen war, rannte ich gerade so weit, bis ich mich vor einer Explosion sicher fühlte. Dann hielt ich an, drehte mich um und machte die ersten beiden Bilder einer Serie. Dann zog ich mich weiter zurück und sah zu, wie die Flammen immer höher schlugen und immer, wenn das Feuer eine neue Treibstoffquelle erreichte, gab es ein Geräusch wie „Whumm". Meine Sachen waren noch im Flugzeug, einige davon hatte ich gerade erst erworben, andere hatten mich schon einige Jahre auf meinen Reisen begleitet. Ich wusste, dass sie verloren waren, fühlte aber kein Bedauern. Alles in allem war es einfach eine sehr interessante Erfahrung."

Charles Brown besuchte seinen ersten Kurs 1974
Heute lebt und arbeitet er in Seattle, USA.

❧

Manche Menschen suchen nach einer neuen Richtung, wie Vögel, die auf den Ruf der Jahreszeiten warten. Sie haben die Stärke, unbekanntes Gebiet auf eigene Faust zu erforschen – was gilt es als nächstes zu tun, wohin soll es gehen – in ihren Beziehungen, in ihrem Gewissen. Sie experimentieren mit Situationen, testen sich und ihre eigenen Reaktionen aus. Ob artikuliert oder nicht, findet eine Suche nach sich selbst statt, wird eine spirituelle Reise unternommen. Andere sind vielleicht Sessel-Selbstentwickler. Wenn sie lesen oder hören, dass man mehr Kontrolle über sein Leben erlangen kann, fühlen sie sich zwar angezogen, aber sie fühlen sich wohler bei dem Gedanken an eine Veränderung als bei der Anstrengung, diese auch herbeizuführen. Vielleicht haben sie Zweifel, ob sie die Angewohnheiten eines ganzen Lebens ändern können, oder Angst, was geschieht, wenn sie es tun. Vielleicht fehlt ihnen das Vertrauen, dass normale Menschen die Fähigkeit selbst besitzen könnten, ihr Leben zu transformieren, und nicht eine äußere Macht. Vor allem aber haben sie Angst vor dem Unbekannten. Eine andere Gruppe, in Vogel-Strauß-Manier, scheint mit ihrer Existenz, so wie sie ist, mehr oder weniger zufrieden zu sein und zeigt kein Interesse jenseits sofortiger materieller Bedürfnisbefriedigung.

Vielleicht sind diese Stereotypen auch weniger wie starre Persönlichkeitsmuster, sondern Phasen, die jeder irgendwann durchlaufen kann. Wie tektonische Platten verschieben sich auch ständig die Masken, die wir tragen. Selbst die engste selbstzufriedene Sicht auf das Leben kann durch eine plötzliche

Krise zunichte gemacht werden: der Tod eines geliebten Menschen, schwere Krankheit, der Verlust unserer Besitztümer oder unseres Status. Paradoxerweise können wir gerade dann, wenn wir am verwundbarsten sind und mit all dem Gepäck aus der Vergangenheit ringen, am innovativsten sein und uns auf einen Wendepunkt ausrichten. Groß oder klein, sofort oder später, diesen Herausforderungen an unsere eingefahrene Routine sehen wir uns immer wieder ausgesetzt. Und wenn wir kein effektives Mittel haben, um damit umzugehen, werden sie uns jetzt überwältigen und später immer wieder heimsuchen. Wir brüsten uns heute mit der Technologie von Raumsonden, Gentechnik und intelligenten Waffen – und übersehen so häufig die Notwendigkeit, die immense Kraft unseres eigenen Geistes zu nutzen. Eine Kraft im Guten, um unsere eigene Verwirrung in einer Welt voller schwieriger Entscheidungen zu klären; eine Chance zur echten Selbstverbesserung – die auch anderen helfen wird. Das ist das Versprechen der Vipassana-Meditation.

Jeder wünscht sich Frieden und Glück,
aber wo findet man sie?

KAPITEL 2

WAS IST VIPASSANA-MEDITATION?

❧

„Ich habe meinen ersten Vipassana-Kurs im Oktober 1991 gemacht. Davor war ich schüchtern und nervös, hatte Angst davor, neue Leute zu treffen und war ziemlich schnell schlecht gelaunt. Ich war ein ziemlich negativer Mensch. Als Kind wurde ich aufgrund meiner negativen Lebenseinstellung „Eeyore" genannt (eine schwermütige Eselsfigur in A.A. Milnes Geschichten von „Pu, dem Bären"). Es muss etwas Wahres dran gewesen sein, denn unabhängig davon haben mir auch meine Kommilitonen an der Universität denselben Spitznamen gegeben. Bis zu einem gewissen Grad bin ich natürlich immer noch dieselbe Person, aber es gab da einige große Veränderungen..."

Kerry Jacobs wurde Vor-Ort-Schriftstellerin in einem britischen Gefängnis und unterrichtet jetzt in Japan.

Warum meditieren?

Meditation bedeutet für jeden etwas anderes. Im Westen hat das Wort gemeinhin eine sehr lockere Bedeutung, die mit „nachdenken", „grübeln", „reflektieren" verbunden ist. Es kommen auch Assoziationen mit Gebet oder religiöser Kontemplation, Entspannung und veränderten Bewusstseinszuständen vor. Seit den 60er Jahren ist das Interesse an Meditation zwar kontinuierlich gestiegen, aber die Breite möglicher Definitionen kann verwirrend sein. Meditation umfasst eine große Palette an Aktivitäten, die alle denselben Begriff auf sehr unterschiedliche Art und Weise verwenden. Für viele bleibt es ein verschwommenes Gebiet, bisweilen sogar unheimlich. Worum geht es dabei denn eigentlich?

In Vipassana bedeutet Meditation geistige Entwicklung. Sie bezieht sich auf bestimmte spezifische Übungen und Techniken, die verwendet werden, um den Geist zu konzentrieren und zu entwirren.

Es gibt so viele andere dringende Anforderungen an unsere Zeit und Aufmerksamkeit. Warum also würde irgendjemand meditieren wollen?

- Mit Vipassana lernen wir, wirklich in unser Herz und unseren Geist zu gehen, um herauszufinden, wer wir sind, und auf dieser Wahrheit aufzubauen.
- Wir lernen, wie wir von der Außenwelt mit all ihren Anreizen zurücktreten können, um uns selbst zu erden, uns zu zügeln – körperlich, mental und spirituell und uns wieder mit der Natur zu verbinden.
- Wir lernen, dass der Frieden in uns selbst ist und wie wir ihn finden.
- Wir meditieren, um den Geist zu stärken. Ein Athlet verbringt jeden Tag Stunden damit, den Körper fit zu halten. Die Übungen, die wir bei Vipassana praktizieren, sorgen für ein gründliches geistiges Training.
- Wir erhöhen unsere Konzentrationskraft.
- Wir entdecken frische Energiequellen.
- Wir werden anderen gegenüber zugänglicher und nützlicher für die Gesellschaft.
- Wir lernen einen praktischen Weg, die Stürme und den Stress in unserem täglichen Leben zu überwinden.
- Wir hören auf, uns selbst Schmerzen zuzufügen und unseren Kummer auf andere abzuladen.

- Wir lernen, wie wir selbstlose Liebe und Mitgefühl entwickeln und teilen können.

- Wir lernen, wie wir den Geist entgiften, positiver werden und weniger reagieren, wie wir verständnisvoller werden und weniger verurteilend, wie wir bereit sind, mehr zu geben und weniger egozentrisch zu sein.

- Wir beginnen, die Kontrolle zu übernehmen, unser Leben unermesslich zu bereichern und uns zum Besseren zu verändern.

Was Vipassana nicht ist

Etwas Neues wird oft von Zweifel und Argwohn begleitet, und für viele ist Vipassana-Meditation neu. Es ist gesund, skeptisch zu sein – gerade der spirituelle Sektor hat in den letzten Jahren seinen Anteil an Betrug, Skandalen und sogar Tragödien gehabt. Wir wollen hier eine Reihe möglicher Missverständnisse direkt behandeln.

- Bei Vipassana geht es nicht darum, vor den Anforderungen und Verantwortlichkeiten der realen Welt zu fliehen. Ganz im Gegenteil: die Meditationspraxis hilft, unsere Kapazität für eine kreative Teilnahme an der Gesellschaft zu erweitern und wird zurecht als „die Kunst des Lebens" bezeichnet.

- Handelt es sich dabei um eine weitere abstrakte Philosophie, endlos debattiert von Leuten in Elfenbeintürmen? Nein, die Lehre ist einfach und praktisch. Jeder, vom Jugendlichen bis zum Professor, kann sie verstehen. Sie ist fest in unserer eigenen Erfahrung verwurzelt, wenn wir lernen, die Wahrheit im Inneren zu beobachten. Uns wird nicht gesagt, was wir denken sollen, uns wird gezeigt, was wir sind und sein können.

- Was ist also das Ziel von Vipassana – Menschen zu kontrollieren, wie manche Religion oder Sekte? Seien wir uns im Klaren über das Ziel der Methode, und das ist, den Geist zu reinigen. Wie wir schon gesagt haben, ist der Geist das Wichtigste im Menschen. Er ist der Antrieb für alles, was wir sagen und tun. Der menschliche Geist ist voller Güte, wir erkennen das in der Unschuld kleiner Kinder, in der Spendenbereitschaft für humanitäre Hilfsprogramme und in Momenten der Selbstaufopferung. Unglücklicherweise wird diese positive Seite oft von starken geistigen Unreinheiten, wie Ärger, Hass, Leidenschaft und Angst überschattet. Solange wir nicht einen Weg finden, die Wurzeln dieser Negativitäten auszureißen und loszulassen, werden sie die dominante Seite unserer Natur bleiben. Vipassana hilft uns, unser Verhalten zu korrigieren. Das Ziel der Methode ist die Kontrolle über uns selbst, nicht die Manipulation anderer.

- Wie passt die Erleuchtung in dieses Bild? Erleuchtung ist eine andere Art, denselben Prozess zu beschreiben und erfolgt auf natürliche Weise. Wir reinigen den Geist, indem wir meditieren und unser Bestes tun, um einem gesunden Lebensstil zu folgen. Nach und nach entwickeln wir dabei in uns die Qualitäten der Erleuchtung. Vipassana gibt gute Ergebnisse hier und jetzt. Das bedeutet nicht, dass wir sofort Buddhas werden. Es werden sich langsam aber sicher Veränderungen in unserer Einstellung und unserem Verhalten zeigen, die letztlich zur Perfektion führen. Aber wir sollten uns nicht zu sehr daran hängen. Pass lieber auf die Pennies auf, dann passen die Pfundnoten auf sich selbst auf: der Himmel kann warten!

- Was ist dabei die Rolle des Lehrers und wie wird das alles finanziert? Ein Vipassana-Lehrer oder -Assistenzlehrer ist ein erfahrener Meditierender, dessen Aufgabe es ist, andere in der Meditation anzuleiten. Es geht darum, in denjenigen, die praktizieren wollen, Verstehen und Selbständigkeit zu fördern, nicht Abhängigkeit. Sie sind spirituelle Freunde für die Lernenden, nicht irgendein entfernter Guru. Es ist ein freiwilliger, unbezahlter Dienst. Diese Tradition von Vipassana ist vollkommen frei von Kommerz und hat keine Verbindung zu politischen oder religiösen Organisationen.

❧

„Es war mein großes Glück, dass ich von Geburt an total depressiv war. Schon in meinen frühesten Erinnerungen habe ich mich sehr alleine gefühlt, verstoßen von anderen Kindern und traurig. In der Schule wurde ich für eine Weile für einen Spätentwickler gehalten, oder als „zurückgeblieben", wie der Begriff zu der Zeit lautete. Mit zunehmendem Alter brachte ich im Leben immer weniger zustande, hatte wenig Freunde und verbrachte die meiste Zeit allein. Die 7. Klasse in der Schule musste ich wiederholen.

Als Teenager und weiter bis ins frühe Erwachsenenalter hinein, wurde das Gefühl der Wertlosigkeit immer stärker und häufig haben mich Selbstmordgedanken gequält. Ich habe bei einer langen Liste von Psychoanalytikern, Psychiatern, Psychologen, Beratern und Sozialarbeitern Hilfe gesucht. Sie waren alle wenig hilfreich. Mir war immer bewusst, dass ich mich wie in eine Art Kasten gezwängt fühlte, der aus verschiedenen Theorien zusammengesetzt war. Oft erlebte ich das Ego der Therapeuten als eine so starke Einmischung in den Prozess, dass es mir vorkam, als sei ich selbst entweder in ihrer Grandiosität oder in ihrem Selbstzweifel verloren gegangen.

Zu diesem Zeitpunkt, in meinen frühen Zwanzigern, fühlte ich mich am Ende der Fahnenstange angekommen. Nichts, was Psychiater anbieten konnten, schien zu helfen. Ich erkannte, dass ich, wenn ich meinem Elend auf den Grund gehen wollte, selbst die Antwort finden musste. Ich fing an, mir über spirituelle und religiöse Praktiken Gedanken zu machen. Wenn so viele Milliarden Menschen auf der ganzen Welt daran teilhaben, dann musste es doch irgendeinen Nutzen und eine gemeinsame Erfahrung geben.

Ich begann, Texte aus Christentum, Taoismus, Vedanta, Konfuzianismus, Zen, Tibetischem Buddhismus, Sufismus und mehreren „New Age"-Quellen zu lesen. Schließlich versuchte ich verschiedene Methoden. Ich hatte die vage Hoffnung, dass vielleicht hier eine Lösung liegen würde. Es schien auch einen gemeinsamen Kern der Wahrheit zu geben.

In der Praxis konnte ich ihn jedoch nicht finden. Alles schien unter Schichten von Ritual, Vorstellung, finanziellen Verwicklungen und selbst Unmoral auf Seiten der Schüler und gelegentlich eines Lehrers begraben zu sein. Dennoch blieb in mir die Saat der Hoffnung bestehen, und ich entwickelte schrittweise vier Faustregeln, die mir bei meiner Suche helfen sollten:

1. Die Übung musste kostenlos sein. Wenn es ein Wissen gibt, das zu Glück und Freiheit führt, dann müsste jeder, der es gefunden hat, jeder, der es lehrt, es mit anderen teilen wollen. Und er hätte kein Interesse daran, Profit daraus zu schlagen und es denen vorzuenthalten, die nicht bezahlen können.

2. Es durfte kein bloßer Glaube nötig sein, kein unsichtbarer Gott, keine blinde Verehrung. Jeder Schritt musste von Anfang an klar und annehmbar sein.

3. Es durfte niemanden ausschließen und niemanden verdammen, der einem anderen Pfad angehörte.

4. Der Lehrer sollte seiner eigenen Lehre folgen und frei sein von den Unzulänglichkeiten unmoralischen Verhaltens.

Diese Kriterien beschleunigten meine Suche sehr, aber sie eliminierten so ziemlich alles, mit dem ich bisher in Kontakt gekommen war. Ich praktizierte in einer eklektischen, verwässerten Schule des Buddhismus, als ich schließlich jemanden traf, der an einem Vipassana-Kurs in Indien teilgenommen hatte.

Nachdem ich dann meinen ersten Kurs mit Herrn S.N. Goenka besucht hatte, wusste ich, ich hatte das Werkzeug gefunden, das allen meinen vier Kriterien für eine reine Methode entsprach. Es gab keine Wunder, aber ich fand, dass Kurs für Kurs und Jahr für Jahr meine lebenslange Depression leichter zu handhaben war. Genauer gesagt, reagierte ich weniger auf das Leiden, das die Natur des Lebens ist. Natürlich kommen immer noch düstere Stimmungen auf, aber die ähneln eher dem Betrachten einer Wolke, die sich vor die

Sonne schiebt, als dem Gefühl, unter einer Schlammlawine begraben zu sein. "

Ben Turner ist ein Krankenpfleger,
der neun Jahre im medizinischen Personal eines
nordamerikanischen Gefängnisses gearbeitet hat.

Was ist Vipassana?

Ein Mensch kann eine Million Menschen im Kampf bezwingen,
aber jemand, der sich selbst bezwingt,
ist wahrlich der größte Sieger.

Dhammapada, 103.

Vipassana ist ein klarer, praktischer Weg, um wirklichen Geistesfrieden zu erreichen und ein glückliches, nützliches Leben zu führen. In Pali, der alten Sprache Indiens, bedeutet „Vipassana", die Dinge auf eine spezielle Art zu sehen, nämlich wie sie wirklich sind, nicht, wie sie zu sein scheinen. Es ist ein logischer Prozess der geistigen Reinigung durch Selbstbeobachtung.

Vipassana ist die Technik, die Buddha praktiziert hat, um erleuchtet zu werden, und es ist das, was er für die verbleibenden 45 Jahre seines Lebens gelehrt hat. Durch direkte persönliche Erfahrung hat der Buddha das Ausmaß erkannt, in dem wir menschliche Wesen in einer erfundenen Welt aus Phantasie und Illusion leben, unserer eigenen kleinen Welt, weit entfernt von der Realität. Vipassana-Meditation hält uns auf dem rechten Kurs, indem wir unseren Blick immer auf die Realität des gegenwärtigen Augenblicks richten.

Vipassana ist eine universelle Methode, eine Art, sich selbst zu erkennen, die unabhängig von allen religiösen Gruppierungen ist, ohne blinden Glauben oder Anbindung an organisierte Religionen. Der Buddha hat den Ausdruck „Buddhist" nicht selbst geprägt und ebenso wenig hat er für sich beansprucht, der

von ihm gelehrte Pfad sei seine alleinige Entdeckung. Er hatte
kein Interesse daran, eine Gruppe unselbständiger Anhänger oder
eine persönliche Gefolgschaft aufzubauen. Die für ihn zentralen
Themen waren zweifach: die Wahrheit des Leidens, körperlich wie
geistig, und wie man sich ganz von diesem universellen Zustand
befreit. Alles, was er lehrte, war „Dhamma", das Gesetz der Natur,
welches innerhalb und außerhalb von uns wirkt. Die gesamte
Lehre kann in einigen wenigen Zeilen zusammengefasst werden:

Verzichte auf alle unheilvollen Handlungen,
vollbringe heilsame Handlungen,
reinige deinen Geist.

Dhammapada, 183.

Die Ausübung der Vipassana-Meditation ist um diese
drei Übungen herum verankert: unheilvolle Handlungen zu
vermeiden, zugunsten heilsamer Handlungen Kontrolle über
den Geist zu entwickeln und den Geist durch die Weisheit
der Einsicht zu reinigen. Das Erlernen der Technik und ihre
Anwendung im Leben folgt keinem Ritus oder Ritual – das
Resultat sind sofortige und konkrete Verbesserungen. Heute
wie zu Buddhas Zeiten profitieren normale Männer und Frauen
und auch diejenigen, die sich einem spirituellen Leben in einer
der verschiedenen Traditionen verschrieben haben, von der
Ausübung. Die gemeinsame Hoffnung und das bleibende Ziel
sind, ein besserer Mensch zu werden.

Um die Technik zu erlernen, muss man, bevor man
selbstständig praktiziert, einen zehntägigen Kurs mit einem
qualifizierten Lehrer besuchen. Der Kurs, ob in einem der
vielen Zentren der Welt oder auf einem angemieteten Gelände,
wird immer ausschließlich auf Spendenbasis angeboten. Es
gibt keine Gebühren für Lehre, Verpflegung oder Unterkunft.
Die Lehrer und Mitarbeiter des Kurses stellen alle ihre Dienste
kostenlos zur Verfügung. In dieser reinen Tradition werden alle
Kosten durch die Spenden dankbarer Teilnehmender gedeckt,

die selbst die guten Resultate der Methode erfahren haben und wollen, dass auch andere diese Möglichkeit erhalten.

KAPITEL 3

DIE ERFAHRUNG – VOR DEM KURS

Die ersten Teilnehmenden kommen am frühen Nachmittag an. Manche schlendern mit nur einer kleinen Tasche den Weg entlang. Sie sind per Anhalter gefahren oder haben einen Bus genommen. Andere laden Berge von Bettzeug, Koffern und Sitzkissen aus ihren Autos aus:

„Willkommen im Vipassana-Meditationszentrum."

Erwartungsvolle Vorfreude liegt in der Luft, während die Ankömmlinge sich anmelden und die entsprechenden Formulare für den Kurs ausfüllen. Sie beziehen ihre Unterkünfte und packen ihre Sachen für diese ganz besonderen zehn Tage aus. Am frühen Abend gibt es eine leichte Mahlzeit, und gegen 20 Uhr soll planmäßig der Kurs beginnen. Viel Zeit also, um sich auf dem Gelände umzusehen, sich zu orientieren, die Toiletten, die Speisesäle, die Gehbereiche und den Weg zur Meditationshalle zu erkunden, in der man einen Großteil der nächsten anderthalb Wochen verbringen wird. Zeit, erneut das Kursinformationsmaterial zu lesen und sich den täglichen Stundenplan vor Augen zu führen. Vielleicht fällt einem noch die eine oder andere Frage ein, die man den Organisatoren stellen möchte, bevor der Kurs beginnt.

Einige dieser Teilnehmenden sind Tausende von Kilometern angereist, um hier das Retreat zu besuchen. Wodurch sind sie hierhergekommen? War es eine persönliche Empfehlung eines Familienmitglieds oder eines Freundes, war es ein Buch, ein Artikel in einer Zeitschrift, ein Film, oder vielleicht irgendeine zufällige Begebenheit?

❧

S.N. Goenka kam aufgrund seiner Migräne zu Vipassana. Mit Mitte Zwanzig war er schon ein äußerst erfolgreicher Geschäftsmann und ein führendes Mitglied der indischen Gemeinschaft in Myanmar. Aber der Erfolg hatte auch „eine Menge Spannungen und ein großes Ego" mit sich gebracht, und so litt er seit einiger Zeit unter starken Kopfschmerzen, die eine Behandlung mit Morphium notwendig machten. Obwohl er bereits überall auf der Welt die besten Ärzte konsultiert hatte, konnte er für seine Krankheit keine Heilung finden. Es bestand sogar die reale Gefahr, morphiumsüchtig zu werden, wenn er mit dieser Behandlung weitermachte. Dann empfahl ihm ein guter Freund, der spürte, dass S.N. Goenkas Krankheit psychosomatisch war, einen Meditations-Kurs bei Sayagyi U Ba Khin, einem Laien-Meditationslehrer, der gleichzeitig in seiner Stellung als oberster Rechnungsprüfer ein hohes Amt im staatlichen Finanzministerium bekleidete.

S.N. Goenka fühlte sich zwar davon angezogen, aber es mussten noch einige Hindernisse überwunden werden. Konnte Meditation wirklich dort helfen, wo die Elite der Medizin gescheitert war? Zudem befürchtete er, dass er zum Buddhismus konvertieren müsste, wo er doch einer strenggläubigen Hindu-Familie angehörte. Ein Treffen mit U Ba Khin half ihm, seine Vorbehalte zu überwinden und überzeugte S.N. Goenka davon, die Technik einmal auszuprobieren. Zunächst stand ihm aber noch eine herbe Enttäuschung bevor. Als er nämlich erklärte, aufgrund seiner Kopfschmerzen Vipassana lernen zu wollen, lehnte Sayagyi U Ba Khin es ab, ihn als Schüler zu akzeptieren. Nur wenn er bereit wäre, der Technik entsprechend, für die Reinigung seines Geistes zu arbeiten und dabei jegliche körperliche Besserung lediglich als Nebenprodukt eines tieferen Prozesses hinzunehmen, könne er an dem Kurs teilnehmen. Zutiefst bewegt von der Güte und Weisheit seines Lehrers, willigte S.N. Goenka ein, nach den Anweisungen zu arbeiten, und selbst nach einem einzigen Kurs waren die Veränderungen, die er an sich feststellte, bemerkenswert.

∾

Tony White aus London gab 1995 seine Arbeit im Gesundheitswesen auf und reiste als Rucksacktourist nach Indien. Er wollte mehr über sich selbst, die Welt und andere Kulturen erfahren und vielleicht zum ersten Mal in seinem Leben so etwas wie Freiheit leben.

„Ich war 29 und ziemlich unzufrieden mit meinem Leben. Ich hatte immer wieder lange Phasen, in denen ich sehr schlechter Stimmung war (diese Zustände hatte ich erlebt, solange ich zurückdenken konnte). Ich hatte gerade eine lange und qualvolle Beziehung hinter mir, trank zu viel Alkohol, rauchte Tabak und Cannabis und probierte gelegentlich auch mal andere Drogen wie LSD und ‚Speed'. Ich habe alles versucht, was mir einfiel, um mit mir selbst in Frieden zu kommen und glücklich zu sein – von harter Arbeit, über starken Alkoholkonsum in meiner Freizeit, bis hin zu viel Sex mit einer Reihe von Frauen. Irgendwie schien es egal, was ich machte, ich hatte immer noch diese Leere, Traurigkeit und Unzufriedenheit in mir. Und je mehr ich versuchte, glücklich zu werden, desto schlechter fühlte ich mich.

Ich hatte vier Jahre lang als Pfleger auf einer Akutstation in der Psychiatrie gearbeitet (und vorher schon 7 Jahre in anderen psychiatrischen Krankenhäusern). Ich fühlte mich richtig ausgebrannt, so, als hätte ich den Patienten und der Arbeit alles gegeben, was ich konnte und hätte jetzt einfach nichts mehr zu geben. Ich fühlte mich als Belastung für die Station.

Also war mein Plan, nach Indien zu reisen und die ‚Geheimnisse Asiens' zu erkunden. Ich hatte zwei bis drei

Jahre Transzendentale Meditation gemacht, aber nur mit mäßigem Erfolg…

Mit ein paar anderen westlichen Reisenden, die ebenfalls interessiert waren, die Technik zu lernen, machten wir uns von Udaipur aus auf eine lange, staubige, ermüdende und unbequeme Reise nach Bhuj in Gujarat, zum dortigen Vipassana-Zentrum, wo bald ein Kurs beginnen sollte.

Ich war dermaßen angetan von dem Gedanken, den Kurs zu machen, dass ich mit nur 35 Rupien im Zentrum ankam, völlig unsicher, wie ich überhaupt nach Delhi zurückkommen würde …"

Tony White, Großbritannien.

࿔

Im September 1981, zwei Wochen nach ihrer Hochzeit, starteten Tim und Karen Donovan von den USA aus auf eine Reise mit dem Fahrrad, die sie durch Europa, Indien und schließlich nach Nepal, zu der an einem See gelegenen Stadt Pokhara führen sollte.

„Nach ein paar Tagen stellten wir unsere Fahrräder bei einem Pensionswirt unter und mieteten uns eine Wanderausrüstung. Wir begannen eine dreiwöchige Tour und wanderten hoch zu dem kleinen Dorf Muktinath. Während dieser Zeit wuchs die Anspannung zwischen uns. Obwohl wir unseren gemeinsamen Traum, im Himalaja zu wandern, verwirklichten, stritten und brüllten wir, entlang des ganzen Weges durch wunderschöne Rhododendrenwälder, bei spektakulären Panoramen und anstrengenden Anstiegen auf endlosen Bergpfaden, fast pausenlos aufeinander ein. Einmal, unvergesslich, hielten wir für eine spektakuläre Aussicht auf die Anapurna-Bergkette an und versuchten, ganz gegenwärtig zu sein mit der eindrucksvollen Weite der Berge, die weiß vor dem Hintergrund des leuchtend blauen Himmels glitzerten. Wir fühlten uns hilflos. Wir konnten all die Schönheit gar nicht richtig würdigen, weil unser Geist wie benebelt war von all dem Leid, den Gefühlen und Gedanken.

In einer kleinen Herberge in Ghorepani trafen wir eine Deutsche, die uns die Information gab, die den Verlauf unserer Reise und unseres Lebens änderte. Wir erzählten ihr von einem Buch über Zen, das wir gelesen hatten und wie sehr wir uns zu den Lehren des Buddhas hingezogen fühlten. Wir erwähnten auch, dass wir von einem Mann namens Goenka gehört hatten, der kostenlos Vipassana-Kurse gab. Ihr Gesicht hellte sich auf und sie sagte: „Ich habe gerade letzten Monat in Kalkutta einen Kurs bei ihm gemacht, und er wird Anfang Mai einen Kurs in Katmandu geben." Tim und ich waren beide begeistert von dieser Nachricht. Wir konnten unsere Tour ganz locker zu Ende bringen und zu dem Zeitpunkt in Katmandu sein…"

Karen Donovan, USA.

❧

„Mein religiöser Hintergrund und meine Erziehung haben immer bestimmt, wie ich leben und mein Leben führen sollte. Mit anderen Worten, verstandesmäßig wusste ich, wie ich mich verhalten sollte, aber etwas in mir hat da nicht immer mitgespielt. Solange ich zurückdenken kann, habe ich nach etwas gesucht, das mich innerlich verändert, sodass ich so sein kann, wie ich weiß, dass ich sein sollte, ohne den ständigen inneren Kampf, doch lieber das zu tun, was einfacher oder angenehmer ist.

1988, bei einem Urlaub mit meiner Frau in der Nähe von Myrtle Beach, South Carolina, stöberte ich in einem Secondhand-Buchladen und stieß zufällig auf William Harts Buch „Die Kunst des Lebens". Da es gebraucht war und nur $2.95 kostete, kaufte ich es und dachte, dass ich es irgendwann mal lesen würde. Als ich es ein paar Monate später tatsächlich tat, wusste ich, dass ich einen zehntägigen Vipassana-Kurs machen musste. Ich fühlte schon vor dem Kurs, dass es das war, wonach ich gesucht hatte. Was ich unter anderem wirklich beeindruckend fand, war die Tatsache, dass keine Gebühr für den Kurs erhoben wurde. Es war einem absolut selbst überlassen, ob man nach dem Kurs etwas spenden wollte. Welche Hintergedanken könnte es bei solch einem großzügigen Angebot schon geben?

Meinen ersten Kurs machte ich im März 1989 in Shelburne Falls, Massachusetts, und es war das Wichtigste, was ich jemals in meinem ganzen Leben gemacht habe."

Ray Goss ist Sportreporter in Pennsylvania, USA.
Er ist verheiratet und hat 7 Kinder.

❧

„Seit ein paar Jahren habe ich das Gefühl, dass ich einen Wandel durchmache, eine Veränderung durchmachen muss. Es ist, als wenn eine große Veränderung bevorsteht oder ich schon mittendrin wäre. Das macht das Leben, so wie es ist, einfach unerträglich. Und da sagte ich, dass ich wirklich einen klaren Kopf kriegen müsste und mein Freund meinte: ‚Mit anderen Worten Vipassana-Meditation.' Und da dachte ich, da ist es schon wieder dieses Wort. Da habe ich dann das Informationsmaterial bestellt, mich angemeldet, und jetzt bin ich hier…"

Gespräch mit einem Neuen Schüler vor dem Kurs,
Australien, 1990.

❧

Thanda Win ist eine 34-jährige Ingenieurin und arbeitet als Projektmanagerin in Bangkok, Thailand.

„Das Wort Vipassana ist uns nicht fremd, weil ich zu einer sehr traditionsbewussten Familie burmesischer Buddhisten gehöre. Ich würde mich selbst als sehr fromme Buddhistin bezeichnen und habe meine Vipassana-Praxis im Alter von 16 Jahren in einem der Klöster in Rangun, im damaligen Burma, begonnen. Immer wenn ich Freizeit hatte, wollte ich sie in einem Dhamma-Zentrum verbringen. Das habe ich fast jedes Jahr so gemacht. Aber ich konnte in meinem Gemütszustand keine Veränderung feststellen. Ich war genauso jähzornig wie vorher und verlor ständig das Gleichgewicht meines Geistes. Ich war einfach sehr gefühlsbetont und erinnere mich, dass meine Mutter immer meinte: „Wenn du während des Kurses meditierst, arbeitest du so ernsthaft, aber immer, wenn du rauskommst, änderst du dich gar nicht. Wenn du Dhamma kennst, warum wendest du es nicht an, um deine Wut zu reduzieren!" Ich fühlte mich wirklich geschlagen. Ich wusste, das war nicht gut, aber ich wusste nicht, wie ich es ändern sollte.

Da ich fern meiner Heimat hier in Bangkok studierte und arbeitete, fand ich als Ausländerin keinen Ort und keine Möglichkeit, Dhamma in Meditationssitzungen zu praktizieren (zu der Zeit dachte ich, man könne Meditation nur in einem Kloster ausüben). Dann entdeckte ich ein Kloster in einer thailändischen Provinz, das mit einem burmesischen *Sayadaw* (Mönchslehrer) in Verbindung stand. Während eines langen Urlaubes ging ich alleine zu diesem Kloster und versuchte, mich in Dhamma zu üben. Ich musste alleine praktizieren, weil ich dachte, der Sayadaw sei zu alt, um mich beim Üben zu unterstützen. Ich nahm mir Lesestoff mit, der mich wie ein täglicher Selbst-Vortrag motivieren sollte. Dort las ich „Die Kunst des Lebens" Kapitel für Kapitel und an jedem Tag meiner Praxis. Ich hatte das Buch schon fast ein Jahr lang und ehrlich gesagt, ich mochte es nicht, weil mir die Herangehensweise zu wissenschaftlich erschien. Ich machte die Meditation, um auf meinem religiösen Weg weiterzukommen und betrachtete mich als sehr gehorsame Anhängerin Buddhas.

Aber tatsächlich inspirierte mich dieses Buch sehr, und ich wollte den darin vorgeschlagen Kurs machen. Glücklicherweise fand ich heraus, dass es in Thailand nahe Bangkok ein Vipassana-Zentrum gab. Ich trug meinen Namen für den Kurs ein, der Anfang Oktober 1995 abgehalten wurde. Die beiden Wochen waren der komplette Jahresurlaub, den ich von meinem Arbeitgeber bekam. Dort lernte ich Vipassana in dieser Tradition kennen."

❧

Ein Gong ertönt zur Essenszeit. Es gibt eine köstliche Suppe, selbst gemachtes Brot oder Kekse und Tee. Während der Mahlzeit stellt man sich den anderen vor und schließt Bekanntschaften. Für manche ist dies ihre erste Begegnung mit jeglicher Art von Meditation, für andere ist es die erste Kostprobe von Vipassana in dieser Tradition. Und dann gibt es die ‚Alten Schüler‘, die bereits an Kursen teilgenommen haben und nun zurückgekommen sind, um weiterzugehen. Wenn man sich die Mischung der Gesichter in der Runde anschaut, ist es wie ein Querschnitt durch alle Hautfarben, Altersgruppen und Typen. Was erhoffen sie sich von diesem Kurs?

❧

„Innerlich ruhiger zu sein, Entscheidungen zu treffen über mein Leben und wo es hingehen soll…"

„Weniger Angst und Wut in mir zu haben, fähig zu sein, mich damit auseinanderzusetzen, das anzuschauen und mich hindurchzuarbeiten…"

„Mich zu einem besseren Menschen zu machen, geistig, körperlich, spirituell. Jetzt bin ich hier, muss den Kurs jetzt auch machen, es gibt kein Zurück…"

„… eine Möglichkeit, mit dem in Kontakt zu kommen, was mein Wesen ausmacht…"

„… ein Lernprozess…"

„… eine neue Erfahrung…"

*Auszüge aus Befragungen von Schülern vor
ihrem ersten Kurs, Australien 1990.*

❧

Vor dem eigentlichen Kurs folgt auf die Mahlzeit ein Vortrag. Dadurch werden die Teilnehmenden gründlich mit der Disziplin, dem Stundenplan und praktischen Angelegenheiten bezüglich der Unterkünfte im Zentrum während des Kurses vertraut gemacht, und sie haben die Möglichkeit, Fragen zu stellen. Die Helfer und die Kursorganisatoren stellen sich vor und heißen alle im Zentrum willkommen. Dabei wird erklärt, dass die Disziplin ausschließlich dazu dient, den Teilnehmenden zu helfen, die bestmöglichen Ergebnisse aus ihrer Meditation zu ziehen und deshalb genau befolgt werden sollte.

Die erste und grundlegendste Regel lautet, für den ganzen Kurs zu bleiben. Die Technik wird Schritt für Schritt gelehrt, und zehn Tage sind die Mindestdauer, die man benötigt, um sie zu lernen. Wenn jemand in der Mitte des Kurses geht, gibt er sich selbst keine Chance, die gesamte Technik zu erlernen, und der Technik gibt er keine Chance, ihre Wirkung zu zeigen. Darum sollte jeder Einzelne die feste Entscheidung treffen, für die gesamte Kursdauer zu bleiben, vom Anfang bis zum Ende.

Die Edle Stille ist eine Notwendigkeit, wenn jemand wirklich maximalen Nutzen aus dem Kurs ziehen will. In der Praxis heißt das: die Schüler werden gebeten, während der ersten neun Tage des Kurses keinerlei Kontakt mit anderen Meditierenden aufzunehmen, weder durch Sprache noch durch Geschriebenes oder Gesten. Jeglicher Kontakt untereinander und mit der Außenwelt muss abgebrochen werden. Es ist auch nicht erlaubt, Notizen zu machen oder Tagebuch zu schreiben. Wenn es materielle Probleme hinsichtlich Essen, Unterbringung oder Gesundheit gibt, können die Meditierenden mit den Kursbetreuern sprechen. Haben sie ein Problem oder Fragen zur Meditation, können sie sich an die Assistenzlehrer wenden. Zum Tagesablauf und zu anderen Informationen im Kurs gibt es regelmäßig schriftliche Aushänge.

Am letzten Tag des Kurses können die Schüler ihre Erfahrungen austauschen. Sie können miteinander sprechen und ihre Bekanntschaften auffrischen. Während der Phase ernsthafter intensiver Arbeit ist es jedoch unerlässlich, völlige Stille einzuhalten, um sich selbst und andere nicht zu stören. Die Edle Stille endet am Morgen von Tag 10, aber der Kurs endet erst um 7.30 Uhr am darauffolgenden Morgen. Diese Zeitspanne zwischen dem Ende der intensiven Meditationsphase und dem Wiedereintritt in das normale Leben ist eine wesentliche Übergangsphase. Und es werden noch weitere Anweisungen gegeben, wie man die Praxis in das tägliche Leben integrieren kann. Der letzte Tag ist wichtig und es wird von jedem erwartet, bis ganz zum Ende des Kurses zu bleiben.

Für die Dauer des Kurses müssen die Teilnehmenden alle anderen spirituellen Praktiken, die sie vorher gelernt haben, unterbrechen und nach den Anweisungen arbeiten, die sie hier bekommen. Dies umfasst alle Arten von Gebet, Gottesdienst, religiöser Zeremonie sowie andere Meditationstechniken und Heilpraktiken. Dies geschieht nicht, um andere Praktiken oder Techniken zu verurteilen, sondern um die Vipassana-Technik unter fairen Bedingungen auszuprobieren, ohne sie mit etwas anderem zu vermischen.

Um lernen zu können, muss man aufnahmefähig sein, bereit, die Lehre mit Unterscheidungs- und Urteilsvermögen entgegenzunehmen und die Führung des Lehrers anzuerkennen, zumindest für die Dauer des Kurses. Während der zehn Tage ist es unbedingt erforderlich, genau nach den Anweisungen zu arbeiten, ohne etwas hinzuzufügen oder auszulassen. Am Ende des Kurses können die Teilnehmenden entscheiden, welche Praxis für sie am besten ist.

Um die meditative Atmosphäre aufrecht zu erhalten, ist es wichtig, dass die Meditierenden innerhalb des Kursgeländes bleiben und den Kontakt mit jedermann außerhalb vermeiden. Es gibt getrennte Gehbereiche für Männer und Frauen. Während der ganzen Zeit wird komplette Geschlechtertrennung eingehalten, und es sollte keinen Körperkontakt geben, weder mit Mitgliedern des eigenen noch des anderen Geschlechts. Paare, Freunde oder Familienmitglieder werden gebeten, während der intensiven Phase des Kurses in keiner Weise miteinander zu kommunizieren.

‚Vipassana', so schließt der Vortrag, ‚ist eine Technik der Selbstbeobachtung. Versuchen Sie, für ein gutes Gelingen, so zu arbeiten, als wären Sie alleine. Arbeiten Sie isoliert von den anderen und bleiben Sie für sich. Versuchen Sie, andere nicht abzulenken, und ignorieren Sie selbst alle Ablenkungen, die auftreten mögen. Der Kurs beginnt in Kürze. Wir wünschen Ihnen allen viel Erfolg.'

Nach einigen letzten Fragen ist die Versammlung beendet und alle bereiten sich auf die erste Sitzung in der Meditationshalle vor. Noch bevor der Kurs beginnt, tritt die Disziplin des Schweigens in Kraft. Stille in der Abenddämmerung. Während die Schülerinnen und Schüler warten, sind sie zu Beginn einer Reise nach innen mit ihren Gedanken allein.

❧

„Ich habe den Zettel mit dem Kursplan in meinem Zimmer an die Wand gehängt und oft ungläubig angeschaut. Als ich die Meditationszeiten zählte, dachte ich immer wieder: Sind das wirklich zehn Stunden? Sind die denn verrückt? Bin ich verrückt? Was mache ich hier? Warum tue ich mir das an? Etwas hatte mich zu diesem Ort hingezogen, sicher, aber als der 10-Tage-Kurs nun kurz davor war, anzufangen, konnte ich immer noch nicht genau sagen, was es eigentlich war.

Es hatte eine Begegnung mit einem alten Schüler gebraucht, einem aus dem Westen stammenden Manager eines indischen Zentrums, um meinen Vipassana-Topf von der hinteren Herdplatte wieder auf eine der vorderen zu schieben. An diesen Mann denke ich mit viel Dankbarkeit zurück. Er war ungefähr in meinem Alter, Amerikaner und so wie ich ein WASP – weiß, angelsächsischer Herkunft, protestantisch geprägt – und das erleichterte mir von Anfang an den Zugang.

Aber was mich von dem Kurs überzeugte, war sein fehlendes Geschäftsgebaren und dieses nicht greifbare Etwas, das er ausstrahlte, wenn er über Vipassana und Dhamma sprach. Er war genau das, was ich brauchte und kam genau zum richtigen

Zeitpunkt. Anstatt Reden zu halten oder zu predigen lächelte er nur still, wenn ich ihm Fragen stellte, und sagte: ‚Wenn du dich davon angezogen fühlst, dann geh' einfach sitzen.'"

Marty Cooper studiert derzeit Psychologische Beratung an einer Hochschule für Aufbaustudien in San Francisco. Er ist außerdem Schlagzeuger, Schriftsteller und politischer Aktivist.

"Es ging alles so schnell. Ich war so verliebt gewesen, und wir hatten uns gerade erst getrennt, und das tat so weh, so weh. Und auf einmal beschloss ich, dass es jetzt reichte. Genug gelitten. Von jetzt auf gleich wählte ich meinen Eintritt in den Strom der Wunschlosigkeit und wechselte so vom Verlangen zum Nicht-Verlangen. Es war ganz eindeutig. Keine Schmerzen mehr. Und innerhalb weniger Wochen fand ich mich sitzend in einem von S.N. Goenka geleiteten 10-Tage-Vipassana-Kurs wieder, und zwar in Bodh Gaya in Indien, dem Ort, wo Buddha seine Erleuchtung erfahren hatte. Das war im Februar 1977. Davor hatte ich zwanzig Jahre lang meditiert, aber ich hatte nie für eine intensivere Zeitspanne gesessen, sondern immer nur höchstens für eine Stunde.

Als meine jüngere Tochter, (die damals etwa 17 war), beschloss, dass sie mich nicht mehr sehen wollte, war es ganz natürlich, dass ich dachte: ‚Bin ich so schlecht, dass sowohl meine Freundin als auch meine Tochter mich nicht mehr sehen wollen?' Und ich fing an, nach einem langen Meditationskurs zu suchen, einem Intensivprogramm, das mich ändern könnte."

Jean-Claude See war Maler und Filmemacher, bevor er sich zum Psychotherapeuten ausbilden ließ und diese Tätigkeit ausübte. Er starb am 17. Juli 2013, 84-jährig, in Paris.

❧

„Ein Mädchen sagte zu mir ‚Als du hergekommen bist, hast
du ganz abgespannt ausgesehen, mit ganz viel Sorgenfalten…'
Echt?… dachte ich. Wusste ich gar nicht."

Auszug aus einem Gespräch mit einem Schüler
vor dem ersten Kurs, Australien, 1990.

❧

„Als ich im Alter von 25 Jahren anfing zu meditieren, hatte ich
schon einige schwierige Zeiten im Leben überstanden, in denen
ich mit Freizeitdrogen wie Marihuana, Haschisch, Kokain und
Halluzinogenen zu tun gehabt hatte. Mit 16 war ich einmal von
der Polizei wegen Drogenbesitzes festgenommen worden, was
meinen Eltern mitgeteilt worden war. Eine Zeitlang machte ich
Ladendiebstähle. Ich und ein paar andere Leute dachten wohl,
dass wir alles nehmen könnten, was es so gab! Dreimal wurde
ich in den jeweiligen Läden erwischt, und meine Eltern wurden
informiert. Es mag überraschen, dass ich in einer finanziell und
emotional sehr privilegierten Umgebung aufgewachsen bin.

Ich bin in der Stadt groß geworden. Mein Vater hat erfolgreich
als Profi gearbeitet. Meine Eltern waren sich sehr verbunden und
nahmen auch meine Erziehung ernst. In erzieherischer, sozialer
und sportlicher Hinsicht wurden mir alle Möglichkeiten eröffnet,
die ich mir nur vorstellen konnte: Privatschulen, Skihütten,
Sommerhäuser am Strand sowie Angebote in Sport und Kunst
nach der Schule. Meine letzte große Ignoranz waren meine rasch
aufeinander folgenden sexuellen Beziehungen. Das stellte sich als
das Muster heraus, das am schwierigsten aufzubrechen war, selbst
als ich schon angefangen hatte zu meditieren."

Jenni Parker, Chicago, USA.

❧

„Ich war auf dem Weg zu meinem neunten Meditations-Retreat, und ich muss zugeben, dass ich mich ziemlich abgestumpft fühlte. Ich nahm mit einer ‚kenn-ich-doch-eh-schon-alles'-Einstellung teil. Mein erstes Retreat war vor einunddreißig Jahren in Indien gewesen. Ich hatte damals Mönch werden wollen, wollte mit 21 all meinen weltlichen Besitz weggeben und Dhamma-Schüler werden – unterwegs zu einer schnellen und romantischen Erleuchtung. Wie so viele junge Anhänger fand ich bald heraus, dass der Weg steiler war, als ich zunächst gedacht hatte, und so schlüpfte ich recht bald wieder in meine bequemen Hausherren-Schuhe zurück. Aber die Gewohnheit der regelmäßigen Meditation war geblieben, zusammen mit dem Muster gelegentlich erduldeter zehn Tage Auffrischung dessen, was Gautama der Buddha so dringend als den wahren Weg der ultimativen Befreiung empfohlen hatte…

Ich kam im Camp von Bragg Creek (Alberta) an, wo der Kurs organisiert worden war, und mir war durchaus bewusst, dass der Grund meines Herzens vollgestopft war mit dem ganzen Müll von Jahrzehnten, deren schwere Trümmer meine täglichen zwei Stunden Meditation nicht einmal im Ansatz weggeräumt hatten. Ich wusste, dass ich lediglich ‚Instandhaltung' betrieb, und dass ich Hilfe in einer Art brauchte, wie ich sie bisher nicht bekommen hatte. Ich hatte drei verschiedene Gruppentherapien gemacht, vier Meditationskurse, und ich hatte innerhalb der vergangenen zwei Jahre einen Therapeuten aufgesucht. Alles vielleicht an sich ganz gut, aber nichts davon war zur Wurzel meiner Probleme vorgedrungen. Es war klar, dass ich etwas anderes brauchte.

Ich hatte von der Intensität des Kursplans in dieser Tradition von Vipassana gehört, die den Schwerpunkt auf elf Stunden tägliche Sitzmeditation legte. Deshalb war mir etwas mulmig, mich auf diese zehn Tage einzulassen, aber mir war auch die Herausforderung willkommen. Ich wusste, dass dabei ziemlich viel *‚tapas'* (Feuer, Reibung) entstehen würde, und das war genau das, was ich brauchte, bevor ich anfangen würde, mich klarer und leichter zu fühlen.

Nachdem ich mich eingetragen hatte und mir mein Platz im Schlafsaal des Ferienlagers gezeigt worden war, war ich ein bisschen enttäuscht. ‚Oh... das schon wieder...‘, sagte mein Kopf. ‚Das haben wir alles schon mal gemacht, und ... da sind wir wieder. Wozu das Ganze?‘

Ich war mir wirklich nicht sicher."

Jason Farrell, Lehrer und Schriftsteller,
lebt in Kanada.

KAPITEL 4

DIE ERFAHRUNG – WÄHREND DES KURSES

∼❧

Das intensive Kursprogramm ist so konzipiert, dass sowohl Neulinge als auch erfahrene Teilnehmende den optimalen Nutzen aus ihrem Retreat ziehen können. Die Lehre wird anhand von täglichen Anweisungen und Vorträgen systematisch dargelegt, und die Meditierenden haben die Möglichkeit, sowohl alleine als auch in der Gruppe zu meditieren. Ihre Fortschritte werden in regelmäßigen Abständen von den Kurslehrern überprüft. Obwohl die Meditierenden aufgefordert sind, während der ersten neun Kurstage untereinander Stille zu bewahren, steht für sie jederzeit Unterstützung und Hilfe vonseiten der Lehrer und Kursbetreuer zur Verfügung.

Der Tag beginnt morgens um 4.30 Uhr mit der Meditation der Teilnehmenden auf ihren Zimmern oder in der Meditationshalle, wo eine Aufnahme von Chantings (rezitativen Gesängen) gespielt wird. Frühstück ist um 6.30 Uhr, gefolgt von einer Gruppensitzung in der Halle und Anweisungen. Danach geht es weiter mit individueller Meditation, während sich die Lehrer mit Teilnehmenden in kleineren Gruppen treffen und gemeinsam meditieren. So genannten „Alten Schülern" (Teilnehmende, die bereits mindestens einen Kurs gesessen haben), werden möglichst eigene Meditationsräume oder -zellen zugewiesen, damit sie unabhängiger und ernsthafter arbeiten können.

Das Mittagessen ist um 11 Uhr. Es werden einfache, nahrhafte, vegetarische Mahlzeiten angeboten. Eine Pause von zwei Stunden in der Mitte des Tages gibt allen die Gelegenheit, sich auszuruhen, Wäsche zu waschen oder sich im Freien etwas Bewegung zu verschaffen. Die Lehrer stehen zu dieser Zeit den Meditierenden für Einzelgespräche und Fragen zur Verfügung. Am Nachmittag geht es mit Meditation und der Überprüfung der Fortschritte weiter.

Um 17 Uhr werden für die „Neuen Schüler" Tee und Obst serviert sowie Zitronenwasser oder Saft für die Kurserfahrenen. Im Anschluss an die letzte Gruppenmeditation erklärt ein aufgezeichneter Abend-Vortrag von S.N. Goenka die Praxis des jeweiligen Tages. Nach dem Vortrag stehen die Lehrer wieder für Fragen zur Verfügung, und die Meditierenden ziehen sich spätestens um 21.30 Uhr zur Nachtruhe zurück.

Zum Erlernen von Vipassana gehören während der Unterweisung drei Schritte: Einhaltung ethischer Grundsätze, Beherrschung des Geistes und Entwicklung von Einsicht. Der Kurs beginnt mit einigen wichtigen Formalitäten und ersten Anweisungen. Die Selbstverpflichtung, einfachen moralischen Verhaltensregeln zu folgen, bildet das Fundament für eine erfolgreiche Meditationspraxis. Indem man sich bewusst bemüht, nicht zu töten, zu lügen oder zu stehlen, kein sexuelles Fehlverhalten zu begehen oder berauschende Substanzen zu sich zu nehmen, trägt man zum Wohlergehen der Gemeinschaft bei. Gleichzeitig handelt man in eigenem Interesse. Während man sich in der Meditation weiterentwickelt, wird klar, dass man für schädliche Handlungen auf körperlicher oder verbaler Ebene zuerst starke Negativität im Geist erzeugen muss. Nur dann werden negative Handlungen daraus resultieren. Indem wir ein Leben nach moralischen Grundsätzen führen, bewahren wir unseren Geist davor, in einer Weise verunreinigt zu werden, die für uns und unsere Nächsten ganz offensichtlich schädigend ist. Indem wir den Geist ruhig, gelassen und frei von Aufregung halten, ebnen wir auch den Weg für eine wirksame Meditation.

Der Buddha betonte wiederholt den Vorrang des Geistes vor körperlichen und verbalen Handlungen, wie auch die praktischen Konsequenzen unserer geistigen Haltung. In kontrastierenden Versen erklärt er:

Wenn du mit unreinem Geist sprichst oder handelst,
folgt daraus Leiden, wie das Rad dem Ochsen folgt,
der den Karren zieht;
wenn du mit reinem Geist sprichst oder handelst,
folgt Glück darauf, einem Schatten gleich, der niemals weicht.

Dhammapada, 1,2.

Mit diesen Worten ruft er uns in Erinnerung, dass das Gesetz von Ursache und Wirkung (Pali: *kamma*) immer wirksam ist, ob wir uns dessen bewusst sind oder nicht, ob es uns gefällt oder nicht. Es ist eine Tatsache, dass unser Handeln Folgen hat. Wir ernten das, was wir aussäen – ganz unausweichlich.

Um mit der Meditation beginnen zu können, brauchen wir etwas, auf das wir unsere Aufmerksamkeit richten. Es gibt viele verschiedene Meditationstechniken, bei denen zur Konzentration des Geistes unterschiedliche Methoden angewandt werden: ein Wort oder einen Satz, ein Bild oder ein Objekt oder die Betrachtung der eigenen Gedanken. Vipassana jedoch, ohne diese anderen Techniken zu verurteilen, vermeidet all diese Ansätze, und zwar aus einem sehr bedeutsamen Grund: das Ziel der Technik ist nichts weniger als die völlige Reinigung des Geistes, wofür die Konzentration zwar Mittel zum Zweck ist, jedoch kein Selbstzweck. Die am besten geeignete Vorbereitung für die Praxis von Vipassana besteht darin, zu trainieren, dass man sich seiner Atmung bewusst ist (Pali: *ānāpāna*). Mit dieser Übung beginnen die Teilnehmenden am ersten Abend des Kurses und werden sie während der nächsten dreieinhalb Tage weiterentwickeln.

Der Vipassana-Lernende nimmt, bei geradem Rücken und Nacken, eine bequeme Sitzhaltung ein. Augen und Mund sind sanft geschlossen. Man richtet die ungeteilte Aufmerksamkeit

auf den Eingang der Nasenlöcher und beobachtet nur den
Atem, wie er ein- und ausströmt. Wenn man sich des Atems
nicht deutlich bewusst ist, kann man absichtlich für einige
Minuten etwas stärker atmen, um danach wieder zum normalen,
natürlichen Atmen zurückzukehren und damit zur Realität des
Augenblickes, die das Objekt der Aufmerksamkeit ist.

Die Übung an sich ist einfach. Schon kleine Kinder
können sie verstehen und ausführen. Zudem ist sie an keine
Weltanschauung oder Religion gebunden und so für alle
akzeptabel. Und dennoch ist die Praxis gar nicht so einfach.
Warum? Sobald wir den Versuch unternehmen, uns der Atmung
bewusst zu sein, beginnt im Körper und Geist eine Revolte.
Unser System ist nicht an diese Disziplin gewöhnt und überall
treten kleine Beschwerden oder Schmerzen auf. Gleichzeitig
ärgern wir uns darüber, wenn wir merken, dass der Geist
tausenderlei Ablenkungen findet und unfähig zu sein scheint,
diese grundlegende Aufgabe auszuführen. Aber indem wir die
Praxis beharrlich fortsetzen, fangen wir an, durch unsere eigene
innere Erfahrung, bestimmte wichtige Wahrheiten über den
Geist zu begreifen. Obwohl es nicht das unmittelbare Objekt der
Meditation darstellt, beginnen wir zu erkennen, wie überladen
der Geist mit Gedanken und Gefühlen ist, wie wild und bar
jeder Ordnung; wie er sich viel lieber in Erinnerungen an die
Vergangenheit oder in Spekulationen über die Zukunft wälzt,
anstatt in der Gegenwart zu sein – oder wie er, wenn er sich
nicht gerade in Fantasien verliert, in Habgier und Hass suhlt.
Angesichts dieser Flut von inneren Hindernissen, braucht es, um
weiterzumachen, unsere ganze Geduld und Beharrlichkeit. Mit
zunehmender Erfahrung können wir immer besser akzeptieren,
wie stumpf und roh der Geist sein kann und können darüber
lächeln. Auch die Schwierigkeiten sind ein Teil des Prozesses.
Wir lernen, nicht den Mut zu verlieren oder enttäuscht zu sein,
wenn Konzentration unmöglich erscheint. Unsere Aufgabe ist
es lediglich, es immer weiter zu versuchen. Der simple Vorgang,
die richtige Art der Bemühung aufrecht zu erhalten, trägt

uns hindurch, und ganz allmählich flauen die Stürme ab und schließlich baut sich tatsächlich Achtsamkeit auf.

Mit kontinuierlicher Praxis wird das Bewusstsein schärfer, und wir können feinere Dinge im Bereich von Mund und Nasenlöchern empfinden: die Berührung des Atems, die Temperatur des Atems und sogar Empfindungen, die gar nicht mit der Atmung in Verbindung stehen. Der Geist wird währenddessen zahmer und gehorsamer. Dies erlaubt uns längere Phasen der Konzentration ohne Unterbrechung. Indem wir natürliche Empfindungen in einem begrenzten Gebiet des Körpers beobachten und lernen, nicht auf sie zu reagieren, sind wir bereit, die eigentliche Arbeit der Läuterung zu beginnen: Vipassana.

✒

„In meinem Geist gab es viel Widerstand, obwohl er doch so sanft und geduldig vorbereitet worden war. Ich hatte endlos mit Hilfsmitteln zum bequemeren Sitzen herumexperimentiert, und das Ergebnis war perfekt. Ich erlebte nur wenig körperliche Beschwerden, während ich versuchte, meine Aufmerksamkeit ausschließlich auf Anapana zu lenken. Die Stille und das Halbdunkel in der Meditationshalle waren dabei besonders hilfreich. Manchmal erwies sich das kleine Stück Bodenfläche, das jedem Schüler zugeteilt wurde, als großes Problem. Das Gleiche galt für das Alleinsein und die Langeweile nachts in meinem Zimmer, vor allem wenn ich nicht schlafen konnte, und das war oft der Fall. Vielleicht war die Langeweile, in Verbindung mit Untätigkeit das, was ich am wenigsten aushalten konnte. Das sind Zustände, die man tagsüber im Wachzustand nur selten erlebt, und so ärgerte ich mich sehr darüber und quälte mich damit, dass ich meine Aufmerksamkeit zur Betrachtung des kleinen Bereiches auf meiner Oberlippe immer und immer wieder zurückholen musste. Dort schien gar nicht so viel zu passieren, aber ich entdeckte, wie sehr es mir an Konzentration und Geduld mangelte! Zum ersten Mal wurde mir klar, wie ruhelos und eigensinnig mein Geist ständig war. Ich war darüber entsetzt, und selbst ganz kurze Abschnitte der Stille waren nun selten.

Das Konzept, ,im Hier und Jetzt zu sein' hatte mich schon immer angezogen. Nun lernte ich zum allerersten Mal, wie es möglich war, dies selbst zu erfahren. Viel Unruhe und Aversion stiegen in mir auf, während ein Tag auf den anderen folgte; und so intensive negative Impulse. Einer davon, der sich in meinem Geist häufig wiederholte, war der Drang zu flüchten. Doch klare und deutliche Anweisungen und viel Hilfestellung, haben mir bei meinem schwankenden Entschluss Kraft gegeben."

Jessie Brown, 80 Jahre alt, Pflegekraft und Hausfrau, lebt in
Gloucestershire, Großbritannien
und meditiert seit über 20 Jahren.

❧

„Der erste Tag des Sitzens mit gekreuzten Beinen war eine einzige Tortur. Ich bin 50 Jahre alt und habe eine alte Rückenverletzung, die mir extreme Schmerzen bereitete, und meine Knie und Knöchel taten auch weh. Ich hatte mich verpflichtet, zehn Tage zu bleiben und hatte immer geglaubt, zu meinen Verpflichtungen zu stehen. Aber ich konnte mir einfach nicht vorstellen, dass ich noch zehnmal solche Schmerzen aushalten könnte, und es schien hoffnungslos, den Kurs bis zum Ende durchzuhalten. Ich ging mit meinem Problem zum Assistenzlehrer, und er schlug mir vor, mich mit dem Rücken an eine Wand zu setzen. Das war unmittelbar vor Goenkajis erstem Video-Vortrag, und ich war begeistert von dem, was er zu sagen hatte. Er beschrieb genau meine Erfahrung, und seine Art und Weise fand ich so erfrischend, dass meine Stimmung gleich besser wurde. Ich hatte noch nie erlebt, dass jemand mit solcher Weisheit über Dinge sprach, die genau zu meiner eigenen Erfahrung passten. Ich freute mich schon auf die nächsten Diskurse.

Die Tage vergingen und die Schmerzen wurden nicht besser, aber so etwa am dritten Tag dachte ich: ,Mein Bein hat Schmerzen', und plötzlich trafen die Worte und die Erfahrung aufeinander: meine Beine taten zwar weh, aber sie taten nicht *mir* weh. Ich selbst war nur Beobachter meiner schmerzenden Beine. Ich erkannte, dass das eine Technik war, die ich auch beim Zahnarzt benutzt hatte, um Panikgefühle und Schmerzen zu vermeiden. Von da an war ich meist imstande, die Schmerzen zu beobachten, ohne mich in die regelmäßig wiederkehrende Verkettung von Vermeidung zu verstricken. Ich genoss auch Goenkajis zweiten und dritten Vortrag und war sehr beeindruckt von seiner Beschreibung des Geistes: voller schwatzender Affen, wilder Pferde und ab und zu einem wütenden Elefanten. Ich weiß, dass diese Beschreibung für alle Menschen zutrifft, aber nach Einschätzung meiner Freunde hatte ich eine Extraportion von alldem abbekommen und übertrieb es mit dem Denken. Es war ein ziemlicher Kampf, die Kontrolle über meinen Geist zu erlangen, aber ich war wild entschlossen dazu und völlig begeistert von der Idee."

Ron Thompson gab seine Karriere als
Computer-Software-Entwickler auf,
um Philosoph zu werden. Er saß sein erstes
Vipassana-Retreat 1998
in Kaukapakapa, Neuseeland.

∿&

Am zweiten Tag seines ersten Vipassana-Kurses wäre S.N. Goenka beinahe weggelaufen. Im Meditations-Zentrum seines Lehrers in Rangun war es den Teilnehmenden in der Anapana-Phase während der ersten Tage erlaubt, miteinander zu sprechen. Natürlich tauschten sie sich über ihre unterschiedlichen Erfahrungen mit der Meditation aus. Am zweiten Tag erzählten ihm andere Meditierende, dass sie „göttliche Erscheinungen" und „göttlichen Klang" erlebt hätten. Nach seiner vorgefertigten Meinung über Meditation waren das alles Anzeichen großer Errungenschaften und viel höher einzustufen als die Beobachtung von ganz normalem Atem und Empfindungen, die er so sorgfältig geübt hatte.

„Den ganzen Nachmittag war ich voller Missmut. In mir
stieg die überwältigende Überzeugung auf, dass es – wie ein
Heiliger einmal gesagt hat – für ein Kamel leichter ist, durch
ein Nadelöhr zu schlüpfen, als für einen reichen Mann durch
die Tore des Himmelreichs zu treten. Da war ich nun: ein
reicher Mann, der versuchte ins Himmelreich einzutreten
– ein unmögliches Unterfangen. Kein Wunder, dass die
anderen Meditierenden mehr Erfolg dabei hatten als ich. Sie
waren stille Menschen, ohne den verdrehten Verstand eines
Geschäftsmannes, die nicht ständig mit dem Wettrennen ums
Geldverdienen beschäftigt waren.

Als es Abend wurde, war ich entschlossen, den Kurs
abzubrechen und nach Hause zu gehen. Jeden Tag um 17 Uhr
kam von Zuhause ein Wagen mit frischer Wäsche und anderen
Notwendigkeiten. Ich war mir sicher, dass der Lehrer meinem
Weggang nicht zustimmen würde, also beschloss ich, mich
an diesem Abend in meinem eigenen Auto wegzustehlen."

Goenka ging auf sein Zimmer und begann mit dem
Packen. Glücklicherweise hatte eine andere Kursteilnehmerin
geahnt, dass er Schwierigkeiten hatte und sprach ihn an. Als er
erklärte, warum er gehen wollte, bat sie ihn eindringlich, alles
Verlangen nach göttlichem Licht oder Klang zu vergessen.
Der Lehrer war doch mit seinen Fortschritten zufrieden.
Warum nicht noch einen Tag länger versuchen?

Inspiriert von ihren Worten ließ S.N. Goenka sich noch
einmal zur Meditation nieder, fest entschlossen, nur noch
dem Atem und den Empfindungen in den Nasenlöchern
und der Gegend um den Mund Bedeutung beizumessen und
alles andere zu vergessen, so wie sein Lehrer ihm aufgetragen
hatte. Schon sehr bald, als sein Geist sich konzentrierte,
erlebte er ein helles, sternförmiges Licht und kurz darauf
traten auch andere außersinnliche Erfahrungen auf. Zwar
hatte er sich genau das gewünscht, aber jetzt verstand er, dass
seine Aufgabe darin bestand, nur die Objekte der Meditation
zu beobachten und alle Ablenkungen zu ignorieren. Das

rechtzeitige Eingreifen der freundlichen Frau hatte ihn davor bewahrt, wegzulaufen und etwas von unschätzbarem Wert für einen Menschen zu versäumen.

❧

„Zu Beginn des Kurses habe ich kaum mehr als Ruhelosigkeit und Befremdung erlebt. Alles war falsch, falsch, falsch: die Technik, die so anders war als alles, woran ich gewöhnt war; mein Platz in der Halle inmitten all der neuen Schüler, obwohl ich doch schon seit Jahren meditierte; die Lehrer. Aber ich hatte mich ja bereit erklärt, mein Möglichstes zu geben, und innerhalb von ein oder zwei Tagen begann ich, einige feine, aber sehr interessante Veränderungen zu bemerken – ein Aufbrechen der Dichte, die sonst meine ‚normale' Erfahrung gewesen war.

Als ich am dritten Morgen die Meditationshalle verließ, lief mir eine rotbraun getigerte Katze über den Weg. Sie sah mich an, als ich in meine Sandalen schlüpfte und mir fiel auf, dass ihr rechtes Auge fehlte, genau wie bei mir. Meine unmittelbare Reaktion darauf war, dass ich dachte, deshalb ist sie etwas Besonderes – nicht lahm oder irgendwie mangelhaft, wie ich immer halb-bewusst über mich und die Folgen meines entstellenden Unfalls im Alter von drei Jahren gedacht hatte. Mein augenblickliches Annehmen dieser Katze übertrug sich spontan auf mich selbst, und ich brach in Tränen aus. Wow! Die reine Selbst-Akzeptanz! Was für eine wunderbare, unerwartete Freude!

Das war für mich die erste Erfahrung eines Risses in meiner dicken und gut gehüteten Rüstung, durch den so etwas wie ein kleines Jauchzen hindurch sickerte. Es war eine solche Erlösung, über mich selbst als ein Ganzes denken und empfinden zu können, als das, was ich perfekter- und wunderbarerweise war, mit dem merkwürdig aussehenden blinden Auge und allem Drum und Dran."

Jason Farrell, Kanada.

❧

„Die Disziplin war ziemlich streng, aber persönlich denke ich, dass das auch nötig war. Was mich angeht, ich habe einen Tritt gebraucht. Da findet die ganze Zeit dieser innere Streit statt. Ein Teil von mir sagt: ‚Das ist super, ich will nach Indien gehen und einen 30-Tage-Kurs machen.‘, und der andere Teil sagt: ‚Bist Du verrückt? Was machst du denn hier? Das ist echt hart, du bist wohl von allen guten Geistern verlassen!‘ Schon bevor ich hierhergekommen bin, wusste ich, dass dieser Kampf stattfinden würde, aber je länger ich hier war, umso mehr habe ich gelernt, nur zu beobachten: ‚Okay, das und das mache ich jetzt durch. Ich werde einfach mal zuschauen.‘“

Aus dem Gespräch mit einem Teilnehmer nach dem ersten Kurs,
Australien, 1990.

❧

„Das Zentrum war sehr schön und friedlich, mit vielen Bäumen, Sträuchern und Pflanzen zwischen den Unterkünften. Ich habe mein Zimmer mit einem Kanadier geteilt, der so tief in seiner Meditation versunken war, dass er während der zehn Tage dreimal aus Versehen von außen den Riegel vorgeschoben und mich im Zimmer eingesperrt hat. Das brachte mich in eine Zwickmühle: Sollte ich die Edle Stille brechen und nach Hilfe rufen oder sollte ich riskieren, die Gruppensitzung zu verpassen? (Schließlich habe ich so lange an der Tür gerüttelt, bis jemand Mitleid mit mir bekommen hat.)“

Tony White, Großbritannien.

Die Lehre von Vipassana wird am vierten Tag des Kurses gegeben. Zu dem Zeitpunkt haben sich die Schüler an den stillen Rhythmus des Programms gewöhnt. Sie haben durch die Hilfe des Atems bereits ein wenig Erfolg darin, den unberechenbaren Geist zu konzentrieren und zu beruhigen. Auch ihr Verständnis der Praxis wächst durch ihre eigene direkte Erfahrung der Meditation, durch die Erklärungen und Ermutigungen in den Vorträgen und durch den regelmäßigen Austausch mit den Kurslehrern.

Das Objekt der Meditation während der Vipassana-Phase ist abermals universell und an keinerlei religiöse Gruppierung gebunden. Mit der erhöhten Achtsamkeit, die man durch Anapana erreicht hat, bewegt man die Aufmerksamkeit über den gesamten Körper, von Kopf bis Fuß und wieder von den Füßen zum Kopf. Dabei nimmt man sich jeden Körperteil einzeln vor und unterzieht jede einzelne Empfindung, der man begegnet, einer intensiven Selbstbetrachtung.

Neben die Erweiterung des Bereiches der Aufmerksamkeit tritt noch ein ergänzender Aspekt der Technik: das Entwickeln von Gleichmut, das ist die Fähigkeit, einen ausgeglichenen Geist zu bewahren, gleichgültig welcher Art die Empfindungen sind, denen man begegnet.

Die Empfindungen am Körper – reale, normale körperliche Empfindungen wie Hitze, Schwere, Schwitzen, Schmerz, Taubheit, Kribbeln oder Vibrieren, bilden das Herzstück der Meditationsausübung, die der Buddha lehrte.

Alles im Geist fließt zusammen mit
Empfindungen am Körper.

> *Mūlaka Sutta; Aṅguttara Nikāya.*

In diesem einen Satz bringt der Buddha exakt die Wechselbeziehung zwischen Geist und Körper auf den Punkt. Wenn sich unsere Gedanken wirklich in körperlichen Empfindungen manifestieren, dann können wir letztlich lernen, mithilfe unseres Körpers in unserem Geist zu „lesen". Aber noch unmittelbarer können wir, indem wir lernen, nicht auf die Empfindungen – ob angenehm, unangenehm oder neutral – zu reagieren, auf der Stelle damit aufhören, neue Spannungen in uns zu erzeugen, und können gleichzeitig geistige Konditionierungen aus der Vergangenheit an die Oberfläche kommen und sich auflösen lassen.

Dies war der ursprüngliche Weg der Reinigung, jenseits der Extreme von Askese und Ausschweifung, den der Buddha entdeckte, der Weg, der ihm zu vollständiger Erleuchtung verhalf, einem Zustand unbeschreiblichen Glücks, in dem alle geistigen Unreinheiten ausgelöscht sind.

Während wir den Körper in der Meditation betrachten, treffen wir anfangs meist auf verfestigte, grobe Empfindungen, oder auch blinde Stellen, in denen es scheinbar gar keine Empfindungen gibt. Indem wir jedoch ruhig weiterarbeiten, stellen wir fest, dass die Intensität dieser unangenehmen Empfindungen ganz natürlich nachlässt, wenn es uns gelingt, nicht auf sie zu reagieren. Wir beginnen damit, das Entstehen und Vergehen von Empfindungen auf dem Körper wahrzunehmen – manchmal langsam, manchmal mit großer Geschwindigkeit – und erreichen letztendlich ein Stadium, in dem wir überhaupt keine Festigkeit im Körper mehr empfinden.

Mit wachsender Objektivität sind wir in der Lage, die Wechselbeziehung zwischen Körper und Geist und die unbeständige Natur von beidem zu erkennen. Auf der geistigen Ebene wallen immer wieder Gedanken und Gefühle auf. Durch die Technik lernen wir, diesen Fluss von Geistesinhalten wie Wut, Leidenschaft, Angst oder Traurigkeit, weder auszudrücken noch zu unterdrücken. Vielmehr üben wir uns darin, einfach die Empfindungen oder die Atmung zu beobachten, die zusammen mit dem geistigen Inhalt auftreten. Je erfolgreicher wir in der Ausübung sind, desto mehr werden das bloße Beobachten und Verstehen die Neigung zu Gier, Hass und Ignoranz in unserem Geist aufheben und ersetzen.

Durch das Praktizieren von Vipassana beginnen wir, die Vier Edlen Wahrheiten, die der Buddha lehrte, für uns selbst zu erforschen. Erstens: die Wahrheit des Leidens, die sowohl körperlich als auch geistig so klar wird, wenn wir in Meditation sitzen, und die in kostbaren Momenten der Weisheit zu einer „Edlen" Wahrheit wird, nämlich dann, wenn wir es schaffen, nur zu beobachten und nicht zu reagieren. Und was verursacht dieses Leiden außer ständigem Verlangen und Anhaftung an uns selbst und unsere Wünsche? Diese Ursache anhand eigener Erfahrung zu begreifen ist die zweite Wahrheit. Das „Ich" ist so maßgeblich geworden und das Loslassen, ob es um Besitztümer oder Meinungen geht oder darum, sich mit dem eigenen unausweichlichen Ende abzufinden, ist so schwierig. Dies ist die eine Hälfte des Bildes.

Aber die Lehre ist ebenso realistisch wie optimistisch. Die Einsicht, die man durch Meditation entwickelt, offenbart uns auch die dritte Wahrheit, nämlich dass es einen anderen Weg gibt: wir haben die Wahl, unser Leiden zu verringern und schließlich ganz zu beseitigen. Es gibt nicht nur wirklich ein Ende des Leidens, das wir durch die Arbeit mit den Empfindungen in unserer Praxis erfahren, sondern dieser Pfad, die vierte edle Wahrheit, die darin besteht, ein moralisches Leben zu führen und den Geist zu beherrschen und zu reinigen, bringt uns diesem hohen Ziel näher.

So oft haben wir schon die Naturgesetze in der Außenwelt beobachtet: im Fluss der Gezeiten, in Nacht und Tag, in Geburt, Leben und Tod. Nun fangen wir an zu begreifen, dass die gleichen Gesetze auch für uns alle im eigenen Innern gelten. Wir beginnen zu erkennen und zu akzeptieren, dass dieser andauernde Zustand des Wandels, dessen Zeuge wir werden, völlig unpersönlich und jenseits unserer Kontrolle ist, trotz unserer ständigen Versuche, uns damit zu identifizieren. Die Wahrheit kommt über uns wie die Helligkeit in der Morgendämmerung, dass nämlich alles, was wir erfahren, grundsätzlich unbefriedigend ist, da es uns entweder nicht zusagt, oder wenn doch, dann ist es allzu schnell wieder vorbei. Vipassana gibt uns die Fähigkeit, uns allem, was gerade geschieht, vollkommen bewusst zu sein und hebt gleichzeitig die Schranke zwischen dem bewussten und dem unbewussten Geist auf. Vipassana hilft auch, den Geist zu trainieren, in jeder Situation innerlich auf Distanz zu bleiben und sich jenseits von allem Hin und Her der Empfindungen auf wahren Frieden zuzubewegen.

Heutzutage kann jeder diese Technik praktizieren, und mit der richtigen Anleitung und eigener ernsthafter Bemühung kann jeder Schritte in Richtung desselben ultimativen Ziels unternehmen. Ob als Meditierende oder nicht, spüren wir möglicherweise intuitiv, dass diese Erklärung des Geist-Körper-Phänomens zutrifft, und doch benötigt es Zeit, um diesen Prozess für sich selbst zu verstehen. Stetiger Wandel, Leiden und Ichlosigkeit (Pali: *anicca, dukkha* und *anattā*) charakterisieren unsere weltliche Existenz. Ein Lehrer kann nur den Weg aufzeigen, sagte der Buddha. Er oder sie kann niemanden befreien. Jeder Einzelne muss sich die Freiheit selbst erarbeiten.

Tag für Tag wird die Arbeit der Kursteilnehmenden ernsthafter. Die Praxis von Vipassana schafft Raum für tiefgreifende persönliche Veränderungen. Deshalb setzen sich alte Gewohnheiten, die nun weichen müssen, massiv zur Wehr. Immer wieder behindern sie die Meditation: intensive Vorlieben und Abneigungen, Schläfrigkeit, Aufregung, Wellen des Zweifels. Die Teilnehmenden sind erleichtert, wenn sie hören, dass dies ganz normal ist. Mit Entschlossenheit und Mut sind sie zunehmend in der Lage, sich zu behaupten und diesen Stürmen zu trotzen. Ihr Vertrauen wächst, und damit auch ihre Wertschätzung für die Lehre und die geistige Stärke, die sie damit erreichen.

In der Meditation offenbart sich uns die Wissenschaft von Körper und Geist. Mit Hilfe der Körperempfindungen untersuchen wir uns selbst, auf physischer ebenso wie auch auf mentaler Ebene. Es wird nicht auf Gott oder göttliche Kräfte zurückgegriffen, um das Ergebnis zu erreichen. Wir übernehmen selbst die Verantwortung für die Realität der Gegenwart. Während sich der Einfluss der Vergangenheit auf uns allmählich abschwächt, wird sich die Zukunft von selbst regulieren.

Durch die Praxis der Vipassana-Meditation beginnen wir zu erkennen, was sich von Moment zu Moment in Geist und

Körper ereignet. Wenn ich eine unangenehme Situation erlebe, zum Beispiel einen Streit mit einem Freund, oder wenn das Auto nicht anspringt, reagiere ich mit Ärger – scheinbar als Antwort auf diese äußere Situation. Als Buddha die Wahrheit in der Tiefe des Geistes untersuchte, entdeckte er jedoch eine Verbindung zwischen Stimulus und Reaktion, die bis dahin gefehlt hatte. Als Resultat der ursprünglichen Erfahrung entsteht im Körper eine Empfindung, und tatsächlich reagieren wir auf diese Empfindung, nicht auf die Außenwelt. Ununterbrochen wird ein biochemischer Prozess im Innern ausgelöst und freigesetzt, der sich in unterschiedlichen Empfindungen manifestiert.

Früher waren wir uns dieses subtilen Geist-Körper-Phänomens entweder nicht bewusst oder wir waren ständig von diesen Körperempfindungen und unseren Reaktionen darauf überwältigt. Wir hatten uns selbst ein Verhaltensmuster voller Blockierungen, Zwänge, Verwirrungen, Fantasievorstellungen und Hemmungen geschaffen, und niemand außer uns war dafür verantwortlich zu machen. Dies führte zu starren Ansichten und Verhaltensweisen ohne erkennbare Erleichterung oder Befreiung. Und da nichts auf der Welt, ob in uns oder um uns, so bleibt, wie es ist, häufte sich in einem ständigen Prozess der Vermehrung der angesammelten Unreinheiten (Pali: *saṅkhāra*) immer mehr Elend für uns an. Da wundert es wenig, dass mitunter jemand ohne eine Technik, die Perspektive und Richtung anbietet, an dem Versuch verzweifelt, diese schwere Last loszuwerden. Aber mit Vipassana gibt es einen Ausweg. Indem wir unseren Geist trainieren, Empfindungen ohne Reaktion zu beobachten, können wir den negativen Prozess, in dem wir gefangen sind, zum Stillstand bringen. Wir gewinnen durch das Vermeiden blinder Reaktionen nicht nur sofortigen Nutzen, sondern beginnen auch, die Unreinheiten tief im eigenen Inneren zu beseitigen. Damit wird der umgekehrte Prozess, ein positiver Kreislauf, in Gang gesetzt. Die Einsicht, die wir entwickeln, hilft uns dabei, für unsere Probleme kluge Lösungen zu finden.

Wenn man dem Körper keine Nahrung gibt, wird er schließlich sterben. Doch trotz des Hungers kann er noch mehrere Wochen weiterleben – warum? Weil die Fette und anderen Bestandteile in der physischen Struktur ausreichen, ihn für eine begrenzte Zeit zu erhalten. Der Geist, der ständig irgendeine Art des Inputs benötigt, arbeitet ähnlich. Wenn wir aufhören, negative Gedanken und Gefühle zu erzeugen und zuzulassen, wird der in der Vergangenheit angesammelte Vorrat an Unreinheiten freigesetzt. Indem wir uns dem Problem stellen, werden wir davon befreit. Wieder aufladbare Batterien arbeiten nach dem gleichen Prinzip. Um sie zu entladen, muss man gar nichts tun, nur den zufließenden Strom unterbrechen. Jeder kann das gerne für sich selbst ausprobieren und herausfinden, ob es stimmt.

Die Weisheit anderer, ob in schriftlicher oder mündlicher Form, können wir nur aus zweiter Hand empfangen und niemals besitzen. Wir können den Intellekt zu kritischem Denken einsetzen, aber er wird die fundamentalen Probleme der Existenz nicht lösen. Sie liegen außerhalb seiner Reichweite. Wenn uns jedoch Inspiration und logische Schlussfolgerung dahin führen, durch persönliche Erfahrung unsere eigene weise Erkenntnis zu entwickeln, dann haben sie einen guten Zweck erfüllt. Allein diese persönliche Weisheit wird den Geist befreien und uns davon überzeugen, dass die Technik funktioniert. Der Buddha selbst hat diesen pragmatischen Ansatz zum Auswählen eines spirituellen Weges empfohlen, unbeeinflusst von einem Lehrer, einer Tradition, von Spekulation oder der Sichtweise der Mehrheit:

Wenn es nach Betrachtung und Auswertung mit dem Verstand zu vereinbaren ist und förderlich für das Wohl und ein Gewinn für jeden, dann nimm es an und lebe danach.

Kālāma Sutta, Aṅguttara Nikāya.

Wenn wir einen 10-Tage-Kurs sitzen, können wir unsere ungeteilte Aufmerksamkeit auf diesen Prozess der Innenschau richten. Indem wir nach einem intensiven Stundenplan arbeiten und uns kontinuierlich bemühen, können wir den Geist tatsächlich für die Aufgabe der Selbstbeobachtung trainieren. Nicht dass wir am Ende eines einzigen Kurses schon perfekt wären, aber wir gewinnen einen Einblick in die Technik und in die Erfahrung der Empfindungen im Verhältnis zu Körper und Geist. Wir spüren die Veränderungen, die in unserem Inneren vor sich gehen, wir erhalten Hilfsmittel, die uns durch das Leben tragen, und bald werden wir auch die Gelegenheit haben, die Praxis anzuwenden.

༜

„Als Goenkaji an diesem ersten Abend die Vier Edlen Wahrheiten erklärte, nahm ich die erste Edle Wahrheit bereitwillig und erleichtert an. Da war ich nun auf meiner Hochzeitsreise, war dabei, Träume zu verwirklichen, die ich schon seit Jahren gehabt hatte, und dennoch war ich äußerst unglücklich mit meinem Ehemann, mir selbst und meinem Leben. Ich musste der Wahrheit zu guter Letzt selbst ins Auge sehen, nämlich, dass das Leben in der Tat Leiden ist.

Mit den ersten Anapana-Instruktionen fühlte ich mich sehr gut. Schon seit einigen Jahren hatte mich die Idee der Atembeobachtung sehr interessiert, aber ich hatte nicht so recht gewusst, wie ich es anstellen sollte. Plötzlich gab es da eine Anleitung, und sie hatte auch noch so ein klares Ziel: die Konzentration des Geistes! Im weiteren Verlauf des Kurses kämpfte ich mit meinem aufgewühlten Geist und extremen Schmerzen im ganzen Körper. Als schließlich die Vipassana-Instruktionen gegeben wurden, begannen die Schmerzen überwältigend zu werden. Als wir unsere Aufmerksamkeit durch den Körper bewegten, um die Empfindungen zu beobachten, und versuchten, nicht zu reagieren, da verstand und akzeptierte ich völlig, dass dies der Weg ist, aus dem Leiden herauszukommen. Ich begriff, dass ich endlich gefunden hatte, wonach ich, ohne es zu wissen, in meinem Leben gesucht hatte."

Karen Donovan, USA.

❧

Ein Arzt, der sich zu der Zeit in einer Fachausbildung in Klinischer Psychologie befand, nahm zusammen mit einem Freund zum ersten Mal an einem Kurs teil.

„Mein Verstand hat noch nie blinden Glauben akzeptiert. Ich nahm an dem Vipassana-Kurs mit Zweifeln teil. Sie waren durch die unmittelbare Erfahrung von spiritueller Heuchelei genährt worden, die weit verbreitet ist. Diese Zweifel wurden jedoch durch naturwissenschaftliche Offenheit gemildert. Durch eine eindrucksvolle Erfahrung verflüchtigte sich der Zweifel und wahrer Glaube begann zu keimen. Ein naturwissenschaftlich ausgerichteter Geist verbeugte sich in Ehrfurcht. Das Experiment fand während zehn Tagen unter streng kontrollierten Bedingungen statt. Ich versuchte, voller Ernsthaftigkeit zu arbeiten. Das Gebot des Schweigens wurde von mir streng eingehalten, und die Anweisungen wortwörtlich befolgt.

Da ich nicht daran gewöhnt war, für längere Zeit in einer Position zu sitzen, war mein Geist während der ersten zwei oder drei Tage in großer Aufruhr. Aber diese anfängliche Aufgeregtheit musste der großen Entschlossenheit weichen. Gleich zu Beginn von Vipassana explodierten die Unreinheiten in den Augen, die sich röteten, schmerzten und tagelang ein zähflüssiges Sekret absonderten. Ich war mir bewusst, dass während der Praxis derartige Ausbrüche von Unreinheiten durchaus vorkommen können. Deshalb hat mich dies weder entmutigt noch behindert. Aufgrund der Wundheit in den Augen hielt ich sie jedoch meist geschlossen oder gesenkt, was für die Meditation hilfreich war. Bevor ich an dem Kurs teilnahm, hatte ich eine sehr kritische und anstrengende Lebensphase durchlebt. Nun verflüchtigten sich die Wolken von Stress und Belastung, das System des Geistes wurde gründlich gereinigt und mit Frische, Lebendigkeit und Leichtigkeit angefüllt. Allmählich wurde das Problem mit den Augen besser, und nach zwei oder drei Tagen waren sie zum Ende des Kurses wieder in Ordnung."

Dr. Ram Nayan Singh, Postgraduales Kolleg,
Ghazipur, Indien.

✌

„Als wir uns darauf eingestellt hatten, die feinen Körperempfindungen wahrzunehmen, konnte ich sofort alte und aktuelle Verletzungen beobachten und bemerkte einige Verbesserungen. Schon bald wurden mir Empfindungen im Unterleib bewusst, die mit einem gewissen Unbehagen in meinem Bauch zusammenhingen. Das Beobachten dieser Empfindungen linderte das Unbehagen.

Manchmal war ich ganz frei von groben Empfindungen und konnte meinen gesamten Körper durchgehen, von Kopf bis Fuß und wieder zurück, mehrere Male pro Sekunde. Zu solchen Zeiten waren die einzelnen Empfindungen an jedem Teil meines Körpers ganz klar und präzise lokalisiert, so dass es schien, als sei meine Aufmerksamkeit um ein Vielfaches umfassender und das in einer viel kürzeren Zeitspanne.

Bei anderer Gelegenheit dominierten grobe Empfindungen bestimmte Teile meines Körpers, und ein zügiges Durchgehen war unmöglich. Ich tappte in die Falle von Verlangen und Abneigung und gab mir selbst damit eine Achterbahnfahrt, indem ich einmal unglaubliche Hochgefühle erlebte, wo geradezu magische Energie durch mich hindurchströmte, um dann innerhalb eines Tages wieder in tiefster Verzweiflung zu landen."

Ron Thompson, Neuseeland.

❧

„Ich empfand es als eine eigenartige Kombination aus Folter und Stille. Die sitzende Haltung war so unbequem, dass ich dachte, alle meine Gelenke würden ausgerenkt. Mein Geist wollte selbst bei der einfachen Aufgabe, die Empfindungen zu beobachten, nicht bleiben. Er schien die Erinnerung an sexuelle Begegnungen viel interessanter zu finden. Das fand ich sehr ärgerlich. Aber allmählich, als sich der Tagesablauf zu einer angenehmen Routine entwickelte, empfand ich eine Ruhe und Gelassenheit, die ich seit Jahren gesucht hatte. Am Ende des Kurses (leider zu schnell), hatte ich das Gefühl, dass ich grade erst anfing zu verstehen, um was es ging."

Tony White, Großbritannien.

❧

„Am fünften oder sechsten Tag des Kurses drang ich mit der bewussten Wahrnehmung der Empfindungen in mein Körperinneres ein. Der Lehrer war so freundlich, mich jeden Tag zu befragen und räumte durch diese Gespräche meine Schwierigkeiten aus dem Weg. Am sechsten Abend konnte ich kaum einschlafen, und als ich am nächsten Tag meinen Lehrer traf, sagte er: Thanda, immer wieder sagst du: ‚ich musste, ich musste'. Glaubst du denn, dass du es bist, die alle Dinge bewirkt?

Ich antwortete, ‚Sir, ich denke immer noch, der Geist ist mein Geist und mein Geist macht, dass alles geschieht.'

Er erwiderte: ‚Dhamma sollte mit einem Minimum an Mühe und Anstrengung praktiziert werden. Versuche, dich weniger anzustrengen.'

Von da an versuchte ich zu beobachten, wie ich meditierte, ich legte viel zu viel Anstrengung in die Arbeit, zu viel ‚ICH werde dies tun' oder ‚ICH mache das' (GROßES ICH). Ich sah, dass ich mich mit den Empfindungen identifizierte. Als ich schließlich ‚ohne Anstrengung' saß, begriff ich, dass die

Empfindungen natürlicherweise kommen und gehen. Sie kommen und gehen nicht, weil ich etwas dazu tue, sondern weil das ihre Natur ist. Gleichzeitig konnte ich mich selbst sehen, wie stolz, wie egozentrisch, wie selbstsüchtig ich war. Diese Erfahrungen werde ich mein ganzes Leben lang nicht vergessen."

Thanda Win, Myanmar.

❧

„Es war ein richtiger Kampf, voller Höhen und Tiefen, aber ich wusste, dass das gut sein musste, weil es so einfach und rein war und vor allem um die Praxis ging, um das Üben, Üben, Üben. Wie die bittersten und natürlichsten Heilmittel erwies sich die Übung als sehr nützlich, und als die süßeste in ihren Ergebnissen.

Höhepunkte des Kurses waren für mich die vielen Dhamma-Brüder und -Schwestern, die so hart arbeiteten, dann die Aussicht auf unglaubliche Sonnenuntergänge zur Abendessenszeit, wunderschöne Nachtsitzungen, unterstrichen vom Zirpen und Quaken eines einzelnen Frosches, Nachthimmel voller leuchtender Sterne und Galaxien, das Heulen der Kojoten, die klagend ihre Existenz verlautbarten, ein perfektes Spinnennetz voll frühmorgendlichem Tau, der Lichthof eines Geistergesichtes auf den in der Nähe wachsenden Pflanzen.

Gelegentlich war mein Zeitgefühl verändert – deutlicher, schärfer, während die Übergänge von allem in *anicca*, der Unbeständigkeit aller Dinge, zu leuchten schienen. Als ich von der Uhr zum Dampf des heißen Tees schaute und weiter zum Purpur des Sonnenuntergangs, zum zitternden Gras, zu den Kreidestreifen der Flugzeuge im trüben blauen Himmel, da verstand ich, dass *anicca* die Wahrheit ist."

Max Kiely, ein 26-jähriger kanadischer Grundschullehrer, Künstler und Heiler, entdeckte 1997, in Dhamma Mahavana in Kalifornien, Vipassana für sich.

❧

„Wegen der Kindsbewegungen war die Meditation nicht so tief gehend. Das Baby wollte nicht, dass ich länger als zehn Minuten am Stück in der Halle saß. Und am besten gefiel ihm der Satz: ‚Mögen alle Lebewesen glücklich sein!‘, dann bewegte es sich ganz stark und entspannte sich schließlich."

Olga Mamykina, eine Ärztin, nahm gegen Ende ihrer ersten
Schwangerschaft an einem Kurs teil, der in einer gemieteten
Anlage in ihrer Nähe stattfand.
Sie lebt mit ihrem Mann und dem Sohn in Moskau, Russland.

❧

„Es ist ziemlich interessant, zurückzublicken und die Qualität aufeinander folgender Vormittage zu vergleichen, besonders die frühen Sitzungen von 4.30 bis 6.30 Uhr, in denen ich die meisten Schwierigkeiten hatte. Am ersten Tag war ich voller Widerstand. Es fiel mir sehr schwer, mit meinen lauten Mitmeditierenden klarzukommen, mit meinem Lehrer vom Band und der mir aufgezwungenen und scheinbar oberflächlichen neuen Meditationstechnik. Am fünften Morgen war das, was andere Leute gerade taten, einfach nur noch unwichtig. In mir selbst war so viel los, dass ich für Außengeräusche und Bewertungen keine Energie mehr hatte. Und am achten Morgen war ich mehr als fähig, Liebe und Akzeptanz für alle meine Brüder und Schwestern auszustrahlen, jene tapferen Seelen, die sich entschlossen hatten, in diesen stürmischen Tagen ihre inneren Tiefen auszuloten. Mein Herz war absolut offen für sie alle und Groll war unmöglich, ja nicht einmal vorstellbar.

Als ich zum Kurs gekommen war, hatte meine Aufgabe darin bestanden, das Durcheinander auf dem Grund meines Geistes aufzuräumen. Anfangs war der Job eine große Plackerei gewesen, die mir wie ein Klotz am Bein hing. Doch dann war ich am achten Tag angekommen, immer noch auf dem gleichen Grund des Geistes und mit dem gleichen Müll, der ihn verstopfte, aber ich fühlte mich ziemlich gut dabei. Der einzige Unterschied war meine Einstellung dazu. Auf einer ganz tiefen Ebene hatte ich erkannt, dass ich meinen eigenen dummen Müll lieben konnte! Ich musste ihn gar nicht sofort rausschmeißen, und ich entdeckte, dass es viel einfacher war, darüber zu lachen als nachzugrübeln, was man damit machen sollte."

Jason Farrell, Kanada.

༄

„Die ersten Schritte sind ja immer die schwersten, egal was man tun will, aber wenn man erst diesen Schritt gemacht hat … ich arbeite oft im Goldbergbau, Baggerarbeiten, und da ist das genauso, an die erste Unze kommt man am schwersten ran, aber wenn man die erst hat, dann geht's los…"

Aus dem Gespräch nach dem ersten Kurs eines Schülers,
Australien, 1990.

Am Morgen des zehnten Tages wird eine neue Art der Praxis gelehrt: die Meditation der liebevollen Güte (Pāli: *mettā bhāvanā*). Dieser letzte Teil von Vipassana hat einen anderen Fokus und verwendet eine völlig andere Technik. Für Vipassana ist es unerlässlich, mit der Aufmerksamkeit bei den Empfindungen innerhalb der Körperstruktur zu bleiben, um die Arbeit der Selbst-Reinigung auszuführen. Aber beim Praktizieren von *mettā*, dem Teilen von allem, was man selbst bekommen hat, füllt man absichtlich die gleichen Empfindungen mit Wohlwollen und Mitgefühl, die dadurch erst durch den gesamten Körper und darüber hinaus in die Atmosphäre hineinstrahlen. Wenn man zuerst daran gearbeitet hat, sich selbst zu reinigen, dann ist das Aussenden von Schwingungen der Harmonie und selbstlosen Liebe zu anderen ein integraler Bestandteil der Meditationspraxis. Dies hat stark positive Auswirkungen.

Von nun an werden die Meditierenden, die sich dem Ende des Kurses nähern und darauf vorbereiten, sich wieder mit der Außenwelt zu verbinden, nach jeder Vipassana-Sitzung einige Minuten *mettā* praktizieren.

❧

„Später fühlte ich mich wieder von diesem ekstatischen Gefühl geflutet. Statt aber durch mich hindurch zu pulsieren, blieb es in meinem Körper stehen. Es fühlte sich tatsächlich so an, als bestünde mein ganzer Körper daraus. Selbst die unmittelbare Umgebung schien im Wesentlichen damit identisch zu sein. Ich spürte, wie in dieses Umfeld hinein meine Eltern hinzutraten. Sie waren vor fast zehn Jahren im Abstand von etwa sechs Monaten verstorben. Nun waren sie wieder bei mir, realistisch und sehr kraftvoll. Ich liebte sie auf eine ganzheitliche und heilende Weise. Mein Gefühl sagte mir, dass alles in unserer gemeinsamen Vergangenheit genauso war, wie es sein sollte, und dass alles vollkommen war. Dies brachte mir ein Gefühl von endgültigem Abschließen mit aller Unzufriedenheit, die ich jemals gehabt hatte, und ich fühlte einen neuen Fluss der Liebe für sie.

Mittlerweile hatte sich das Gefühl der Liebe mit der ekstatischen Empfindung verwoben. Sie schienen wie eins zu sein. Und dann setzte sich langsam ein neuer Aspekt dieses schönen Gefühls durch. Bis dahin schien ich der passive Empfänger zu sein. Nun bekam ich das Gefühl, dass ich das alles irgendwie aus meinem eigenen Inneren heraus hervorbrachte. Ich überflutete meine Eltern damit und erzeugte es in immer größerer Menge, bis es in mir aufzusteigen begann und aus mir herausströmte. Dieses Strömen stieg gerade nach oben, bis es an eine solide Hülle aus ähnlichem Material stieß, die den gesamten Erdball umschloss. Als das, was ich selbst erzeugte, auf diese Hülle traf, wechselte es abrupt die Richtung, und strömte nun in seinem Innern mit dahin, ganz integriert, behielt aber dennoch seine eigene Identität bei. Es strömte seitlich entlang zu einem unbekannten Bestimmungsort und bog dann abrupt nach unten ab. Sein Ziel waren meine Ex-Frau und mein Bruder, die beide in Seattle wohnten. Sie waren die einzigen lebenden Personen, bei denen Liebe und Konflikt eine starke Reaktion in meinem Leben hervorgerufen hatte. Nun überschüttete ich sie mit Liebe. Ähnlich wie bei meinen Eltern gab es auch für sie jetzt nur Liebe in Hülle und Fülle.

Letztendlich hatte für mich der stärkste Teil dieser Erfahrung nicht mit einem der vier Beteiligten zu tun, sondern bestand aus dieser dicken Hülle aus Liebe, von der ich spürte, dass sie die ganze Welt umspannt."

Charles Brown, USA.

Manchmal halten die Menschen Meditation für eine introvertierte und ziemlich selbstsüchtige Aktivität. „Und was ist mit all den Missständen in der Welt, während ihr eure Nabelschau betreibt?" Vipassana *ist* eine ich-bezogene Technik, in dem Sinn, dass wir nur durch richtiges Arbeiten an uns selbst in der Lage sind, anderen zu helfen. Aber die ganze Ausrichtung der Meditation zielt darauf ab, das falsche Ego aufzulösen, das wir geschaffen haben und das uns längst kontrolliert. Nach und nach, während wir den selbstsüchtigen Egoismus in kleinen Schritten überwinden, ist es unser ganz natürliches Bestreben, die nach Innen gerichtete Energie und Einsicht nun nach außen zu lenken. Auf diese Weise schließen wir den Kreis von uns selbst und anderen.

Vipassana zu lernen, ist eine Lebensaufgabe. Während wir auf dem Weg Fortschritte machen, arbeiten wir mit der gleichen einfachen Technik weiter. Wir vertiefen und erweitern unsere Empfindungsfähigkeit und das Gleichgewicht unseres Geistes. Dabei erwerben und verinnerlichen wir eine Reihe praktischer Hilfsmittel, die wir je nach Bedarf anwenden können. Der Berg schmutziger Wäsche gehört uns, das ist eine Tatsache. Aber für jeden, der fest in der Praxis verankert ist, gibt es keinen Zweifel an der Fähigkeit dieses Waschmittels, alles rein und strahlend zu machen.

Nach der Unterweisung in *mettā* wird die Edle Stille aufgehoben. Wenn die Teilnehmenden dann aus der Meditationshalle herauskommen, grüßen sie einander so herzlich wie lange vermisste Freunde. Endlich können sie Erfahrungen austauschen und überprüfen, wo sie stehen.

❧

„Und, wie ging es nun mit dem Schweigen?"

„Für ein paar Tage war es hart, weil man darauf konditioniert ist, zu kommunizieren, beim Frühstück zum Beispiel. Aber danach war es gut, eigentlich sogar wunderbar."

„Bisschen problematisch, die Stimme danach wieder in Gang zu bringen!"

Aus Gesprächen mit Neuen Schülern nach ihrem ersten Kurs,
Australien, 1990.

Die intensive Kursphase ist zu Ende. Nun ist es an der Zeit, sich wieder nach außen zu orientieren und gleichzeitig mit der Wahrheit im eigenen Innern in Kontakt zu bleiben und herauszufinden, wie man Vipassana ins tägliche Leben integrieren kann. Gruppensitzungen und Vorträge gehen noch bis zum folgenden Morgen weiter, aber das Programm ist absichtlich leichter und flexibler gehalten, um den Umstellungsprozess zu erleichtern.

Das Mittagessen verläuft in Gelächter und Leichtigkeit während die Geschichten dahinplätschern.

❧

„Obwohl der Kurs hart war, war doch nicht alles nur ernst – schließlich haben wir es mit menschlichen Wesen zu tun. Es gab urkomische Momente. Wie zum Beispiel der Meditierende zu meiner Linken, ein älterer Herr, dem aufgrund seiner körperlichen Verfassung erlaubt worden war, einen Stuhl zu benutzen. Dieser liebenswerte alte Herr kam für gewöhnlich ein bisschen zu spät zur

Meditation, um dann prompt einzuschlafen und leise zu schnarchen. Trotz seiner Gebrechlichkeit, das hatte ich bemerkt, war er beim Essen meistens der Erste. Und dann kam es am achten Tag während einer Gruppensitzung zu einem Zwischenfall. An meinem rechten Fuß fühlte ich einen brennenden Schmerz und dann noch einen. Ich dachte: ‚Du meine Güte, Ameisen! Was mache ich bloß?' Dann kam mir ein anderer Gedanke: konnte es sein, dass meine üblen *saṅkhāras* in dieser Form rauskamen? Dann wäre es natürlich umso wichtiger, gleichmütig zu bleiben. Ich versuchte, ruhig zu bleiben, obwohl ich noch einige brennende Empfindungen auf meinem Bein verspürte. Schließlich kam das Ende der Stunde, und ich untersuchte sofort meinen brennenden Fuß. Man ahnt es schon – da waren tatsächlich Ameisen!"

Professor P.N. Shankar ist Stellvertretender Direktor des Nationalen Raumfahrtlabors in Bangalore, Indien. Seine Frau, Priti, Professorin am Indischen Wissenschaftsinstitut, praktiziert ebenfalls Vipassana.

In einem der Speisesäle wurden Infotafeln über Vipassana-Zentren in der ganzen Welt aufgehängt, mit Kontaktdaten und Kursplänen für die kommenden Monate. Außerdem wurden Ansichtsexemplare von Büchern und Videos über Vipassana ausgelegt, mit entsprechenden Informationen, wo man sie beziehen kann. Am Nachmittag gibt es noch einen kurzen Vortrag darüber, wie man sich (alle sind jetzt „Alte Schüler") in verschiedenen Formen als Kurshelfer engagieren kann.

An diesem Abend dauern die Gespräche noch bis weit in die eigentliche Nachtruhe hinein an. Dann ist es plötzlich Morgen und nach einer letzten kraftvollen Gruppensitzung ist der Kurs vorüber.

In ein oder zwei Stunden sitzen einige unserer Meditierenden vielleicht schon wieder vor ihren Computerbildschirmen, in geschäftlichen Besprechungen oder sie umarmen ihr Baby. Andere warten noch ein bisschen, genießen die Ruhe und den

Frieden auf dem Gelände, helfen anderen und tauschen Adressen aus, bevor sie ausziehen.

&

„Als die Tage vergingen, fragte ich mich die ganze Zeit, ob Tim wohl die Meditation ebenso gut tat wie mir und ob er wohl ebenso viel Wertschätzung und Dankbarkeit für die Technik empfand wie ich. Nachdem am zehnten Tag *mettā* gelehrt worden war, ging ich schnell, um ihn zu suchen und fand ihn draußen an der Infotafel. Er studierte gerade die künftigen Kurstermine und fand den Kurs, an dem wir drei Monate später in Japan teilnehmen sollten. Wir waren überaus glücklich, als wir entdeckten, dass wir beide die gleiche Begeisterung und Wertschätzung empfanden."

Karen Donovan, USA.

&

Madhu Sapre aus Mumbai ist 26 Jahre alt. Sie hat Kunst studiert und ist eine gute Athletin. Durch einen Zufall fing sie mit 19 an, als Model zu jobben und machte es dann zu ihrem Beruf. Fast sofort wurde sie zunächst Miss India, dann Zweitplatzierte bei der Wahl zur Miss Universe, eine drastische Veränderung ihres Lebens. Sie ging für ihre Arbeit nach London und Paris und alles erschien wie das pure Vergnügen.

„Zwischen 1991 und 1996 hatte ich keine Zeit, oder vielmehr, ich nahm mir keine Zeit, nicht einmal zum Luft holen. Ich ging einfach mit dem Fluss und hatte ganz schön viel Glück, so viele Chancen und Möglichkeiten zu bekommen. Aber nicht ein einziges Mal habe ich mich zurückgelehnt und gedacht: ‚Wer bin ich? Was will ich?'

Nach außen hin war alles toll. Ich war berühmt, gutaussehend, verdiente viel Geld, machte Reisen, etc. Aber innerlich war ich dabei zu zerbrechen. Ich hatte zwei oder drei Nervenzusammenbrüche und lief zu drei oder vier Seelenklempnern. Aber nichts half. Ich war dabei durchzudrehen. Meine Situation wurde jeden Tag schlimmer. Ich fing an, Tabletten zu nehmen, um einschlafen zu können, aber mein Geist war dermaßen überlastet, dass nicht einmal das mehr half.

Ich fing an, mich vor jedem Tag zu fürchten. Wenn ich nicht gerade arbeitete, schloss ich mich in mein Zimmer ein und weinte ununterbrochen. Ich konnte nicht einsehen, dass die Beziehung mit meinem Freund, den ich doch mehr liebte als mein Leben, nicht funktionierte. Das wurde wie zu einer Besessenheit. Ich fing an, mich selbst zu bemitleiden. Ich konnte die Vergangenheit, die schöne Zeit, die wir zusammen gehabt hatten, einfach nicht vergessen. Ich konnte einfach die Realität nicht als das sehen, was sie war – die Gegenwart. Zusätzlich zur Schlaflosigkeit hatte ich Essstörungen und aß manchmal bis zu fünfzehn, zwanzig Tage gar nichts.

Bei der Arbeit war ich sehr angespannt. Ich musste für die anderen Leute ein zufriedenes Gesicht aufsetzen. Nach und nach verlor ich das Interesse an allem. Ich begann darüber nachzudenken, wie ich mich umbringen könnte. Ich war inzwischen so selbstbezogen, dass ich gar nicht merkte, dass meine Eltern (bei denen ich wohnte) auch so sehr litten.

Im Grunde war ich in einem schlimmen Zustand. Ich dachte, bald werde ich klinisch verrückt sein. Und dann sagte mein Vater, ich sollte mit zu Vipassana kommen. Eigentlich hatte ich bereits etwa drei Jahre früher durch die Besitzerin meiner Werbeagentur in London von der Technik gehört. Sie hatte selbst einige Kurse besucht. Aber zu jener Zeit hatte ich das nicht so ernst genommen. Dann, als mein Vater darauf zu sprechen kam, erinnerte ich mich an Josie und entschied mich dafür, nun selbst einen Kurs zu machen.

Als ich hier ankam, wusste ich in Wirklichkeit nur, dass man nicht reden darf, das war alles.

Ich hatte keine Ahnung von dem Meditationsprogramm, und dass es mein Leben verändern würde.

Als wir am vierten Tag zu Vipassana kamen, hatte ich das Gefühl, wahnsinnig zu werden. Ich wusste nicht, was da in meinem Körper vorging. Ich ging einfach auf mein Zimmer und fing an zu heulen.

Ich hatte so viele Schmerzen und Empfindungen. Am liebsten wäre ich nach Hause gegangen. Ich sagte mir, ich kann mit all dem nicht umgehen.

Aber ich habe mich auch sehr an den allabendlichen Vorträgen gestört. Der Lehrer sprach über Moral und so viel Gutes, und ich hatte genau das andere Extrem gesehen – Drogen, Alkohol, das ganze Programm, das ein Teil dieses glamourösen Berufs ist.

Am vierten und fünften Tag weinte ich sehr viel. Zum Glück konnte ich der Assistenzlehrerin erzählen, wie es mir ging, und sie gab mir jede Menge Unterstützung und gute Ratschläge. Mit jedem Tag der verging, wurden meine Fragen weniger. Es war verblüffend. Jedes Mal, wenn ich Fragen hatte, wurden sie mir durch die Abendvorträge beantwortet.

Das Meditieren ging auch besser. Jeden Tag freute ich mich darauf, in die Meditationshalle zu gehen, um zu meditieren und die Vorträge anzuhören. Das war alles so neu für mich. Das Leben sah auf einmal ganz hell und klar aus. Ich merkte nicht einmal, dass ich aus meiner Depression herauskam. Auf einmal bekam ich alle Lösungen. Meine Ängste verschwanden, und die Verwirrung war auch nicht mehr da. Ich hörte auf, allen anderen die Schuld zu geben, und sie dafür abzulehnen, was sie mir angetan hatten.

Es gab viele Zeiten, in denen ich mich nicht konzentrieren oder die Gedanken aus meinem Geist heraushalten konnte. Anfangs war ich darüber sehr wütend und aufgebracht, weil ich Angst hatte, dass es mir nach dem Kurs wieder sehr schlecht gehen würde, sollte ich das in den zehn Tagen nicht schaffen. Dann begriff ich, dass es einige Zeit braucht. Ich sollte mich entspannen. Also stand ich, außer bei Gruppensitzungen, immer auf, wenn ich zu abgelenkt war, ging fünf Minuten raus und kam dann wieder zurück. Ich dachte, wie froh ich doch sein müsste, endlich die Medizin gefunden zu haben. Jetzt lag es ganz in meiner Hand, die Praxis beizubehalten.

Zu Vipassana zu kommen, war ein Wunder für mich. Es hat mein Leben gerettet. Und ich bin all den Lehrern und Dhamma-Helfern, die mir dabei halfen, den Kurs erfolgreich zu beenden, so dankbar. Der Tag, an dem ich hierher kam, ist der unvergesslichste Tag in meinem Leben, und dass ich es geschafft habe, zehn Tage hier zu bleiben, ist für mich ein größerer Erfolg als jeder Titel, den ich jemals gewonnen habe. Es hat mir Mut und Selbstvertrauen zurückgegeben. Ich bin fast dankbar, dass es mir so schlecht ging, denn sonst hätte ich nie den Gedanken gehabt, hierher zu kommen."

Madhu Sapre.

❧

„Ich begriff, wie sehr ich in meiner kleinen Welt der selbstsüchtigen Dinge gefangen war, wie ich versuchte, mich glücklicher zu machen, nur für mich selbst. … Ich gab zwar auch anderen etwas, aber nicht ohne eine Gegenleistung zu erwarten…"

„Aus dem Hintergrund kam ruhige mitfühlende Unterstützung, und das war sehr beruhigend…"

„Ich verstand mich gleich gut mit den anderen. Alle sind so umgänglich und kooperativ…"

„Ich finde es gut organisiert, wunderbar, dass Menschen, die hier meditiert haben, zurückkommen, um Service zu geben und Teil des Ganzen zu werden, denn das hält das Gefühl so lebendig. Alles scheint sich ganz einfach von selbst zu ergeben."

Aus Gesprächen mit Teilnehmenden nach ihrem ersten Kurs,
Australien 1990.

❧

„Meine Freunde hatten es lustig gefunden, dass ausgerechnet ich, der unentwegte Redner, zehn Tage lang schweigen würde. In Wirklichkeit war das gar nicht schwierig. Am zehnten Kurstag durften wir wieder sprechen. Als ich mich mit anderen Schülern über den Kurs austauschte, war ich überrascht, dass die feinen Körperempfindungen die ganze Zeit präsent waren, ohne dass ich mich darum bemühte. In rascher Folge wurde ich mit den Auswirkungen bestimmter Gewohnheiten konfrontiert, die ich entwickelt hatte und die mir vorher in unterschiedlichem Ausmaß bewusst gewesen waren. Wenn ich jemanden unterbrach, hatte ich eine Empfindung, wenn ich kritische Gedanken hatte zu etwas, das jemand sagte, hatte ich eine andere Empfindung, und wenn ich selbst zu viel redete, ohne auf die anderen zu achten, trat eine dritte Empfindung auf. Diese Empfindungen wurden mir schnell zu verlässlichen Indikatoren, und es dauerte nicht lange, bis ich mich schon im Ansatz davon abhalten konnte, die jeweiligen Dinge zu tun."

Ron Thompson, Neuseeland.

❧

„Die Erfahrung, einen Kurs tatsächlich zu besuchen oder nur darüber zu lesen oder zu reden sind zwei ganz verschiedene Dinge. Die Erfahrung, die man macht, wenn man es sich erlaubt, zehn Tage aus einem geschäftigen Leben heraus frei zu nehmen und wie ein Mönch oder eine Nonne in Edler Stille zu leben, das ist etwas, das man mit Worten allein gar nicht beschreiben kann. Dass völlig Fremde über so einen langen Zeitraum so friedlich und harmonisch miteinander wohnen und essen und Seite an Seite meditieren, wird man sonst nur schwerlich finden."

Eva Sophonpanich, Schwedin, lebt und arbeitet in Thailand und saß 1990 ihr erstes Vipassana-Retreat.

❧

„Während des Kurses öffnete sich die Tür zur Innenwelt, zur Welt meiner Empfindungen und vervollständigte so das Bild. Auch wenn einem so offensichtliche Dinge wie: ‚Ich sollte gut zu Menschen sein, ich sollte freundlich sein, ich sollte nur Liebe und Frieden verbreiten‘, klar sind, reicht das oft nicht aus, um sie im täglichen Leben auch anzuwenden. Jetzt schien es mir, als hätte ich ein Werkzeug gefunden, das mir das ermöglicht."

Galina Ryltsova, Übersetzerin, schrieb diesen Kommentar
nach ihrem Kurs im Sommer 1998 in Moskau, Russland.

❧

„Als der Kurs am Morgen des elften Tages zu Ende ging, fragten die Helfer, ob wir ihnen beim Aufräumen helfen könnten. Das war ein wichtiger Moment. Zehn Tage lang waren sie unsere liebevollen Eltern gewesen, und jetzt war die Zeit gekommen, wir waren ‚flügge‘. Wir waren nun ‚Alte Schüler‘, und wenn wir bereit waren, unsere Zeit zu opfern, konnten wir nun für andere tun, was sie für uns getan hatten."

Heather Downie, verheiratet und Mutter von zwei Kindern,
lernte die Technik im Tasmanischen Vipassana-Zentrum in
Hobart, Australien. Heather ist Krankenschwester und arbeitet
in Teilzeit in einem Pflegeheim.

❧

„Das Putzen mit meinen Dhamma-Brüdern und -Schwestern nach dem letzten Frühstück war eine große Freude, genau so schön wie der Rückweg über die Rocky Mountains mit zwei anderen Kursteilnehmern, Vater und Sohn, die zufällig auch Farrell hießen. Sein Sohn war schon das zweite Kind, das der Vater an Vipassana herangeführt hatte. Sein 22-jähriger Sohn hatte vorher ohne klares Ziel in den Tag hineingelebt. Der Kurs, so sagte er, habe ihm absolut gezeigt, wo es hingehen sollte. Jetzt erschien ihm alles klar und einfach.

Veränderung ist garantiert.

Es war heiß gewesen während dieser zehn Frühlingstage am Fuß der Rocky Mountains. Jetzt gab es Hochwasserwarnungen, Sandsäcke wurden in tiefliegenden Gebieten aufgeschichtet, und selbst diese scheinbar ‚ewigen' Gipfel würden ganz sicher bei genügend Tagen und Nächten, bei genügend Schnee und Wind, einst wieder in den Fluten versinken.

Einfach nur beobachten, sagte ich zu mir, während wir die Berge von Osten nach Westen überquerten und auch ich auf ein neues Leben zusteuerte.

Einfach nur beobachten."

Jason Farrell, Kanada.

KAPITEL 5

ERFAHRUNGEN – NACH DEM KURS

❧

Vipassana ist eine Kunst zu leben. Nachdem man einen Kurs gesessen hat, kennt man die Grundlagen der Technik und verfügt über ausreichend persönliche Erfahrung, um zu entscheiden, ob es sich um die passende Technik handelt. Der Grund für Vipassana ist immer praktisch: die Umsetzung der guten Ergebnisse aus der Meditation im täglichen Leben. Wir gehen in ein Krankenhaus zur Behandlung, um unsere Kräfte wiederzugewinnen und körperlich gesund zu werden. Ebenso kommen wir zu einem Vipassana-Kurs weder um Urlaub zu machen, noch aus Geselligkeit oder als Flucht, sondern um uns selbst gut auszurüsten, damit wir mit Situationen im täglichen Leben effektiver umgehen können und dadurch unsere eigene Lebensqualität verbessern. Nicht, dass wir nach einem Kurs darin perfekt wären. Vorsicht vor unrealistischen Erwartungen! Die Verhaltensmuster, die wir uns unbewusst über Jahre hinweg angewöhnt haben, können sehr resistent sein.

Wenn wir, zurück im täglichen Leben, mit denselben Problemen, demselben Druck wie vor dem Kurs konfrontiert werden, können wir nicht jederzeit an einen ruhigen Ort flüchten, um uns an das zu erinnern, was wir im Kurs gelernt haben. Glücklicherweise wird uns jedoch das tiefe Eintauchen in unser Inneres zu Hilfe kommen. Vielleicht reagieren wir weiterhin auf manche unerwünschte Situation, aber nun weniger heftig und kürzer als zuvor. Das allein ist schon ein großer Erfolg. Wenn wir unsere tägliche Meditations-Praxis aufrechterhalten, wird bald unsere Aufmerksamkeit beim Atem und den Empfindungen bleiben, sodass bei einer Störung ein Teil des Geistes unsere eigene Reaktion beobachten kann, ohne völlig von den äußeren Umständen überwältigt zu werden. Zu unserer Überraschung und Freude stellen wir fest, dass ein „Stoßdämpfer" installiert wurde, ein wunderbares Entkonditionierungs-Werkzeug für unseren Geist.

Wie können wir nun, da wir in die große weite Welt zurückgekehrt sind, auf das Erreichte aufbauen und auf dem Weg weiterwachsen? Ebenso wie während des Kurses ist unsere feste Entschlossenheit auch hinsichtlich der Aufrechterhaltung der Praxis und der korrekten Arbeitsweise entscheidend für den Erfolg. Rechnen Sie mit Schwierigkeiten – schließlich befinden wir uns nicht mehr in der geschützten Atmosphäre des Kurses – und werden Sie Experte darin, sie zu überwinden. Die Technik von Vipassana ist klar, logisch, an keine Konfession gebunden. Sie basiert auf Erfahrungen und bewirkt nur Gutes für das Individuum und die Gesellschaft. Dennoch könnte Ihnen grundlose Kritik begegnen. Besonders im Westen kann all der alte Argwohn gegenüber Meditation und den Menschen, die sie praktizieren, auftauchen. Erklärungen werden bei Zweiflern nur so weit reichen, sie zu überzeugen, dass die Praxis von Vipassana einer gesunden Entwicklung dient. Aber die Art und Weise, wie wir unser Leben leben, und die positiven Veränderungen, die wir bewirken können, werden eine weitaus größere Wirkung auf sie haben.

Wir versuchen, moralisches Verhalten, Konzentration und Reinigung des Geistes (in Pāli: *sīla, samādhi, paññā*) nicht nur während unserer Meditation zu praktizieren, sondern, wo immer möglich, auch in unseren täglichen Aktivitäten. Dies erfordert Willenskraft unsererseits, um einige neue Routinen zu schaffen, und es erfordert die Akzeptanz anderer gegenüber unseren Veränderungen, die sie vielleicht nicht sofort begrüßen werden. „Hey!", werden sie vielleicht sagen: „Warum vergisst du nicht diesen ganzen Meditations-Unsinn und hast zur Abwechslung mal richtigen Spaß? Was du zum Glücklichsein brauchst, ist eine gute Party, ein paar Biere intus, ein paar Pillen, etwas zum Rauchen und einen Partner für die Nacht." Da haben wir es: widersprüchliche Modelle unseres zukünftigen Lebens und unserer eigenen Persönlichkeit stehen sich Auge in Auge gegenüber. Wie wird es ausgehen? Nur wir selbst können das entscheiden, jedes Mal erneut. Es braucht Weisheit und Charakterstärke, um diese gegensätzlichen Kräfte zu bewältigen. Häufig bieten nur die täglichen Sitzungen geeignete Wege durch dieses Dilemma. Aber es gibt hierfür keine einfache Formel.

Es ist hilfreich, die praktischen Dinge zu arrangieren. Zuhause ist es ein Muss, einen ruhigen, bequemen Platz zu finden, um ungestört meditieren zu können. Ebenso unterstützend ist, mehr oder weniger regelmäßige Zeiten zum Sitzen in unserem Tagesablauf festzulegen. Wir bemühen uns, richtig zu üben, indem wir uns an die grundlegenden Prinzipien der Aufmerksamkeit und des Gleichmuts erinnern. Und wenn wir etwas vergessen haben oder stecken bleiben, können wir uns ratsuchend an einen Lehrer wenden. Aber jeder Mensch ist sein eigener Meister. In Vipassana gibt es kein ‚Gurutum'. Wir müssen uns der Herausforderung stellen, die Meditation in unserem täglichen Leben aufrechtzuerhalten und die Lehren tagtäglich neben der Arbeit und familiären Verpflichtungen anzuwenden.

Meditierende sollten ihren eigenen Fortschritt auf dem Pfad anhand verschiedener Kriterien wie den folgenden einschätzen:

- Anstatt andere zu verletzen, habe ich begonnen, ihnen zu helfen?
- Wie verhalte ich mich in unerwünschten Situationen? Reagiere ich wie vorher oder bleibe ich ausgeglichener?
- Werde ich weniger Ich-bezogen, gebe ich großzügig ohne Erwartung etwas zurückzubekommen, zeige ich Mitgefühl und entwickele Dankbarkeit gegenüber denen, die mir helfen?

• Stelle ich meine Meditation auf ein solides Fundament, indem ich jeden Tag die moralischen Grundsätze befolge?

Wir werden Fehler machen, das ist ganz selbstverständlich. Der Test ist, ob wir aus ihnen lernen. Können wir lächelnd unsere Schnitzer zugeben und versuchen, sie nicht zu wiederholen, anstatt neue Spannungen in uns zu erzeugen?

Wir nehmen am Leben teil, erfreuen uns daran in aller Fülle und verstehen im Auf und Ab des Lebens, dass Veränderungen zwangsläufig dazugehören. Den Fluss der Ereignisse können wir nicht stoppen, aber wir können ihre Richtung beeinflussen. Wenn Übermut oder Depression bei uns anklopfen, hilft uns Vipassana, einen klaren Kopf zu bewahren. Und diese innere Distanz bedeutet nicht Passivität oder Gleichgültigkeit gegenüber dem Leiden. Wenn wir vor dem Agieren zunächst beobachten und abwarten, und sei es auch nur für den Bruchteil einer Sekunde, führt dies zu einer viel kreativeren Handlungsweise. Wir können heikle Situationen besser mit Gelassenheit und Zuversicht, Freundlichkeit und gesundem Menschenverstand angehen.

Dieser Weg ist letztlich ein einsamer Weg, aber wir gehen ihn nicht allein. Freundschaft, entsprungen aus Mitgefühl, ist das Herzstück von Vipassana. Es gibt viele Wege, Unterstützung für unsere eigene Praxis zu bekommen und anderen zu helfen. Wöchentliche Sitzungen mit anderen Meditierenden vor Ort oder Wochenend-Kurse laden unsere Batterien wieder auf. Ehrenamtlicher Dienst anhand unserer Zeit und unseren Fähigkeiten, zum Beispiel auf einem Kurs oder in einem Zentrum, ist das größte Geschenk. Das weltweite Netzwerk von Vipassana-Kontakten ist umfangreich und breitet sich immer weiter aus. Überall, von Ulan Bator bis Texas, von Taipeh bis Mailand, von Johannesburg bis Mumbai, sind die Richtlinien, ist die Praxis und das Format des Unterrichts in den Kursen gleich. Durch das Internet ist die virtuelle Vipassana-Gemeinschaft nur ein paar Mausklicks entfernt. In der Zwischenzeit bilden sich echte Gemeinschaften von Familien und Freunden rund um die

Zentren – diese seltenen Orte, die ausschließlich der Meditation und der ehrenamtlichen Arbeit gewidmet sind.

❧

„Kurz gefasst würde ich sagen, dass ich zehn Tage voller Entdeckungen verbracht habe. Der Kurs war wie ein Schlüssel, der die Tür zu echter Wahrheit, zu echtem Glück und Verständnis geöffnet hat. Für mich sind die wichtigsten Qualitäten von Vipassana, dass es uns ermöglicht, das Gesetz der Natur in uns selbst zu erfahren, und dass es außerdem leicht zu praktizieren ist. Die Tür ist offen und nun muss ich die ersten Schritte auf dem Weg zu mir selbst tun. Ich hoffe, mein Wille ist stark genug, damit ich weiterhin die Praxis aufrechterhalte. … Ich danke meinem Schicksal, dass es mir Vipassana geschenkt hat!"

Marianna Igelnik, 19 Jahre, Medizinstudentin in Moskau.

❧

„Ich praktiziere jetzt seit drei Monaten jeden Tag die Vipassana-Meditation. Die Ergebnisse sind großartig und die Veränderungen in meinem Leben enorm. Früher habe ich jeden Tag Alkohol getrunken, um mit dem Stress fertig zu werden. Jetzt kann ich ohne ihn leben. Ich hatte früher eine Menge Probleme mit meinem Sohn, aber seit ich gelernt habe, nicht zu reagieren, nicht so ärgerlich zu werden, hat die Beziehung eine positive Wendung genommen. Ich hatte auch häufig Kopfschmerzen und deshalb eine Menge Panadol genommen. Inzwischen bekomme ich nicht mehr so oft Kopfschmerzen, und ich kann sie meistens durch regelmäßige Meditation beherrschen. Ich schaffe mehr an einem Tag, da ich durch die Reinigung meines Geistes einen klaren Blick auf das Leben bekomme.

Momentan arbeite ich daran, im Hier und Jetzt zu leben. Sorgen um die Zukunft haben mir einen Haufen Stress eingebracht. Dadurch habe ich wertvolle Zeit vergeudet. Es ist, als wäre ich wieder ein Kind, da ist so ein Gefühl von Zeitlosigkeit.

Ich habe immer gedacht, ich könnte es mir niemals leisten, jeden Tag zwei Stunden nur dazusitzen und zu meditieren. Jetzt erlebe ich es, dass ich abends eine Stunde später ins Bett gehen und morgens eine Stunde früher aufstehen kann. Die Zeit ist daher kein großes Problem, wie ich vorher befürchtet hatte."

Heather Downie, Australien.

❧

„Der Buddha lehrte, dass wir seinen Worten nicht blind glauben sollten. Stattdessen sollten wir ihre Wahrheit für uns selbst entdecken. Also wurde mir während meines ersten 10-Tage-Kurses bewusst, dass ich selbst untersuchen muss, ob Vipassana-Meditation wirklich funktioniert, ob sie mir wirklich hilft, meine Misere zu verringern und Gleichmut zu entwickeln. Ich musste nicht lange auf eine Herausforderung warten.

Ich mache mir viele Sorgen um Geldmangel. Wenn es also einen Bereich in meinem Leben gibt, in dem ich ein bisschen mehr Gelassenheit gebrauchen könnte, so sind das definitiv die Finanzen. Als ich nach meinem ersten Vipassana-Kurs meine Wertsachen entgegennahm, kam die Gelegenheit, die Auswirkungen der Meditation in Aktion zu sehen.

Bei der Registration zum Kurs hatte ich dem Helfer mein Portemonnaie nur sehr ungern übergeben. Obwohl man mir sogar eine Plastiktüte und Klebeband zum Einpacken und Zukleben gegeben hatte, beobachtete ich trotzdem sehr nervös, dass die Kiste mit den Wertsachen an diesem ersten Nachmittag die meiste Zeit unbeaufsichtigt blieb. Zehn Tage später, als ich mein Portemonnaie abholen wollte, war ich deshalb nicht wirklich überrascht, dass es sich nicht mehr in der Kiste befand. Aber meine Reaktion auf diesen Verlust hat mich schon überrascht. Keine intensive Angst. Ja, es hat mich zwar betroffen gemacht, und ich war froh, als ein junger Mann mir anbot, den Weg, auf dem die Kiste gebracht worden war, bis zu ihrem Aufbewahrungsort in einem anderen Zimmer zurückzuverfolgen. Aber selbst als er fünf Minuten später mit leeren Händen zurückkam, stellte ich fest, dass ich immer noch ziemlich ruhig war. Als ich anfing, mir den Kopf zu zerbrechen, wie ich bloß mein Portemonnaie der Kiste hatte anvertrauen können und mir dazu Sorgen machte, wie ich all die Kreditkarten und Ausweise ersetzen könnte, wusch ich einige Teller ab und beobachtete dabei meine vorüberziehenden Gedanken. Mein Geist war immer noch sehr klar. Ich erinnerte mich daran, dass die Kiste mit den Wertsachen jetzt anders ausgesehen hatte als noch vor zehn Tagen. Und tatsächlich, nach weiteren zehn Minuten intensiver Suche kam der junge Mann mit meinem Portemonnaie zurück. Die Wertsachen waren von einer Kiste in eine andere umgepackt worden und mein Portemonnaie war aus Versehen in der alten Kiste geblieben.

Es ist nicht immer so schnell und einfach, die Ergebnisse der Vipassana-Praxis zu bewerten. Aber ich denke, es tauchen auf dem Weg kleine Ereignisse auf, die uns unseren Fortschritt erkennen lassen. Der Weg zur Befreiung ist lang, sagt Goenka. Aber jeder einzelne Schritt entlang des Pfades ist es wert, gegangen zu werden. Ist meine ganze Angst bezüglich Geldmangel nun weg? Überhaupt nicht, aber jede Erfahrung, gleichmütiger zu sein, ermutigt mich in meiner Praxis."

Barry Nobel, ein Meditierender und Lehrer, saß seinen ersten Kurs im Northwest Vipassana Centre, Washington, USA im Jahr 1998. Als Nachsatz fügt er hinzu: „Es erstaunt mich immer noch, dass Vipassana genug wertvolle Ergebnisse hervorbringt, dass ich jeden Tag zwei Stunden der Meditation widme."

࿔

„Zum Jahreswechsel 1994/1995 saß ich meinen ersten 10-Tage-Vipassana-Kurs in *Dhamma Mahī*, Frankreich. Ich fand den Kurs ziemlich hart und herausfordernd, aber auch sehr inspirierend – besonders hinterher. Ich wusste, ich war mit etwas in Kontakt gekommen, wonach ich unbewusst gesucht hatte. Es gab in mir auch die kraftvolle Erkenntnis, dass diese Meditationstechnik mich wahrscheinlich mein ganzes Leben lang begleiten würde, und ich wollte mich darin fest etablieren. Wenn sich ein Kurs dem Ende zuneigt, rät Herr Goenka seinen Schülern, dass sie, wenn sie diese Technik logisch, ergebnisorientiert und nützlich finden, eine Stunde am Morgen und eine am Abend praktizieren sollen. Also begann ich zu Hause genau so zu meditieren. Für ein halbes Jahr, manchmal eher mühselig, gelang es mir, zwei Stunden am Tag zu meditieren, und ich habe weiterhin gute Ergebnisse erzielt. Ich war weniger genervt, meine Konzentration war besser, was mir beim Studieren half, und es war leichter für mich, mit den anderen 65 Studenten im Wohnheim umzugehen.

Im Sommer 1995 flog ich nach Bangkok, um auf eine zweimonatige Reise durch Thailand, Malaysia und Sumatra zu starten. Danach wollte ich wieder nach Thailand zurückkehren, um vor meiner Rückreise nach Holland meinen zweiten Vipassana-Kurs in *Dhamma Kamala* zu sitzen. Aber nach sechseinhalb Wochen unterwegs, in denen ich mich allen gegenüber, denen ich begegnete, sehr offen fühlte, kam meine Reise zu einem frühen und ausgesprochen unerwarteten Ende.

Eines Morgens in Sumatra machte ich nach dem Meditieren einen Spaziergang. Drei junge Indonesier gesellten sich dazu, die sich mit mir unterhalten wollten und mich nach meinem Namen und meiner Herkunft fragten. Sie gingen mit mir, bis wir das Dorf weit genug hinter uns gelassen hatten, und auf einmal wunderte ich mich, warum mein Kopf zu explodieren schien. Ich konnte nichts mehr sehen und fühlte sehr intensive Empfindungen an meinem Hinterkopf. Als ich wieder sehen konnte, erkannte ich, dass sich die drei Männer verteilt hatten, und dass einer von ihnen mir mit einem großen Stock, den er aufgelesen hatte, auf den Kopf geschlagen hatte. Dann wurde mir klar, dass ich ausgeraubt wurde. Sie schlugen noch mehrmals zu und nach ein paar angstvollen Minuten war ich an Händen und Füßen gefesselt. Heftig blutend legten sie mich am Straßenrand in die Büsche. Dann sind sie gegangen.

Für einen kurzen Augenblick akzeptierte ich die Tatsache, dass dies der Moment war, in dem ich sterben würde. Aber dann gab es einen sehr starken Schub, einen Impuls von innen, der mich dazu brachte, weiterzumachen. Mir wurde bewusst, dass meine Kopfwunde schnelle ärztliche Hilfe brauchte und dass meine Angreifer immer noch zurückkommen konnten. Und genau in diesem Augenblick, als ich von der Situation vollständig hätte eingenommen sein können, geschah etwas, das mir einen Moment der Ruhe schenkte, als ich es am meisten brauchte. Ich befreite meine Hände und Füße, und für einen Augenblick saß ich einfach da am Straßenrand und praktizierte Vipassana. Ich war mir der Empfindungen an meinem Körper bewusst und bewahrte ihnen gegenüber Gleichmut, indem ich mir bewusst war, dass sie nur entstehen und vergehen. Obwohl die Empfindungen sehr intensiv waren, verstand ich, dass sie nicht für immer bleiben würden. Dadurch konnte ich sie beobachten, anstatt von ihnen überwältigt zu werden.

Nach einer Weile fing ich an, mich zu bewegen und über Möglichkeiten nachzudenken, wie ich diese schwierige Situation, in der ich war, lösen konnte. Schließlich wurde ich von anderen Reisenden entdeckt. Sie kümmerten sich wundervoll um mich, und ich kehrte nach Holland zurück, wo ich mich erholen konnte. Als diese Menschen mich gefunden hatten, fing einer von ihnen an, über die Jungs zu schimpfen, aber die Praxis von Vipassana ermöglichte es mir, nichts als aufrichtiges Mitgefühl für sie zu empfinden. Ihr Leben muss voller Negativität, Aggression und Habgier sein, und sie taten mir richtig leid. Was sie getan hatten, war absolut falsch gewesen, und ich dachte, dass sie, falls möglich, für ihre Taten bestraft werden sollten. Ich war mir jedoch bewusst, dass ich, würde ich Hass ihnen gegenüber empfinden, auch voller Negativität wäre. Und das wiederum wäre zu diesem Zeitpunkt definitiv nicht hilfreich, wo ich doch meine ganze Energie benötigte, um die Situation zu einem guten Ende zu bringen.

Natürlich, als ich zu Hause war, kam Aggression, kam Hass und der Wunsch nach Rache, kamen Wut und Traurigkeit. Ich bin definitiv kein Erleuchteter! Und dennoch gab es während dieser ganzen Zeit auch kleine Augenblicke der Gelassenheit, in denen ich die Situation mit einem ausgeglichenen Geist betrachten konnte. Und diese Momente waren so hilfreich, so unschätzbar wertvoll! Nun ja, mit Hilfe psychiatrischer Behandlung benötigte ich mehr als ein Jahr, um den Stress und die Probleme zu verarbeiten, die ich durch den Raubüberfall entwickelt hatte. Ich wage kaum mir vorstellen, wie viel mehr Zeit es mich gekostet hätte, wenn ich nicht die Unterstützung von Vipassana gehabt hätte. In diesem ersten Jahr nach dem Überfall war das Meditieren manchmal zu schwierig, selbst Anapana. Aber die Tatsache, dass die Meditation so unglaublich hilfreich für mich gewesen war und die Ergebnisse nach nur einem Kurs und einem halben Jahr des Meditierens so großartig waren – dieses Wissen machte mich sicher, dass ich es wieder schaffen würde.

Als die Zeit reif war, belegte ich einen zweiten Kurs. Am Ende des Kurses fragte mich ein anderer Teilnehmer, welche Ergebnisse ich bisher erzielt hätte. Ich antwortete ihm vage und verallgemeinernd, dass es mir auf verschiedene Weise helfen würde. Er kam immer wieder auf dieselbe Frage zurück, und ich bin weiter einer konkreten Antwort ausgewichen. Gerade als der letzte Tag zu Ende ging und wir alle auf dem Weg ins Bett waren, fragte er mich: ‚OK, erzähl mir nur eine Situation, in der Vipassana nützlich für dich war.‘ Daraufhin erzählte ich ihm diese Geschichte, und er verstand den Grund meiner Begeisterung.“

Im Alter von 24 Jahren hat Teun Zuiderent aus den
Niederlanden einen M.A. in Kunst und Wissenschaften und
einen M.A. in Wissenschaft und Technologie. Die Annahme von
Arbeitsangeboten stellte er für ein Jahr zurück, um zu Sitzen,
Service zu geben und Pali an der Vipassana International
Academy, Igatpuri, Indien, zu studieren.

✎

„Was hat mir die Praxis von Vipassana gebracht?

Als Ergebnis des Beobachtens der Nasen- und Gehörgänge sind meine Stirnhöhlen viel klarer geworden, und ich kann Dinge riechen, die ich seit Jahrzehnten nicht mehr gerochen habe. Ein Spaziergang auf der Straße, ein paar Tage nach meinem ersten Kurs, war eine wahre Freude.

Ich bin mir früherer schlechter Angewohnheiten in Bezug auf das Sprechen und Zuhören jetzt sehr viel bewusster und kann sie meist recht schnell abstellen. Manche Situationen sind in dieser Hinsicht nach wie vor schwierig, aber ich erinnere mich daran, dass sich alle Dinge ändern können.

Meine Fahrgeschwindigkeit hat sich um etwa 20 km/h verlangsamt, was besonders meiner Frau gefällt. Ich bin viel geduldiger mit anderen Autofahrern und suche viel öfter nach der Möglichkeit, großzügig mit Menschen umzugehen, die die Spur wechseln oder aus Seitenstraßen ausfahren wollen. Ich nehme jetzt Körperempfindungen wahr, wenn ich beim Fahren ungeduldig oder rücksichtslos werde.

Ich habe nach und nach im Haus herumliegende Papierstapel in Angriff genommen und Arbeiten erledigt oder begonnen, die ich lange vor mir hergeschoben hatte. Einige von ihnen kamen mir vor wie riesige Berge, und es bedurfte einer Menge Mut und Durchhaltevermögen, aber ich habe angefangen, diese Dinge heute zu erledigen, anstatt morgen. Jeden Tag tue ich etwas, um alte Unordnung aufzuräumen und meist ertappe ich mich jetzt dabei, wenn ich im Begriff bin, eine neue Unordnung zu verursachen. Und ich bin viel rücksichtsvoller gegenüber meiner Frau geworden, wenn es um Dinge geht, die ich im Haushalt erledige.

In meinem neu entdeckten Eifer habe ich manchmal Fehler gemacht, gelegentlich sogar ziemlich große Fehler. Das hat zu einigem Leid geführt, aber schließlich erkenne ich, wenn ich Verlangen nach etwas habe oder versuche, etwas zu vermeiden, und ich bin dann in der Lage, den Fehler zu überwinden.

Meine Impulsivität und Ungeduld sind bis zu einem gewissen Grad noch da, aber es fühlt sich so an, als würden sie mit jeder schmerzhaften Lektion abnehmen.

In Gesprächen mit Freunden und Verwandten ging es viel mehr um reale Probleme als um deren Verschleierung. Ich habe versucht, meinen Enthusiasmus zu zügeln und meine neue ruhigere Art zuzulassen, mehr zuzuhören und nicht gleich zu urteilen, oft Dinge über Menschen zu wissen, bevor sie es mir sagen, und auch zu wissen, wann ich mich zurückhalten muss. In einigen Fällen, wenn Leute zum Beispiel schlecht über Dritte reden, fühle ich mich unwohl, und es fällt mir schwer, gleichmütig zu bleiben. Das wird noch mehr Konzentration meinerseits brauchen oder die Vermeidung solcher Situationen von vorneherein.

Es gibt viele Dinge, die ich mir in meinem Leben mit dem Verstand erarbeitet habe, da ich im Allgemeinen den Belehrungen anderer keinen Glauben geschenkt habe. Durch Vipassana konnte ich jedoch viele Dinge direkt erleben, sodass eine ganz neue Wirklichkeit für mich entstanden ist. Ich könnte auch sagen, Vipassana hat eine Menge Illusionen zerstört. Das war nicht immer angenehm für mich, und ich gehe davon aus, dass noch mehr Unangenehmes vor mir liegt, aber ich fühle mich jetzt fest entschlossen, weiterzumachen und einen weiteren Schritt auf dem Pfad zu tun. Es gab Zeiten voller Zweifel und Verwirrung, insbesondere in Bezug auf die Tatsache, dass meine Frau eine andere Technik praktiziert. Es scheint, als ob ich das mittlerweile akzeptieren kann, aber ich weiß auch, dass noch weitere Klumpen im System stecken könnten.

Das Erlernen von Vipassana war das größte Geschenk, das ich jemals bekommen habe, und mein Leben hat sich seither so stark verändert, dass es nie wieder so wie vorher sein wird. Ich weiß, dass ich anderen Hilfestellung geben werde, die auch diesen Weg einschlagen möchten, aber ansonsten scheint die Zukunft so viel unsicherer als vorher. Wer weiß, was der morgige Tag bringen wird?"

Ron Thompson, Neuseeland.

༄

„Nach meinem ersten Kurs im April 97 hatte ich das Gefühl, dass ich durch Vipassana privilegierter war, viel privilegierter, als wenn ich im Lotto gewonnen hätte! Auch nach weiteren Kursen habe ich meine Meinung nicht geändert."

Sheila Kirwan, London, Sekundarschullehrerin
für Mathematik und Naturwissenschaften.

༄

„Als ich wieder anfing zu arbeiten, bemerkten und schätzten die meisten Leute meine Veränderung. Sie sagten, ich sei weniger aggressiv (obwohl sie sonst der Meinung sind, eine aggressive Frau könne die Arbeit besser bewältigen). Sie fanden heraus, dass man mit weniger Aggressivität mehr erreichen konnte. Mein berufliches Umfeld war weniger spannungsgeladen und die Mitarbeiter waren kooperativer und fröhlicher. Als geduldige und solide Managerin, die ich bin, habe ich nichts verloren, sondern mehr Leichtigkeit in den Arbeitsbeziehungen gewonnen. Dhamma hat mir Richtlinien an die Hand gegeben, wie zum Beispiel, dass ich, wenn ich etwas erledigt haben möchte, es besser selbst erledige, anstatt zu warten und jemand anderes um Erledigung zu bitten – mein Geist dabei in heller Aufregung. Wenn ich jetzt Aufgaben ausführe, die nicht zu meiner Arbeit gehören, beispielsweise anderen zu helfen und ihnen Arbeitsvorgänge zu zeigen, so nutzen die Leute dies nicht aus, wie ich bisher gefürchtet hatte. Stattdessen führen sie ihre Arbeit exakt so aus, wie ich es wünsche und die Arbeit wird schneller und effizienter zu Ende gebracht. Ich erinnere mich an Goenkajis Ratschlag ‚ein Vorbild zu sein'. Unnötig zu sagen, dass ich dafür mein Ego opfern musste: ‚Warum muss eine so wichtige Persönlichkeit wie ich so niedrige Arbeiten erledigen?' Aber im Laufe der Zeit habe ich den unauffälligeren Lebensstil lieben gelernt. Ich habe den Geschmack von Frieden in mir selbst gefunden, und ich habe angefangen, mehr Harmonie mit den Menschen um mich herum zu entwickeln."

Thanda Win, Burma.

❧

„Wo soll ich anfangen – ich habe das Gefühl, dass ich durch Vipassana so viel gewonnen habe. Es ist jetzt 20 Monate her, seit ich meinen ersten Kurs gemacht habe, zehn Monate, seit ich mich entschlossen habe, mich zu einer Stunde Meditation zweimal am Tag zu disziplinieren und vier Monate seit meinem letzten zehntägigen Kurs.

Seit ich zwei Stunden am Tag praktiziere, habe ich aufgehört Zigaretten und Cannabis zu rauchen. Ich trinke keinen Alkohol mehr und habe aufgehört, Koffein zu mir zu nehmen. Das mag wie eine lästige Pflicht klingen (es ist nicht alles strikt Teil der Technik), aber da ich von Natur aus ein ziemlich ‚süchtiger' Mensch bin, fühle ich mich jetzt befreit von dem ständigen Verlangen nach Highs, Nikotin, Alkohol, Essen, Sex und allem anderen.

Ich bin seit meinem ersten Kurs zölibatär geworden (mehr oder weniger), nicht aus Selbst-Kasteiung, sondern aus einer inneren Ruhe heraus, um von meinen Qualen der Lust und dem Verlangen nach Sex, Aufmerksamkeit, gegenseitigem Brauchen und Liebe befreit zu sein. Ich bin nicht unbedingt daran interessiert, für den Rest meines Lebens zölibatär zu leben (obwohl es in Ordnung wäre, falls es so käme), aber jetzt kann ich warten, bis ich den richtigen Partner für mich finde.

Das ist also das, worauf ich verzichten konnte.

Seit ich Vipassana praktiziere, habe ich mich von einem Krankenpfleger in einer psychiatrischen Akutstation zu einem verantwortungsvollen, psychiatrischen Gemeinde-Krankenpfleger entwickelt. Ich meine, dass ich mich mehr auf die Probleme anderer Menschen konzentrieren und viel klarer denken kann. Ich kann meinen Tag effizient gestalten und habe genug Energie, um weiterzumachen. Wenn ich feststelle, dass mir alles zu viel wird oder dass ich mich von der vielen Arbeit überrannt fühle, nehme ich mir zehn Minuten Zeit zum Meditieren. Das ist meistens genug Zeit, um meinen Geist zu beruhigen, mir neue Energie zu geben, und häufig finde ich dabei auch die Lösung für ein Problem, das sich gerade stellt.

In meinem persönlichen Leben leide ich nicht mehr unter den Stimmungsschwankungen und emotionalen Tiefs, die lange Zeit Teil meines Lebens waren. Wenn ich mich selbst ertappe, wie ich negative Gedanken habe (ich bin mir ihrer jetzt in einem sehr frühen Stadium bewusst, bevor sie mich überwältigen können), fällt mir fast immer auf, dass ich meine tägliche Meditation vergessen habe. Wenn ich dann meditiere, verschwinden auch die negativen Gedanken wieder.

Ich bin jetzt viel ruhiger. Ich sorge mich weniger um alltägliche Belange und die Sorgen, die ich wegen größerer Probleme habe, löse ich, bevor sie zu einer Belastung werden.

Als psychiatrischer Gemeinde-Krankenpfleger besteht ein Großteil meiner Arbeit darin, Menschen zu treffen und sie einzuschätzen, die im Grunde die gleichen Tiefs, Ängste, außer Kontrolle geratenen Gefühle, das gleiche Verlangen nach Sex, Drogen, Essen und so weiter durchmachen, wie ich früher selbst. Ich sehe, dass ich viel Glück gehabt habe, einen Weg aus diesem verrückten Leben des endlosen Verlangens und der Abneigung gefunden zu haben. Ich beobachte an mir selbst, dass ich erfüllt bin von sehr viel Empathie dem gegenüber, was diese Menschen durchmachen und mich dadurch qualifizierter fühle, ihnen zu helfen.

Eines Tages werde ich vielleicht Teil eines Vipassana-Zentrums sein, wo Menschen mit Problemen geholfen wird, denen ich Tag für Tag und Woche für Woche begegne.

Vipassana hat sich positiv auf jeden Aspekt meines Lebens ausgewirkt. Ich meditiere eine Stunde bevor ich zur Arbeit gehe, und es hinterlässt bei mir eine Ruhe, Klarheit und Energie. Ich meditiere, wenn ich von der Arbeit nach Hause komme und fühle mich erholt. Die Spannungen des Tages sind verschwunden, und ich finde wieder Frieden, meinen Frieden."

Tony White, UK.

❧

Am 4. Juli 1982, als Michael aus Irland 19 Jahre alt war, wurde er in einen ernsten Motorradunfall verwickelt, der ihm einen Schädelbruch, eine Stauchung der Wirbelsäule, einen komplizierten Bruch des linken Beins und mehrere kleine Verletzungen einbrachte. Zwei Tage später verlor er alles Gefühl im Körper und war vom Hals abwärts gelähmt. Michael verbrachte die folgenden Monate in einem Rehabilitationszentrum in Dublin. Seine Gehfähigkeit regenerierte sich in dieser Zeit einigermaßen, obwohl er in den kommenden Jahren bei einigen Gelegenheiten wegen seiner Behinderung als Invalide bezeichnet wurde. Um die Schmerzen zu lindern und seine Schwierigkeiten beim Gehen zu überwinden, nahm Michael 1985 an einem Selbst-Hypnose-Kurs teil, jedoch mit nur wenig bis gar keinem Erfolg. Einige Zeit später begann er Bücher über Meditation zu kaufen, um mehr über seinen Geist zu erfahren und 1996/97 ging er in die USA, um verschiedene Meditationstechniken auszuprobieren. Aber er fand nichts, was für ihn passte. Ein befreundeter Heiler in New York empfahl Michael, Vipassana auszuprobieren, weil er dachte, dass es für seinen Zustand gut sein könnte.

„Ich habe meinen ersten Kurs im Meditationszentrum in Massachusetts gesessen und schnell Gefallen an dieser sehr fokussierten und zielgerichteten Technik gefunden. Gleichzeitig wurde ich aber mit vielen Schwierigkeiten konfrontiert. Seit meinem Unfall hatte ich eine Krampfneigung und bei dem Versuch, während der Meditation still zu sitzen, traten Schmerzen in meinen Beinen auf, die Spasmen auslösten, sodass meine Beine zuckten. Immer wenn sich Spannungen in meinen Beinen entwickelten, bewegte ich sie, wie ich es, um diese Reaktion zu vermeiden, seit dem Unfall immer getan hatte. Wenn meine Beine ruhig waren, lief auch meine Meditation gut. Aber immer, wenn sie anfingen zu zucken oder ich sie bewegen musste, war meine Konzentration wie weggeblasen.

Als der Kurs zu Ende war, wollte ich gleich zurück in diese intensive Meditation und mich in der Meditationstechnik so gut und schnell wie möglich entwickeln. Es wurden jedoch Kurshelfer im Zentrum benötigt, so dass ich die nächsten zwei 10-Tage-Kurse im Zentrum blieb und Service gab. Während eines Kurses zu helfen, war für mich wie einen sanften Kurs zu sitzen. Man bekommt die Möglichkeit, mindestens drei Stunden am Tag zu meditieren und sich die abendlichen Video-Vorträge anzuschauen. Man lernt während der Zeit immer noch eine unglaubliche Menge über Vipassana.

Während meines zweiten Kurses hatte ich die Nase voll von meinen verkrampften Beinen und der Art, wie sie meine Aufmerksamkeit von der Meditation ablenkten. Am 6. Tag war ich so weit, dass ich mich entschloss, die Spannungen, Schmerzen und Krämpfe ganz und gar zu ignorieren und meine Beine zucken zu lassen oder was immer sie tun wollten. Was immer auch passiert, passiert eben, dachte ich. Für den Rest des Tages hüpften meine Beine während der Meditation in einer Tour. Trotzdem versuchte ich entschlossen, meine Aufmerksamkeit auf den Körperteil zu konzentrieren, an dem ich gerade die Empfindungen beobachtete. Wenn ich zu meinen Beinen kam, beobachtete ich das Unbehagen einfach als eine weitere Art der Empfindung. Ich lächelte über die Beschwerden, als ob sie keine Bedeutung hätten. Nachdem ich die Empfindungen an meinen Beinen beobachtet hatte, ignorierte ich diesen Bereich und beobachtete die Empfindungen an den anderen Teilen des Körpers.

Am siebten Tag meditierte ich entschlossen in derselben Art und Weise weiter. Ich bemerkte, dass die Spannungen in meinen Beinen allmählich nachließen. Je weiter der Tag fortschritt, umso weniger Spannung hatte ich in meinen Beinen. Am Ende des Tages war ich froh, entschieden zu haben, die Krämpfe in meinen Beinen zu ignorieren. Ich hatte keine Spannung, keine Krämpfe mehr in meinen Beinen, und sie lagen ganz still da. Erst dann wurde mir klar, wie wichtig es ist, einfach nur Beobachter zu sein und nicht zu reagieren.

In dieser Nacht konnte ich mich in meinem Bett sofort entspannen. Vorher war mir das seit meinem Unfall nur möglich, wenn mein Körper physisch erschöpft war. Wenn nicht, habe ich mich die ganze Zeit in meinem Bett gewälzt und die Stellung gewechselt."

Michael Egan, Irland.

❦

„Seit diesem ersten Kurs sind Tim und ich Schritt für Schritt zusammen auf dem Pfad gegangen. Alle unsere Beziehungen haben sich verbessert und unsere alten schlechten Gewohnheiten sind verschwunden. Nach dem ersten Kurs habe ich nie wieder Marihuana geraucht, weil ich kein Bedürfnis mehr danach hatte. Ich konnte mir nicht vorstellen, meinen Geist mit einer Droge zu vernebeln, nachdem ich so hart daran gearbeitet hatte, ihn zu klären!

Durch konsequentes Üben über die Jahre hinweg haben wir die meisten Spannungen in unserer Beziehung überwunden und haben ein Werkzeug, um damit umzugehen, wenn sie doch einmal auftreten. Wir erzählen oft unseren Familien und Freunden, dass Dhamma unsere Ehe gerettet hat und dass Dhamma das ist, was unsere Ehe stark macht. Heute lehren wir in derselben Klasse in der Grundschule und verbringen den Großteil unserer Zeit zusammen. Glücklich. Dhamma funktioniert!"

Karen Donovan, USA.

❧

„… Ich möchte nur hinzufügen, dass 95% der anfänglichen Anziehungskraft auf Leute wie mich, wenn sie von Vipassana hören, die offensichtliche Integrität ist, mit der Ihre Organisation und Ihre Kurse geführt und finanziert werden.

Danke, dass Sie die Meditation (und einen angesehenen Lehrer) für den Westen und insbesondere für meine ,sozialistische Tradition' akzeptabel und zugänglich gemacht haben."

Robert Byrne, Süd-England, macht gerade seine Ausbildung zum Homöopathen und arbeitet in Teilzeit als Altenpfleger. Über radikale Politik fügt er hinzu: „Ich scheine heutzutage weniger in gewaltfreie direkte Aktionen involviert zu sein, aber der Einfluss, den ich jetzt durch das Meditieren auf ,das größere Ganze' ausübe, mag zwar weniger erscheinen, ist aber zweifellos positiver!"

VIPASSANA – VERÄNDERUNG IM TÄGLICHEN LEBEN

KAPITEL 6

AUF DEM WEG

Vipassana ist dafür gedacht, im Leben angewendet zu werden. Bisher haben wir uns auf die Meditationstechnik konzentriert und wie sie in den Kursen erlernt wird. Von nun an wollen wir den Fokus auf reale Lebenssituationen verlagern, wie sich Vipassana im gesamten Spektrum der Gesellschaft auswirkt, bei Kindern und Familien, Gefängnisinsassen, Drogenabhängigen, Geschäftsleuten, Spezialisten und anderen. Und immer ist das Individuum der Ausgangspunkt.

Wir beginnen also diesen neuen Abschnitt mit Meditierenden, die ihre eigenen Entwicklungsgeschichten erzählen: vom ersten Kurs, über die Jahre ihrer Meditationspraxis und Zeiten als ehrenamtliche Helfer hinweg, bis hin zur Verantwortung als Lehrer.

Manchmal kann ein einziger Vipassana-Kurs jemandem schon so viel direkte Erfahrung der Wahrheit im Innern vermitteln, dass der Weg für ihn klar ist: „Das ist es, wo ich hin will. Das ist es, was ich sein möchte." Bei anderen dauert es länger. Wenn wir täglich meditieren, mit uns selbst und anderen gut umgehen, dann fängt auch unsere innere Wandlung an, sich zu zeigen – wie eine Knospe, die sich in eine Blüte verwandelt.

Hier nun einige Momentaufnahmen dieser denkwürdigen Reise.

❧

Dhamma

Im Schatten gelbweißen Lichtes sitzend,
erhellt vom Glanz stillen Glücks:
Ich erahne den Weg.

Kathy Henry arbeitet als Familienberaterin.
Gemeinsam mit ihrem Mann Benn Turner koordiniert sie
seit 1997 Vipassana–Kurse in einem Gefängnis in Seattle.

❧

Erster Kurs

„Das Leben vor Vipassana ist für mich schwierig gewesen. Ich war zornig, ängstlich, voller Selbstmitleid und unversöhnlich. Ich hatte viele meiner Lebensjahre mit einem Alkoholiker verbracht, dem ich die Schuld für all meine Probleme gab. Und obwohl es nach außen hin so aussah, als käme ich zurecht, war ich in meinem Innern verzweifelt. Ich wollte haben, was ich nicht bekommen konnte und war wütend darauf, was aus meinem Leben geworden war. Ich habe *gelitten*.

Zu Vipassana kam ich durch meinen Sohn. Im Alter von 59 Jahren war ich der Meinung, es gäbe nicht viel, was mir meine Kinder beibringen könnten. Ich ahnte nicht, dass mein Sohn mir ein solch großes Geschenk machen würde. Ich dachte, ich hätte ihm das Leben geschenkt, und nun war er hier und gab es stattdessen mir. Er war nach Indien gereist und hatte den Sommer über dort Sozialarbeit geleistet. Vor seiner Heimreise hatte er an einem 10-Tage-Kurs in Vipassana teilgenommen. Er erzählte häufig und inbrünstig von diesem Meditationskurs in Dehradun und gab mir William Harts Buch ‚Die Kunst des Lebens‘ zu lesen. Ich fand, dass es besser sei, mein eigenes Exemplar zu besitzen und bestellte es mir. Zusammen mit dem Buch kam eine Liste über weiteres Lesematerial. Neugierig geworden, schrieb ich mit der Bitte um mehr Informationen an das englische Zentrum (*Dhamma Dīpa*). Und dann tat ich diesen gigantischen Schritt, mich zu einem 10-Tage-Kurs anzumelden. Ich glaube, mein Sohn war an dieser Stelle etwas beunruhigt und erinnerte mich immer wieder an die Weckzeit von 4:00 Uhr morgens, die zehn Stunden tägliche Meditation und vor allem an die Notwendigkeit, neun Tage lang zu schweigen. Ich muss zugeben, dieser letzte Punkt machte mich tatsächlich etwas nervös, denn ich bin jemand, die ein ‚Schwätzchen‘ liebt.

Als der große Tag kam, war ich sehr verunsichert. Ich hatte Visionen von einem Zeltlager mit einer Gruppe von Hippies, New-Age-Reisenden und jungen Leuten. Doch das freundlich lächelnde Mädchen, das mich bei meiner Ankunft begrüßte, zerstreute bald alle meine dummen Vorurteile, und als ich mich im Anmeldebereich umschaute, sah ich Menschen jeden Alters und jeder Couleur. Ich fühlte mich vom ersten Tag an wohl.

Meine ‚Zellengenossin‘, wie ich die Frau gerne nenne, die sich mit mir ein Zimmer teilte, war genauso darauf bedacht wie ich, das Beste aus diesen zehn Tagen herauszuholen, so dass ‚regelwidriges Schwatzen‘ nie zum Problem wurde. In der Tat war das einer der angenehmsten Aspekte – keine unnötigen Gespräche.

Es war nicht leicht. Ich dachte, ich würde niemals bequem sitzen können, egal, welche Haltung ich einnahm, und wie viele Kissen ich auch benutzte. Ich hatte große Schmerzen in den Beinen, und das Aufstehen nach einer Stunde war die reinste Qual. Als wir einmal für fast zwei Stunden sitzen mussten, war ich so gut wie erledigt. Aber dann, nach mehreren schwierigen Tagen, in denen ich versuchte zu meditieren, geschah etwas. Eines Morgens erwachte ich voller Eifer, in die Meditationshalle zu kommen. Dort war ich die Erste. Ich saß da, nahm all die Energie in mich auf, all das *mettā*, all den Frieden. Dies war der Anfang eines der schönsten Tage meines Lebens. An manchem Morgen beobachtete ich in den Pausenzeiten den Sonnenaufgang über den Hügeln, und abends staunte ich über die Sonnenuntergänge. Jeder Moment wurde zu etwas Besonderem und selbst als diese Momente vergingen, als ich lernte, in der Gegenwart zu leben und zu akzeptieren, dass sich ,alles ändert‘, wuchs mein Frieden. Noch nie hatte ich solch eine Freude erlebt, wie am zehnten Tag des Kurses. Dies war der Anfang. Und obwohl die Rückkehr in die moderne Alltagswelt meine Freude wieder etwas dämpfte, erfahre ich diesen Frieden immer noch, sobald ich mich hinsetze, um zu meditieren.

Als meine Kinder noch klein waren und sie mich fragten, was ich mir zum Geburtstag wünschte, antwortete ich immer: ,Nur ein bisschen Frieden und Ruhe.‘ Genau das war es, was ich in diesen zehn Tagen in *Dhamma Dīpa* bekommen habe.

Ich bin immer noch eine Anfängerin und habe noch viel zu lernen. Im alltäglichen Leben ist es nicht immer leicht, ,in der Gegenwart zu leben‘, loszulassen, zu meditieren. Ich bereite gerade meine Anmeldung zum nächsten 10-Tage-Kurs vor. Ich möchte gern einmal pro Jahr einen Kurs sitzen. Außerdem suche ich eine Gruppe hier in der Gegend, um einmal wöchentlich gemeinsam zu meditieren.

Jeden Tag, wenn ich mich zum Meditieren hinsetze, habe ich das Gefühl, dass sich mein Leben verändert, ich mich verändere. Ich lerne, und Vipassana ist mein Lehrer.

Ich habe einmal ein Zitat gelesen, das beginnt: ,Stelle dich in die Mitte des Stroms der Kraft und Weisheit, der in dein Leben fließt.‘ Die Vipassana-Meditation ist mein Strom.

Was mir die Praxis von Vipassana gibt? Die Wahrheit über mich selbst, und den Beginn der Befreiung vom Leiden (und ich schwatze nicht mehr ganz so viel).“

*Jean Bayne ist im Ruhestand und lebt im
Südwesten von England.*

❧

Ein Hinweis und ein Geschenk

„In einer Zeit, als ich in einer tiefen Lebenskrise steckte, versuchte ich, wenigstens die äußeren Teile meines Lebens in einer Art Funktionsmodus zu halten. Dazu gehörte auch meine Mitgliedschaft in einem Gremium, für das ich mich prinzipiell sehr engagierte, bei dem jedoch der damit verbundene Kontakt mit einer der Hauptverantwortlichen immer wieder eine Herausforderung für mich darstellte. Wir waren zwei Menschen mit genau entgegengesetzter Art, unser Leben zu betrachten, darüber zu sprechen und es zu leben. Ich hatte auch eine Ausbildung als potentielle ehrenamtliche Telefonseelsorgerin gemacht, um meinem scheinbar ziellosen Leben etwas Sinn zu geben.

Hätte ich eine starke religiöse Überzeugung gehabt, wäre vielleicht ein langer Rückzug, etwa für sechs Monate, eine Möglichkeit gewesen, mich zurück in die Spur zu bringen. In meiner Jugend war mir jedoch eine strenge kirchliche Erziehung aufgezwungen worden, die 20 Jahre lang keine wirkliche Bedeutung für mich gehabt hatte. Deshalb wäre solch ein Rückzug komplett heuchlerisch und somit nutzlos gewesen.

Da ich sehr an die Bedeutung der örtlichen Bibliothek im Rahmen der menschlichen Lebenswelt glaube, ging ich eines Tages dorthin, um nach einem Hinweis zu suchen. In der Abteilung für Religion und Philosophie fand ich einige Bücher von zwei verschiedenen Menschen, die über ihre Erfahrungen in Thailand und Burma berichteten und dabei auch eine Meditationstechnik erwähnten, die für mich gleichzeitig beängstigend und ermutigend klang. Tief in meinem Innern wusste ich, dass ich auf etwas sehr Fruchtbares gestoßen war, und allein diese Entdeckung gab meinem Leben ein wenig zusätzlichen Auftrieb.

Am nächsten Tag musste ich zur Bearbeitung einiger Papiere die Büroräume des Gremiums aufsuchen. Die betreffende

Person war ebenfalls da und ließ sich, wie so oft, über eine traumatische Erfahrung aus, die angeblich einen tiefen Eindruck in Form akuter Magenschmerzen bei ihr hinterlassen hatte. Entgegen meinem intuitiven Bedürfnis, mich dieser überwältigenden Negativität zu entziehen, fand ich, dass ein Teil von mir noch in der Lage war, einen Tropfen Mitgefühl herauszuquetschen. Und, indem ich auf meine sich gerade entwickelnden Fähigkeiten als Seelsorgerin zurückgriff, fragte ich sie: ‚Was würden Sie mit diesen Bauchschmerzen am liebsten tun?‘ Während sie zum Fenster hinüberging und ein paar Dinge sortierte, antwortete sie: ‚Ich würde sie zu einem Ball zusammendrehen und aus diesem Fenster werfen! Oh, es ist weg! Es ist weg! Oh, vielen Dank, vielen Dank!‘

Als Wiedergutmachung für diese Tat, für die ich mich selbst nicht sonderlich verantwortlich fühlte, präsentierte sie mir ein kürzlich eingetroffenes neues Paar Schuhe, exquisite Pumps aus weichem Leder, mit außerordentlicher Kunstfertigkeit gearbeitet sowie sorgfältig und dezent verziert. Ich war ziemlich sprachlos angesichts ihrer Schönheit. Auf meine Frage, wo sie denn her kämen, sagte sie: ‚Jemand, mit dem mein Bruder zusammen meditiert, hat sie gemacht.‘ Vorsichtig, als würde ich barfuß über einen mit Glasscherben übersäten Boden laufen, erkundigte ich mich nach der Art der Meditation. Obwohl sich meine Kollegin offensichtlich nicht im Geringsten für das bizarre Hobby ihres Bruders interessierte, genügte mir eine kurze Erklärung, um zu wissen, dass es sich um die gleiche Technik handelte, über die ich kürzlich gelesen hatte. Geschickt entlockte ich ihr die Telefonnummer des Bruders.

Ein Anruf am selben Tag bestätigte mir, dass es sich um dieselbe Vipassana-Technik handelte, über die ich gelesen hatte. Er gab mir die Telefonnummer vom Vipassana-Zentrum *Dhamma Bhumi* in den Blue Mountains, direkt außerhalb von Sydney. Als ich dort anrief, erfuhr ich, dass bald ein zehntägiger Kurs beginnen würde, an dem ich teilnehmen könnte.

Dieser erste Kurs heilte die tiefen Wunden, die ich so lange mit mir herumgeschleppt hatte, und weit vor mir, am Ende des Tunnels, lag die Möglichkeit einer erfüllenden Lebensweise, jenseits bloßer Religion. Ich habe oft diese Kette von Ereignissen reflektiert und dachte, wie passend, dass mir das Geschenk gegeben wurde, weil ich imstande gewesen war, meine tiefe Abneigung gegenüber dem Verhalten einer Person kurzzeitig zu überwinden und ihr zu geben."

Olivia Salmon ist in New South Wales, in Australien, zu Hause. Obwohl sie ihre Meditationspraxis seit dem ersten Kurs 1988 nicht immer aufrechterhalten hat, versucht sie, nach den Prinzipien zu leben. Das Bewusstsein ,Auch das wird sich ändern', davon ist sie überzeugt, half ihr bei der Genesung von einem lebensbedrohlichem Reitunfall 1990.

☙

Reise in den Osten 1972

John Beary stammt aus den Vereinigten Staaten, lebt und arbeitet aber seit siebzehn Jahren als Hochschullehrer in Japan. Er und seine Frau gehörten zu der ersten Generation von „Westlern", die die Technik der Vipassana-Meditation direkt von S.N. Goenka in Indien erlernten.

„Es ist ein seltsamer Gedanke, dass ich nun, in meinem fünfzigsten Lebensjahr, schon seit mehr als der Hälfte meines Lebens Vipassana praktiziere. Vor fünfundzwanzig Jahren gingen meine Frau Gail und ich auf eine Reise in den Osten, die sich in jeder Hinsicht als transformierend erweisen sollte.

Jemand sagte einmal, dass Bildung erst dann beginnt, wenn man anfängt zu reisen. Unsere Reise begann 1972, einige Wochen nach unserer Hochzeit, mit einem Flug nach Europa. Ein Auge gen Osten gerichtet, bewegten wir uns in Schlangenlinien langsam südwärts nach Spanien, nahmen von Barcelona aus ein Schiff nach Ägypten, besuchten den Libanon, Syrien und den Irak und landeten ein paar Monate später in Kuwait, wo wir hofften, eine Schiffspassage nach Bombay (heute Mumbai) zu finden. Wir hatten irgendwo gelesen, dass es ein Schiff von Kuwait gab, das, mit Zwischenstopps in verschieden Häfen entlang des Persischen Golfs, nach Bombay fuhr. Das war unsere Gelegenheit. Es war schließlich Januar, und der Landweg nach Indien über den Iran und Afghanistan wäre für uns ohne Winterausrüstung zu kalt gewesen.

Die SS Dwarka war ein Schiff der P&O Line, das 1948 als Passagierschiff ohne Liegemöglichkeiten gebaut worden war. Das bedeutete, dass es zwar ein paar Kabinen anbot, aber für die Decksklasse konzipiert war, oder besser gesagt für den Aufenthalt auf dem Zwischendeck. Es kreuzte auf dem Persischen Golf zwischen Basra und Bombay, und diente hauptsächlich den Hadschis, die auf ihrer Pilgerfahrt nach Mekka waren. (Im Film „Gandhi", in der Szene, in der der Mahatma aus Südafrika zurück nach Indien kommt, war das frisch gestrichene weiße Schiff kein anderes als die seetüchtige SS Dwarka, die nicht nur Ben Kingsley, sondern auch Gail und mich sicher an Indiens Küsten brachte).

Da die billigste Kabine auf der SS Dwarka das Zehnfache eines Platzes an Deck kostete, zahlten Gail und ich unsere 40 Dollar und zählten uns mit zu den Passagieren ohne Bett. Auf dieser Fahrt würden wir also nicht mit an der Tafel des Kapitäns speisen! Zusammen mit zwei unerschrockenen Italienern fanden wir uns unter Deck wieder, eingepfercht mit etwa 900 Arabern und Pakistanis, die zu den Häfen im Golf und/oder Pakistan unterwegs waren. Kalte Seewasserduschen und die schärfsten Currys, die man sich vorstellen kann (bis zum heutigen Tag), wurden durch eine freundliche Besatzung aus britischen und chinesischen Seeleuten gut wettgemacht. Sie hatten Erbarmen mit Gail, die keinen Bissen der feurigen Speisen zu sich nehmen konnte und versorgten sie mit Käse und Brot aus ihrer eigenen Kantine.

Die Reise, die eigentlich neun Tage dauern sollte, verlängerte sich auf elf Tage, weil wir im Persischen

Golf in Bahrain, Doha, Dubai und Muscat und später in den pakistanischen Häfen Gwadar und Karachi zähe Zwischenstopps einlegten, bevor wir schließlich am 6. Februar 1973 im heutigen Mumbai einliefen.

‚Wieso Indien?' fragt mich meine Mutter immer wieder

Diese Frage kommt immer wieder. In gewissem Sinne ist Indien der uralte Lehrer der Menschheit. Es ist die spirituelle Heimat zwei der größten Glaubensrichtungen der Welt, dem Hinduismus und dem Buddhismus, die beide eine solch transformierende Wirkung auf Generationen von Besuchern hatten: Eroberer, Kolonisten, Händler, Reisende und Touristen gleichermaßen. Ein Land, das von spirituellen Höhen fantastischer Visionen durchdrungen ist, die neben tiefer Unwissenheit und Aberglauben stehen. Es ist ein magisches Land, in dem die Möglichkeit besteht, Welten zu betreten, die man sich nicht hätte vorstellen können. Zweifellos ist Indien einer der andersartigsten Plätze dieser Erde. Ein zeitloser Ort. Indien ist ein Muss für alle Suchenden.

‚Besuchen Sie Indien – Sie werden nie wieder derselbe sein', stand auf einem Werbeposter der Air India in Bagdad. Niemals wurden wahrere Worte gesprochen.

Gab es jemals vorher oder danach eine Zeit wie das Indien in den frühen 1970er Jahren?

Indien erlebte in dieser Zeit eine weitere seiner vielen Invasionen, als Scharen von jungen Westlern dorthin strömten. Ein wieder erwachtes Interesse an östlichen Dingen: Philosophie, Spiritualität, Musik, und nicht zuletzt das billige Leben und ein unglaubliches Maß an ungezügelter Freiheit machten den Subkontinent zu einem attraktiven Ziel für viele junge Reisende aus dem Westen.

Damals machten sich junge Briten mit 50 Pfund Sterling in der Tasche per Anhalter auf den Weg nach Indien und testeten damit monatelang das Leben auf dem Subkontinent aus. Für eilige Nordamerikaner bot die Air India damals Flüge von New York nach Delhi für 450 Dollar an. So kamen viele Leute direkt vom Hochschulcampus und/oder von Rockfestivals, um die berauschenden Höhen des mystischen Ostens zu erkunden. Doch ohne Zeit den Kulturschock zu verdauen, empfanden viele die Gassen des dörflichen Indiens als etwas mehr, als sie erwartet hatten. Das Air India Ticket setzte einen Mindestaufenthalt von dreißig Tagen voraus, bevor das Rückflugticket benutzt werden konnte, und so gab es viele tränenreiche Verhandlungen im Büro der Air India in Neu-Delhi für alle, die möglichst schnell wieder außer Landes wollten.

Reisende, die sich auf dem Landweg von Europa durch Westasien, über die Türkei, den Iran, Afghanistan und Pakistan akklimatisiert hatten, waren zwar müde, aber als sie Indien erreichten, bereits erfahrene Reisende. Ihnen ging es besser, und sie fanden in Indien eine willkommene Abwechslung zu den Ländern, die sie durchquert hatten. In Indien herrschte eine Atmosphäre von Freiheit und Toleranz, wie sie anderswo selten anzutreffen ist.

Sowohl auf dem Landweg nach Indien als auch in Indien selbst trafen sich junge westliche Reisende häufig auf sich kreuzenden Routen, teilten sich eine Busfahrt oder eine abendliche Unterkunft und trafen sich dann ohne Plan Tausende von Meilen und Wochen später, wenn sich ihre Wege wieder einmal trafen.

Zu diesem wenig originellen Netzwerk junger Rucksack-nomaden, die sich über besuchte und zu meidende Orte sowie interessante Unternehmungen austauschten, gehörten viele, die von den frühen Vipassana-Meditationskursen von S.N. Goenka angezogen wurden. Die Nachricht von Goenkaji und den Vipassana-Kursen verbreitete sich fast ausschließlich durch Mund-zu-Mund-Propaganda, mit dem Ergebnis, dass Anfang der 1970er Jahre buchstäblich Tausende von jungen Menschen diese frühen Kurse in ganz Indien besuchten. Einige folgten Goenkaji von Kurs zu Kurs und besuchten eine Reihe aufeinander folgender Kurse, bevor sie nach Hause oder zu neuen Ufern aufbrachen. Einige blieben jahrelang in Indien und engagierten sich als Helfer auf den Kursen. Es waren diese Menschen, eine Handvoll frühe Dhamma-Helfer, die in den Anfangstagen von *Dhamma Giri*, dem ersten Meditations-Zentrum in Igatpuri, eine so wichtige Rolle spielen sollten.

Kontakt

Als die SS Dwarka in den Hafen von Bombay einlief, schien uns das ‚Gateway of India' auf der Ostseite der Halbinsel genauso willkommen zu heißen, wie damals Englands König Georg V. bei seinem Staatsbesuch in Indien im Jahre 1912.

Zum ersten Mal indischen Boden zu betreten, war aufregend. Nach elf Tagen auf See waren wir endlich in Indien! Die Gangway hinunter, durch den indischen Zoll und in eine Pferdekutsche – selbst König George hätte sich nicht großartiger fühlen können. Uns war schwindlig, wir waren aufgeregt, weil wir uns an der Schwelle des riesigen Subkontinents befanden, dem Land des Buddha, der Yogis, von Gandhi und Kipling.

In der ersten Nacht in Bombay trafen wir in unserem Gästehaus in Colaba einen britischen Reisenden, der, als er hörte, dass wir Indien gerade erst betreten hatten, zu uns sagte: ‚Versäumt nicht, einen Goenka-Meditationskurs zu machen, während ihr hier seid.' Als ich fragte, was für eine Art von Meditation ‚Goenka' denn sei, sagte er: ‚Oh, das ist eine Meditation über die Stoffwechselprozesse des Körpers.' – So viel zu sachlichen Beschreibungen von Alten Schülern...!

Nach dieser verschwommenen Antwort verwarf ich die Idee und dachte, dass es hier, im mystischen Osten, bestimmt zahllose Meditations-Techniken auszuprobieren gäbe. Damals ahnte ich noch nicht, dass ich nur eine davon probieren und all die Jahre damit zufrieden sein würde.

Nach kurzer Zeit verließen wir das Großstadtgetümmel von Bombay und freuten uns darauf, an Goas ruhigen Stränden von der anstrengenden dreimonatigen Reise auszuruhen. Nur noch ein weiterer Tag auf See an Bord eines Schiffes, und wir erreichten Panjim in Goa. Von da aus fuhren wir nach Colva Beach, einige Kilometer außerhalb des Städtchens Margao. Weniger überfüllt als der berüchtigte und angesagte Strand von Arjuna, war Colva vergleichsweise ruhig. Es gab zahlreiche Zimmer im Fischerdorf zu mieten, doch wir entschieden uns für eine Strohhütte am Strand. Sie war gerade erst von einem zwölfjährigen Jungen gebaut worden, der unser erster Vermieter wurde. Er war ein harter Verhandlungspartner, aber schließlich einigten wir uns auf eine Miete von hundert indischen Rupien im Monat (etwa 8 US-Dollar).

Wir waren noch nicht lange in Colva, als wir eine Vipassana-Schülerin trafen, die uns ein wenig mehr Licht in diese ‚Goenka-Meditation' bringen konnte. Ich erinnere mich noch sehr gut an diese junge Frau und schreibe es ihr zu, uns für Vipassana begeistert zu haben. Obwohl der Kontakt zu ihr, Sandy Snyder, inzwischen abgebrochen ist, erinnern wir uns bis heute an sie. Ich glaube, sie hatte bereits zwei 10-Tage-Kurse mit Goenkaji gesessen. Und obwohl ich mich nicht mehr an vieles erinnere, was sie über den Kurs selbst berichtete, gab es doch etwas an ihren Erzählungen, was mich sehr berührte. Sie erzählte von ihren eigenen Bedenken, in irgendwelche Kulte oder Mystik verwickelt zu werden. Ohne uns gegenüber belehrend aufzutreten, erzählte sie von der ernsthaften Disziplin, die der Kurs erforderte, wie anstrengend es für sie gewesen war, ihren Geist unter Kontrolle zu bringen und von den überzeugenden Ergebnissen, die sie als Resultat des Kurses empfand. Das war genau das, was ich hören wollte: dass geistiges Wachstum möglich und der einzige Preis dafür die ehrliche Bemühung ist und nicht blinder Glaube. Als ich hörte, dass der nächste Kurs in ein paar Tagen in Bombay beginnen würde, war ich bereit, sofort dorthin zurückzukehren. Doch stattdessen überzeugte mich Gail, uns lieber für den folgenden Kurs Anfang April in Madras (Chennai) anzumelden. Wir schrieben an das Registrationsbüro und baten um einen Platz auf dem bevorstehenden Kurs im dortigen Ram Kalayan Mandapam.

In der Zwischenzeit genossen wir ein paar Wochen in Goa zum Ausruhen, bevor wir noch zu einer schnellen Tour quer durch Südindien nach Rameswaram aufbrachen, wo wir an Bord einer Fähre nach Ceylon übersetzten. Nach eiligen zwei Wochen auf der Insel kamen wir wieder in Madras an, ganze zehn Tage vor dem Meditations-Kurs, den wir auf keinen Fall verpassen wollten.

Begegnung mit einem bemerkenswerten Mann

Eines der ersten Erledigungen in Madras war, den Ansprechpartner für die Registration des Kurses ausfindig zu machen, einen hiesigen Geschäftsmann, Herrn K.C. Toshniwal. Er zeigte sich ziemlich überrascht, als wir zwei abgerissenen Westler in seinem Büro aufschlugen. Es sollten aber noch mehr kommen, denn der Kurs zog etwa hundert unserer Gattung an. Dabei erfuhren wir, dass Goenkaji kurz vor Kursbeginn einen öffentlichen Vortrag zum Thema Vipassana halten würde, dem wir natürlich beiwohnen wollten.

Der Vortrag fand in einem Stadtteil von Madras statt, in den sich sonst kaum Touristen oder Reisende verirrten. Mit einiger Mühe fanden wir schließlich die Halle, in der wir, gemeinsam mit einigen anderen jungen Reisenden und etwa fünfzig Indern, auf Goenkajis Ankunft warteten. Kurz darauf kam er herein und begann nach ein paar Minuten der Stille in Hindi zu sprechen. Nach einiger Zeit des Vortrags in Hindi begann ich mich schon zu fragen, ob er überhaupt zu uns wenigen Ausländern auf Englisch sprechen würde. Doch nach einer Stunde erklärte er uns schließlich auf Englisch, was mit unserem ersten Kurs auf uns zukommen würde.

Obwohl die Jahre die Details dieses ersten Vortrags verwischt haben, erinnere ich mich hauptsächlich an seine klaren, bodenständigen Ausführungen, ganz ohne Geheimniskrämerei. U S.N. Goenka, wie er damals genannt wurde, wirkte auf uns wie ein echter Mensch. Sein Sinn für Humor und seine selbstironische Geradlinigkeit fanden in uns ein empfängliches Publikum. Wir verließen den Saal mit einem positiven Gefühl. So weit, so gut. Wir waren auf dem richtigen Weg und freuten uns auf den in ein paar Tagen beginnenden Kurs.

Erster Kurs in Madras, 1973

Das Kursgelände im Ram Kalyan Mandapam war eine kleine Halle am Stadtrand von Madras, in der sonst Hochzeiten stattfanden. An der Vorderseite des zweigeschossigen Gebäudes war es ruhig genug, aber die Rückseite grenzte direkt an eine Marktstraße, deren Geräusche des täglichen Marktgetümmels den Kurs begleiteten. Am Tag des Kursbeginns kamen wir früh an, und als die anderen einzutreffen begannen, fanden wir unter ihnen bekannte Gesichter von der Reise wieder. Insgesamt waren es etwa 140 Teilnehmende auf dem Kurs, die meisten von ihnen junge westliche Reisende. Es wurden uns Schlafplätze auf dem Fußboden zugewiesen. Keine Matratzen, keine Sitzkissen oder Moskitonetze. Damals ging es noch ganz anders zu, als auf den heutigen komfortablen Kursen. Wenn man nichts mitgebracht hatte, hatte man eben nichts und schlief auf nackter Erde. Die Toiletten und Waschgelegenheiten waren für sehr viel kleinere Gruppen ausgelegt, was fast ununterbrochene Warteschlangen während der Pausenzeiten bedeutete. Und es war April – die Temperaturen stiegen auf weit über 30° C.

Damals war der Ablauf eines 10-Tage-Kurses derselbe wie heutzutage: Anapana (die Aufmerksamkeit auf dem Atem halten) während der ersten dreieinhalb Tage, und danach das Praktizieren von Vipassana für die restliche Zeit. Auch der tägliche Zeitplan war gleich, mit dem Zusatz von warmer Milch und Früchten um 21.00 Uhr.

Goenkaji war ein sehr energiegeladener Lehrer in jenen Tagen. Er hielt jeden Tag zwei Vorträge in Hindi und Englisch, leitete jede Gruppensitzung selbst, führte die Fragerunden durch, gab Interviews zur Mittagszeit und hielt abends eine ausgiebige Frage-und-Antwort-Runde ab, die bis weit nach 22.00 Uhr dauerte. Erst Jahre später, als neu ernannter

Assistenzlehrer, wusste ich zu schätzen, was er damals in seinen frühen Kursen alles geleistet hatte. Und dazu noch so voller Freude! Hier war ein Mann, der lebte, was er lehrte, und die guten Ergebnisse seiner Praxis drückten sich in jeder seiner Handlungen aus. Seine Anweisungen und Erklärungen waren so einfach, wissenschaftlich und lebensnah. Es gab nichts Mystisches und keinen blinden Glauben. Das einzige Kriterium war die eigene persönliche Erfahrung.

Goenkajis Botschaft dessen, was der Buddha gelehrt hat, war klar und pragmatisch, frei von Dogmen oder Abhängigkeiten von irgendeinem Guru: jeder von uns hat nur sich selbst und die Ergebnisse seiner eigenen Handlungen, auf die er sich verlassen kann. Es gibt keine äußere Instanz, die er um Glück oder Befreiung bitten könnte. Das hat in mir eine tiefe Resonanz ausgelöst, denn letztlich war es für mich nur gesunder Menschenverstand. Goenkajis Enthusiasmus für dieses Herzstück der Dhamma-Praxis war so voller Freude, dass sie einfach ansteckend war und oft dazu diente, einen schwankenden Kurs-Teilnehmer über Schwierigkeiten im Kurs hinwegzutragen.

Trotzdem führte kein Weg an der Tatsache vorbei, dass der Kurs harte Arbeit erforderte. Und ich hatte meinen Teil dazu beizutragen. Ich wusste bereits, dass wir mehr oder weniger im Schneidersitz auf dem Boden sitzen sollten und dass es Sitzungen geben würde, in denen wir uns für eine ganze Stunde nicht bewegen sollten. Trotz meiner sportlichen Vergangenheit war die Beweglichkeit der unteren Extremitäten noch nie meine Stärke gewesen, und allein die Aussicht, zehn Tage im Schneidersitz zu sitzen, war beängstigend. Eine ganze Stunde lang in dieser Haltung zu verharren, kam überhaupt nicht in Frage!

Ein paar Tage vor dem Kurs hatte ich im Hotel ausprobiert, wie lange ich so sitzen konnte, doch schon nach einer Viertelstunde war ich vor Schmerzen zusammengesackt. Doch irgendwie war ich während des Kurses in der Lage, mit dem körperlichen Unbehagen zurechtzukommen und fand erstaunlicherweise, nachdem die Vipassana-Praxis am vierten Tag begonnen hatte, dass ich mit starker Entschlossenheit jede der einstündigen Sitzungen beenden konnte, ohne mich zu bewegen.

Die erlebten und überwundenen Schmerzen waren außergewöhnlich. Sie gingen Hand in Hand mit dem Wiederaufleben von verdrängten Erinnerungen und emotionalem Schmerz. Sie flossen und verebbten im Wechsel, während ich versuchte, Vipassana zu praktizieren und einfach zu beobachten, was in mir vor sich ging und das ohne wie sonst üblich darauf zu reagieren. Mit jeder dieser Erfahrungen von Abebben und Fließen angenehmer und unangenehmer Empfindungen, dämmerte es mir mehr, dass ich größtenteils für mein Leiden selbst verantwortlich war, sowohl körperlich als auch mental. Sobald Schmerz auftauchte, verschlimmerte ich ihn, indem ich, in der Hoffnung, ihn damit zu besiegen, dagegen ankämpfte. Als ich lernte, ihn als das zu akzeptieren, was er war – ein vorübergehendes Phänomen – veränderte sich alles. Nicht, dass ich dem Schmerz gegenüber unsensibel wurde, aber er hatte mich nicht mehr so im Griff. Manchmal war ich (für sehr kurze Momente) tatsächlich in der Lage, die Qual zu unterbrechen, die sonst damit einherging. Diese Momente wuchsen, und ich spürte, wie ich tatsächlich begann, Kontrolle über mich zu gewinnen. In der kurzen Zeitspanne von zehn Tagen bekam ich einen Einblick, was möglich war und begann zu überlegen: Gibt es irgendetwas, das ein entschlossener Mensch nicht erreichen kann?

Goenkaji sagte schon früh, dass der Kurs wie eine Gleichung sei: Man würde genau das herausbekommen, was man hineinsteckte. Ich habe mir diesen Rat zu Herzen genommen und mich sehr angestrengt. Am Ende der zehn Tage war ich durch die schmerzhafteste, erschütterndste Erfahrung der Läuterung meines Lebens gegangen, sowohl körperlich als auch emotional. Es war ein Gefühl, als hätte eine große Reinigung in mir stattgefunden, die mich seltsam ruhig und zufrieden machte. Ich spürte, dass ich da eine Übung gefunden hatte, die mir irgendwie vertraut war.

Die guten Ergebnisse dieses ersten Kurses und zweier weiterer in den folgenden Monaten waren so tiefgreifend, dass es einige Zeit dauerte, bis ich sie einordnen und mit Abstand betrachten konnte. Ein Aspekt verblüffte mich aber sofort. Anfangs waren mir die moralischen Grundsätze als kurios und seltsam erschienen. Jetzt, am Ende des Kurses, hatte ich ihre Bedeutung direkt verstanden, und von diesem ersten Kurs an fiel es mir leicht, sie im Wesentlichen ungebrochen einzuhalten. Für mich war das in jenen Tagen keine Kleinigkeit. Nur eines der Gebote erforderte doch noch etwas mehr Auseinandersetzung.

Eines Tages, gegen Ende dieses ersten Kurses in Madras, ging ich mittags zu Goenkaji, um ihn wissen zu lassen, wie es mir ging, und um ihm meine ‚Meinung' zu seiner Lehre, dem Dhamma, mitzuteilen. Obwohl ich mit seinen Darlegungen generell zufrieden war, dachte ich, dass ich in meinem Fall eine Ausnahme, oder zumindest eine flexiblere Herangehensweise an *sīla* (die moralischen Gebote), besonders hinsichtlich des fünften Gebots, benötigte. Aber davon wollte er gar nichts hören. Er sagte, schon der geringste Gebrauch von Drogen, welcher Art auch immer, sei mit der Vipassana-Praxis völlig unvereinbar. Als ich meine Praxis beschrieb und meinte, ich hätte das Gefühl, wohl noch ein wenig an dieser Technik arbeiten zu müssen, pflichtete er mir bei und sagte, es brauche manchmal mehrere Kurse, um den Dreh rauszuhaben. Mit dieser unmissverständlich direkten Einladung in meinen Ohren, entschloss ich mich, auch den nächsten Kurs zwei Wochen später in Baroda, einer Stadt nordöstlich von Bombay, zu sitzen.

Es dauerte eine Weile, um Gail davon zu überzeugen, dass es eine gute Idee war, so schnell einen weiteren Kurs zu belegen. Und Baroda im Mai war kein Scherz: Wasserknappheit, Temperaturen jenseits der 40 Grad-Marke, und wir beiden als die einzigen Ausländer auf einem Kurs, der nur auf Hindi abgehalten wurde. Doch am Ende war es uns das alles wert. Mit diesem zweiten Kurs fühlten wir uns über den Berg und machten uns fröhlich auf den Weg nach Nepal, um uns dort für den Rest der heißen Jahreszeit abzukühlen. Nachdem wir in Nepal im Himalaya gewandert waren, kehrten wir im August noch einmal für einen dritten Kurs in Dalhousie nach Indien zurück, bevor wir uns im Anschluss auf die lange Heimreise begaben.

Suche abgeschlossen

Ich erinnere mich, dass ich während dieser Zeit des Wanderlebens oft gefragt wurde, wonach ich denn suchte. Diese Frage schien mich immer zu ärgern, als wäre die Suche nach irgendetwas wie unter meiner Würde, als würde sie mich in irgendeiner Weise erniedrigen. Was? Ich – etwas brauchen? Ich reagierte stets, indem ich beteuerte, dass ich nach gar nichts suche. Aber tief in meinem Innern wusste ich, dass ich zwar nicht auf einer offiziellen Suche war, aber doch nach etwas Ausschau hielt, nach irgendetwas, das gut war und von Dauer sein würde. In ungeschliffenem Modus bedeutete das häufig, von immer größeren Dosen an Spaß oder Genuss angezogen zu sein. Doch diese kurzzeitigen Ablenkungen befriedigten niemals länger. Auf einer tieferen Ebene war da eine Leere, die gefüllt werden wollte, ein Durst, von dem ich wusste, dass die körperlichen Sinne ihn niemals würden stillen können. Als ich meinen ersten Kurs und noch zwei weitere absolviert hatte, fühlte ich mich über meine kühnsten Erwartungen hinaus zufrieden. Von da an spürte ich die Gewissheit, dass hier, in der Praxis von Dhamma, der gute Weg lag, dass hier, in der Praxis von Vipassana, die Entwicklungsarbeit lag, die in diesem Leben geleistet werden musste. Diese Begeisterung des enthusiastischen Anfängers aus dem Jahr 1973 hat mich die ganzen fünfundzwanzig Jahre lang fast durchgehend begleitet. Mit jedem weiteren Schritt auf dem Pfad des Dhamma hat sie sich sogar noch vertieft und mich ohne Unterbrechung getragen. Ich halte mich für den glücklichsten Menschen der Welt, weil ich meinen Weg in einem vergleichsweise jungen Alter gefunden habe. Ich bin so dankbar für die Anstrengungen, die mein Lehrer für mich unternommen hat. Ich weiß nicht, wo ich ohne ihn heute stünde.

Es geht weiter

1982 gehörten Gail und ich zu denjenigen, die Goenkaji um Unterstützung bat, in seinem Namen als seine Assistenzlehrer Kurse zu leiten. Anfangs zögerte ich, bis mir klar wurde, dass es bei allem, was ich zu tun hatte, nur darum ging, Neulingen meinen Lehrer und seine Lehre von Vipassana vorzustellen. Im Grunde genommen sage ich ihnen jetzt, was ich damals in Indien zu vielen anderen gesagt habe: ‚Hey, Ihr müsst einfach einmal diesem Mann begegnen und hören, was er zu sagen hat.‘ Als ich dies einmal Goenkaji erzählte, sagte er, das sei genau das, was er auch tun würde, indem er seinen Lehrer, Sayagyi U Ba Khin, dabei unterstützt, Schüler auf die gleiche Art in die Dhamma-Praxis einzuführen, wie er es gelehrt hatte. Mögen alle, die dies lesen, meine Einladung annehmen und sich selbst von den positiven Ergebnissen dieses guten Weges überzeugen. Mögen Sie alle glücklich sein.“

John Beary, USA.

❧

Das Leben umarmen

„Vipassana ist ein von Buddha gelehrter Pfad, der zu *nibbāna* führt. Zunächst das Wort ‚Pfad‘, es klingt poetisch und anregend, aber was bedeutet es? Ich glaube, die beste umgangssprachliche Übersetzung für das Wort Pfad ist ‚eine Lebensweise‘. Vipassana ist gedacht und wurde ursprünglich gelehrt als eine Art und Weise des Lebens. Es so zu verwenden ist jedoch kein Muss. Sicherlich gibt es Menschen, die zu einem 10-Tage-Kurs kommen, einen Nutzen daraus ziehen, aber nicht weiter üben oder nie wiederkommen. Wir haben selbstverständlich nichts dagegen, und für manche mag dies auch wertvoll sein. Aber die Absicht hinter der Lehre und ihre Essenz ist, Menschen bei der Entwicklung einer guten Lebensweise zu helfen. Es ist ein Pfad, der potentiell von seinem Anfangspunkt, wenn Sie zum ersten Mal mit der Praxis von Vipassana beginnen, durch den Rest Ihres Lebens führt.

Zwei andere Worte, die helfen könnten, einen Weg oder eine Lebensweise zu beschreiben: Das eine ist, dass er beständig ist. Er ist etwas, das als Wert bleibt. Ich finde, dass es im Leben zwei Arten von Aktivität gibt. Es gibt Aktivitäten, die, je öfter man sie ausführt, desto weniger wertvoll werden. Viele Freuden der Kindheit scheinen für Erwachsene weniger relevant zu werden. Und dann gibt es die Tätigkeiten, die, je öfter man sie vollzieht, immer wertvoller werden. Dauerhafte, klassische Aktivitäten wären das Lesen oder Freundschaften. Sie werden mit der Zeit immer kostbarer. Ebenso ist Vipassana von Dauer.

Und es ist umfassend. Umfassend bedeutet hier, dass es nicht einfach nur auf etwas eng Umgrenztes ausgerichtet ist. Sondern es ist nach außen ausgerichtet. Es greift ins Leben ein und umfasst viele oder sogar alle Aspekte des Lebens.“

Paul Fleischmann, Psychiater und Autor;
Auszug aus seinem Vortrag auf der Vipassana-Konferenz 1999,
in Dhamma Dhara, Massachusetts, USA.

❧

Psychologie aus dem Innern

„Solange ich mich erinnern kann, habe ich daran geglaubt, dass jeder Mensch das Recht und die Fähigkeit hat, Frieden und Glück zu erreichen. Als es sich für mich nicht automatisch einstellen wollte, wie es alle meine Märchen als Kind (und Erwachsene) versprochen hatten, habe ich mich ziemlich verloren gefühlt. Niemand hatte mir bis dahin einen praktischen Weg gezeigt, wie ich all den Schmerz und das Leid überwinden konnte, das ich erlebt hatte. Das hat dazu geführt, dass ich mich als reife Erwachsene dem Studium der Psychologie zugewandt habe, um Antworten zu finden, die mir selbst und anderen zu mehr Zufriedenheit verhelfen konnten.

Nach Jahren des Studiums hatten sich der Schmerz und die Desillusionierung eher verstärkt als vermindert. Ich erinnere mich, wie ich in die Runde meiner Kommilitonen sah und mir klar wurde, dass dies die Leute waren, die nun, ausgebildet zu Experten für den Geist und das menschliche Verhalten, in die Welt hinausgehen sollten. Angeblich hatten sie die richtigen Antworten parat, um anderen helfen zu können. Aus zahlreichen Seminaren, Prüfungsergebnissen und aus persönlichen Kontakten wusste ich jedoch, dass sie auch nicht viel schlauer waren als ich selbst. Wahrscheinlich wussten einige der sehr jungen Kommilitonen aufgrund mangelnder Lebenserfahrung sogar noch weniger.

Dann dachte ich an unsere Dozenten, die uns über die Jahre hinweg angeleitet und mit uns gearbeitet hatten, die offensichtlich ihre Theorien kannten und viele Erfahrungen gesammelt hatten. Einige von ihnen hatte ich persönlich kennen gelernt und wusste, dass ihre Ehen in Schwierigkeiten steckten. Einige von ihnen hatten Kinder mit ernsthaften Verhaltensproblemen, mit denen sie nicht positiv umgehen konnten, einige waren einfach nur unglücklich und andere in ihren Einstellungen und ihrem Verhalten regelrecht ignorant.

Eine Zeit lang war ich vor lauter Enttäuschung und Verzweiflung wie paralysiert. Aber letztendlich kehrte dann doch meine Entschlossenheit zurück und mit ihr mein Glaube an die Existenz eines Auswegs aus dem Leiden. Es musste einen Weg geben! Zurück zu den Büchern und einer Periode intensiver Selbstbildung und Prüfung. Dieses Mal studierte ich alternative Ansätze zur Heilung von Geist und Körper. Es schien mir, als käme ich der Sache näher, aber es fehlten immer noch Verbindungsglieder.

Einer Sache war ich mir zu dieser Zeit jedoch ganz sicher: dass das alte Sprichwort ‚Erkenne Dich selbst‘ eine grundlegende Voraussetzung für jede persönliche Entwicklung darstellte, und somit auch der Möglichkeit, anderen helfen zu können.

Würde Meditation helfen? Bis dahin hatte ich es konsequent vermieden, mich auf irgendwelche Gruppen mit Gurus einzulassen, auf Gruppen, die darauf abzielten, persönliche Macht über Materie oder Geist zu entwickeln. Ich hatte bereits verstanden, dass man die volle Verantwortung für den eigenen Geist übernehmen muss, und dass Macht korrumpiert, wenn das Ego sehr stark ist. Könnte ich im Sumpf der Alternativen eine geeignete Praxis finden?

Einige zaghafte Nachforschungen führten mich zur Vipassana-Meditation, wie gelehrt von S.N. Goenka aus Indien. Als ich das erste Mal davon hörte, wusste ich, dass sie bedeutsam für mich sein würde. Es fühlte sich für mich sogar vertraut an. Aber ebenso erinnere ich mich, wie sorgfältig und extrem misstrauisch ich das Informationsmaterial studierte, das mir sofort zugeschickt worden war. Dennoch meldete ich mich voller Eifer, aber immer noch mit einer gewissen Vorsicht, zu meinem ersten Kurs in den Blue Mountains, westlich von Sydney, an.

In Anbetracht der oft übertrieben hohen Kosten für Workshops, Psychologiegebühren und in Anbetracht der Gier, die bei der Linderung des menschlichen Leides leider oft mitschwang, war ich sehr beeindruckt von der Tatsache, dass diese Kurse auf Spendenbasis und mit ehrenamtlichen Mitarbeitern durchgeführt wurden. Aber wie sieht es da mit der Qualität aus?

Ah, Erleichterung, als ich feststellte, dass es kein ,Hippie-Verschnitt' war, dass es dort Menschen aus allen Gesellschaftsschichten und allen Altersgruppen gab, dass das Management intelligent und fürsorglich daherkam, dass die Einrichtungen sauber und komfortabel waren. Bis zum Schluss wartete ich auf den finanziellen Tiefschlag, die versteckten Kosten. Aber es kam nichts. Alles wurde bedingungslos gegeben. Wir wurden lediglich aufgefordert, die Regeln einzuhalten und den Anleitungen des Lehrers zu folgen. Einen Großteil des Kurses verbrachte ich in Bewunderung über die Großzügigkeit, die uns so selbstlos entgegengebracht wurde.

Nachdem die Einführung und die Formalitäten abgeschlossen waren, entschloss ich mich, meinen Verstand beiseite zu schieben und mich ganz auf die Technik zu konzentrieren. Alle noch so guten Theorien und wissenschaftlichen Prämissen nützen uns nichts, wenn es keine positiven Ergebnisse gibt, besonders auf lange Sicht. Ich arbeitete gemäß den Anleitungen – und arbeitete und arbeitete bis an die Grenze der Erschöpfung. Langsam entfalteten sich die zehn längsten und schwersten Tage meines Lebens, und das will etwas heißen, wenn man bedenkt, welche Probleme ich bis dahin schon erlebt hatte. Am Ende des Kurses hatte ich keine Ahnung, was ich über die Wirksamkeit der zehn Tage dachte oder fühlte, die ich dort verbracht hatte. Mein ganzes Wesen schien durch die Intensität der Praxis in einer Art Schockzustand zu sein. Zum ersten Mal hatte sich mein Verstand in eine Beobachtungsposition begeben und nicht in eine theoretische Analyse. Erst später, rückblickend, verstand ich, dass eine tiefe Wandlung in meinem Geist, meiner Psyche stattgefunden hatte. Keine andere psychologische Methode oder Praktik, die mir geläufig waren, hatte auch nur annähernd diese Art der Veränderung bewirken können. Dies war eine Veränderung, die auf Erfahrung beruhte, ein tiefgreifender Wandel, der mit einer zunehmenden eigenen Weisheit einherging. Meine eigene Weisheit, aus eigener Erfahrung, durch die eigene Praxis.

Überraschenderweise fand ich auf dem nächsten Kurs nicht nur mich selbst wieder, sondern auch meinen Ehemann. Er hatte die Veränderung in mir gesehen und erkannt, dass ich vielleicht endlich ein Juwel gefunden hatte. Meine Erinnerung an die Schwierigkeiten der vorangegangenen zehn Tage war mit der Begeisterung über die Entdeckung der Wirksamkeit der Vipassana-Meditation verblasst. Diesmal beschloss ich, sogar noch härter zu arbeiten, und auch zu versuchen, die Theorie hinter der Praxis zu verstehen. Es war wie ein Puzzle. All die Bruchstücke meines Verständnisses begannen sich langsam zusammenzufügen.

Im selben Jahr begann auch mein 18-jähriger Sohn mit Vipassana zu arbeiten. Er sah die positiven Veränderungen in uns beiden, und das inspirierte ihn, ebenfalls den Schritt in die Selbstbeobachtung und Weisheit zu wagen. Kurz danach nahm auch meine 17-jährige Tochter, die schon so einige Schwierigkeiten mit dem Erwachsenwerden in einer problembehafteten Gesellschaft durchkämpft hatte, an ihrem ersten Kurs teil. Wir waren nun eine Dhamma-Familie, die sich verpflichtet hatte, ernsthaft an sich selbst zu arbeiten und auch anderen zu helfen, die gleichen wunderbaren Ergebnisse zu erzielen.“

Marie Villesen saß ihr erstes Retreat 1984. Zusammen mit ihrem Ehemann Carsten findet sie große Erfüllung darin, freiwillig auf Kursen zu helfen und genießt es, den australischen Busch zu erkunden.

༄

Farben

„Mein Name ist Vanessa, und ich praktiziere Vipassana seit drei Jahren. Ich wurde vor zweiundvierzig Jahren in eine afroamerikanische Familie geboren, im Ort Roanoke, Virginia, USA. In einer nach Rassen getrennten Gesellschaft aufzuwachsen, beeinflusste meine Ansichten und meine Wahrnehmung auf jeder Ebene. Ich lernte Hass, Misstrauen und Groll gegenüber der weißen Bevölkerung. Ich kannte innerhalb meiner Gemeinschaft niemanden, der nicht auch im stillen Kämmerchen diese Gefühle hegte, unabhängig von der sozialen Stellung. Diese Rolle professionellen Opfertums war eine tägliche Belastung. Ich musste einen Ausweg finden. Ständig war ich auf der Suche nach Techniken, Religionen oder Philosophien, die mir inneren Frieden schenken könnten. Wie hätte ich jemanden lieben können, mich selbst eingeschlossen, wenn ich wusste, dass ich diese Gruppe hasste und fürchtete?

In den letzten siebzehn Jahren habe ich in New York City gelebt. Dort hatte ich das Glück, durch einen Freund von Vipassana zu hören, und ich wusste, dass ich es ausprobieren musste.

Ich erinnere mich, dass S.N. Goenka in meinem ersten Kurs über Körperempfindungen gesprochen hat und wie wir darauf reagieren. Mir ist klar geworden, dass ich genau das getan hatte, und dass diese Reaktion mich weiterhin zur Gefangenen des Rassismus machen würde, des tatsächlichen und des nur von mir empfundenen. S.N. Goenka hat erklärt, dass Leben Leiden bedeutet, es aber einen Ausweg gibt. In diesen ersten Kursen habe ich die Technik nicht verstanden, aber ich habe darauf vertraut, dass Vipassana die tief verwurzelten Komplexe auflösen würde, die ich in mir trug.

Ich habe alle meine Kurse im Zentrum in Massachusetts, USA, gesessen. Die Hingabe und der harte Arbeitseinsatz dieser Vipassana-Gemeinschaft beeindrucken mich sehr. Als ich an weiteren Kursen teilgenommen habe und als Helferin dort war, ist mir aufgefallen, dass nur sehr wenige Afroamerikanerinnen und Afroamerikaner daran teilgenommen haben. Viele, die früher teilgenommen hatten, sind nicht wiedergekommen, und nur wenige, wenn überhaupt, hatten sich bis zu Langen Kursen weiterentwickelt. Ich war häufig die einzige Farbige im Zentrum. Diese Situation hat es mir ermöglicht, meine Aversion gegenüber der weißen Gesellschaft sehr genau zu beobachten. Als ich Kurs für Kurs gesessen und Vipassana praktiziert habe, ist mir aufgefallen, dass eine Veränderung in mir vorgegangen ist, und ich begann, tiefes Mitgefühl gegenüber den Weißen zu empfinden, die ich einst gehasst hatte. Und ich habe erkannt, dass sie genauso im Elend und in Unwissenheit steckten wie ich.

Mein Hass, meine Angst und mein Neid ihnen gegenüber haben sich aufgelöst. Zum ersten Mal in meinem Leben konnte ich Erfahrungen, die mit rassistischen Themen zusammenhingen, tatsächlich objektiv betrachten und mit einer ausgeglichenen inneren Haltung dazu Stellung beziehen.

Ich habe den Menschen in meinem Umfeld von Vipassana erzählt. Viele sind davon begeistert und wollen an einem Kurs

teilnehmen. Und ich werde mich dafür einsetzen, Standorte
für Kurse außerhalb eines Zentrums in der Nähe der Stadt
zu finden."

> *Vanessa Rawlings aus New York schrieb diesen Bericht*
> *nach einem 45-Tages-Kurs. Ihre Eltern haben beide an*
> *einem 10-Tage-Kurs in Vipassana teilgenommen.*

❧

Eine Krise durchstehen

„Der Tod meines jüngsten Sohnes Alex hat mich in eine tiefe
Depression gestürzt, aber weder meine Frau Lisa noch ich
selbst konnten sie anfangs erkennen, weil meine plötzlichen
Wutanfälle uns blind machten für das, was wirklich vor sich
ging. Ich arbeitete sehr hart für den California Housing Trust
(Treuhand-Wohnungsgesellschaft), um zu verhindern, dass
er durch seine riskanten Projekte in den Bankrott getrieben
wurde, und pendelte jeden Tag 200 Kilometer. Ich war vom
ersten Tag an sehr angespannt, stand unter großem Druck und
hatte enorme Versagensängste. Meine ganze Wut richtete sich
auf Lisa und die Mitarbeiter der Treuhandgesellschaft. Lisa
nahm es für ein Jahr lang hin. Dann sagte sie zu mir, entweder
wir suchen einen Eheberater auf, oder ich müsste gehen. So
gingen wir zu einem Therapeuten, der mich zu Antidepressiva
überredete. Dann begann er mit uns daran zu arbeiten, was
wirklich mein Problem war. Der Therapeut bemühte sich sehr
um eine harmonische und vertrauensvolle Beziehung, machte
mir aber auch klar, dass diese Art von Zorn nicht akzeptabel
sei. Ich begann mit der Einnahme der Medikamente. Sie
halfen zwar, aber nicht vollständig. Manchmal explodierte
ich immer noch. Also schlug mir der Therapeut vor, dass ich
es einmal mit Meditation versuchen sollte. Ein Paar Monate
später, nachdem ich gefeuert worden war, hatte ich Zeit im
Überfluss. Also ging ich hin.

Durch einen Kollegen in der Wohnungsgesellschaft hatte
ich schon von Vipassana gehört, doch aufgrund meines

Arbeitspensums hatte ich nie die Zeit für einen 10-Tage-Kurs aufbringen können. Wie es der Zufall wollte, wählte ich einen Kurs in der zweiten Augusthälfte, ohne groß darüber nachzudenken, dass am 25. August ja der Geburtstag von Alex sein würde.

Es war sehr hart. Nach dem ersten Tag war mir klar, dass ich große Schwierigkeiten haben würde, dazubleiben. Die Stille war gar nicht so schlecht, aber diese Schmerzen in meinen Beinen und dem Rücken, die durch das Sitzen kamen, waren kaum auszuhalten. Doch dann, irgendwann am fünften Tag, gerade als ich mir ganz sicher war, aufzugeben, lösten sich die Schmerzen ganz plötzlich und fast vollständig auf – mitten in der Nachmittags-Gruppensitzung. Die Tränen liefen mir übers Gesicht, weil ich wusste, dass ich eine Art Barriere durchbrochen hatte und es nun schaffen würde. Und so war es auch. Es war zwar immer noch kein Zuckerschlecken, ich hatte weiterhin Schmerzen und jede Menge Ungeduld, aber ich hatte keine Zweifel mehr, dass ich den Kurs schaffen würde.

Ich ahnte und glaube heute, dass ich auf dem Weg zu einer Art Befreiung war. Im Laufe des Kurses fühlte ich mich immer glücklicher, und in den letzten beiden Tagen sogar regelrecht beschwingt. Zum Kursende fühlte ich mich gleichzeitig himmelhoch jauchzend und schlapp vor Erleichterung.

Der Durchbruch mit dem Schmerz war am Tag vor Alex' Geburtstag, und als ich der Lehrerin davon erzählte und gleichzeitig von meinem Schuldgefühl, ein schlechter und abwesender Vater gewesen zu sein, sagte sie einfach, dass der außergewöhnliche Schmerz sehr wohl Ausdruck für den nie verarbeiteten Kummer über Alex' Tod gewesen sein könnte, der anderweitig noch nie Ausdruck gefunden hatte. Ich glaube, es stimmt, dass die Meditation mir erlaubt, mich auf diese Gefühle zu konzentrieren und den Kummer auflöst.

Ich beschäftige mich nicht allzu sehr mit dem Kreislauf von Ursache und Wirkung, muss ich ja auch nicht. Ich bin nun im Frieden mit der Tatsache seines Todes. Schuld, Reue und Einsamkeit haben aufgehört, mich zu verfolgen. Ich vermisse ihn fürchterlich, aber die Erinnerung an diesen jungen Mann, der er war, lebt in mir weiter.

Ich bin glücklicher als jemals vorher in meinem Leben. Ich verliere nur noch selten die Beherrschung, und falls doch, empfinde ich mittlerweile sehr schnell tiefe Reue und kann mich sofort entschuldigen. In gewisser Weise erkenne ich mich selbst nicht wieder, aber in anderer Hinsicht schon – ich bin der Typ, der ich 1970 gewesen wäre, wenn ich nicht 1965 angefangen hätte, täglich harten Alkohol zu trinken. Lisa und ich führen nun die Art von Ehe, die wir uns immer gewünscht haben. Unsere Freundschaft und das gemeinsame Streben nach unseren Zielen, reichen aus, um die Ehe gut – sogar ausgezeichnet – zu machen. Ihr verdanke ich mein neues Leben, weil sie mich zu den Anonymen Alkoholikern gebracht hat, wo der neue Weg seinen Anfang genommen hat. Der Therapeut war entscheidend für die Einsicht, für die Ebene, zu der ich in Resonanz gehen konnte, für die intellektuelle Auseinandersetzung und die liebevolle Ermutigung, und die Meditation war einfach die tiefgreifendste Erfahrung meines Lebens, die die Befreiung von den Dämonen vervollständigte.“

Wally Roberts, 58, leistet Gemeindearbeit
und ist Journalist in den USA.

❧

Ein stiller Raum

„Als ich nach einem 10-Tage-Kurs zurückkam, auf dem ich als freiwilliger Helfer gewesen war, sagte mein Shakuhachi-Lehrer zu mir: ‚Was ist denn mit dir passiert? Du spielst ganz erstaunlich, als wärst du gar nicht du selbst, sondern jemand anderes.‘

Die Shakuhachi ist eine japanische Bambusflöte. Man bläst in das Loch an einem Ende hinein und legt dabei die Unterkante der Flöte so am oberen Kinn an, dass die scharfe Kante in der Mitte des Luftstroms liegt, den man mit den Lippen erzeugt. Bautechnisch gesehen ist sie ein sehr schlichtes Instrument mit nur fünf Fingerlöchern, aber sie kann Myriaden verschiedenster Töne und Nuancen hervorbringen. Mit dem Abstand zwischen Mund und Mundstückkante kann man die Tonhöhe variieren. Man erhöht den Ton, indem man den Kopf ein wenig nach unten neigt, und den Mund näher an den Rand des Mundstückes bringt.

Die Steuerung des Klangs ist eine sehr schwierige Angelegenheit. Man muss einen gleichmäßigen Luftstrom erzeugen und ihn auf verschiedene Weise kontrollieren können. Jede Veränderung der eigenen Atmung spiegelt sich sofort im erzeugten Klang wider und macht die Shakuhachi so zu einem perfekten Spiegel der eigenen Atembewegungen, einem sehr empfindlichen Spiegel der eigenen inneren Gefühlsschwankungen. Und mein Atem war früher sehr wackelig, eine Seele, die Angst vor ihrem eigenen Spiegelbild hatte.

Indem ich in drei Vipassana-Kursen meditiert, in einem Service gegeben habe, und nun auch täglich zwei Stunden sitze, habe ich viele Dinge dazu gewonnen. Eines davon ist die Entwicklung innerer Ruhe, Stetigkeit. Ein Raum im Inneren wie ein ruhiger See. Alles, womit ich mich heute auseinandersetze, seien es Menschen, die Arbeit, Gedanken, oder das Flötenspiel, kann ich mit hineinnehmen in diesen stillen Raum, um mich dort friedlich damit zu befassen.

Und ich habe das Gefühl, dass es nur ein Zwischenstadium ist und das gewonnene Verständnis und die Weisheit sich ständig weiter aufbauen und die Räume in mir sich immer weiter ausdehnen."

Iris Elgrichi wurde 1961 in Israel geboren und promoviert derzeit in Japan in Literatur.

❧

Ausgeglichenheit lernen

„Obwohl die Erfahrungen, die in der Meditation gemacht werden können, weder verglichen noch bewertet werden sollten, trägt das Erzählen manchmal dazu bei, anderen Vertrauen zu vermitteln, die sich auf demselben Weg abmühen. Wenn aber bestimmte Erfahrungen als etwas angesehen werden, das man erreichen muss, dann schafft dies Hindernisse. Ein paar Beispiele sollen das verdeutlichen:

In meinem zehnten oder elften Kurs stellte ich fest, dass ich sieben oder acht Tage lang keine Empfindungen spüren konnte, weder unterhalb der Nasenlöcher auf der Oberlippe, noch sonst irgendwo im Körper. Keine Beschwerde. Keinen Rat gesucht. Einfach nur beobachten, was ist.

Einmal geschah es nach sieben oder acht Jahren der Meditation, nachdem ich eine Reihe von Kursen besucht und Goenkaji bei seiner Lehrtätigkeit assistiert hatte, dass während eines Kurses eine enorme Abneigung gegen die Disziplin, Regeln und Vorschriften in mir aufkam. Sie begann am ersten Tag bei der ersten Gruppensitzung und war so stark, dass es mir nicht möglich war, einen einzigen Moment Anapana zu machen. Dies hielt für zwei volle Tage an. Ich selbst hatte Schüler angewiesen, zu Anapana zurückzukommen, wenn Schwierigkeiten auftreten. Nun war ich selbst in dieser misslichen Lage.

Normalerweise finde ich zu den Problemen, die auftauchen, selbst Lösungen. Was war also zu tun? Obwohl ich nicht in der Lage war, die Atmung zu beobachten, gab es keine Sorge oder Anspannung. Ruhig sitzend, nichts tuend, löste sich nach ein paar Stunden am dritten Tag der Widerwille auf, und ich begann mühelos und mit Begeisterung für den Rest des Kurses zu arbeiten.

Diese Erfahrungen waren für mich sehr hilfreich, um zu lernen, wie man mit verschiedenen Situationen umgehen kann. Mögen sie dem Leser auf dem Dhamma-Weg genauso hilfreich sein."

N.H. Parikh, pensionierter Ingenieur,
lebt mit seiner Ehefrau in Mumbai.

Ein Fels in der Brandung

„Nach vierundzwanzig Jahren Vipassana-Praxis fühle ich mich ganz bestimmt niemandem überlegen. Aber ich spüre, dass die Praxis mein Leben sanft in die richtige Richtung lenkt.

Den Geist und Körper zum ersten Mal als ein sich veränderndes Phänomen zu erleben, war ein dramatisches Ereignis für mich. Indem ich all dem gegenüber Gleichmut übte, lösten sich tief sitzende Konditionierungen auf, und mein Geist fühlte sich wie nach einer Dampfreinigung und wunderbar ruhig an. Noch nie war der Gegensatz zwischen dem Positiven und dem Negativen so offensichtlich und die Folgen so deutlich spürbar.

Die alljährlichen Kurse von zehn oder mehr Tagen sind für mich zu wertvollen Gelegenheiten geworden, an mir selbst zu arbeiten, eine Zeit, um einen stärkeren Kontakt mit den tieferen Ebenen des Seins herzustellen und eine Chance, loszulassen und mich wieder mit dem zeitlosen Fluss der Wahrheit zu verbinden, der in mir fließt.

Dank meiner eigenen Meditation und der direkten Beobachtung der Gesetze von Ursache und Wirkung habe ich die Vorteile durch das Vermeiden unheilsamer Handlungen erkannt. Mein Leben gründet auf dem Fels der Moral, was ich als große Stärke empfinde. Sich dem Dhamma, der inneren Wahrheit, anzuvertrauen, ist kein Verlust. Es hat mich befähigt, wichtigen Lebensentscheidungen mit dem Gefühl zu begegnen, dass, wenn ich mich um Dhamma kümmere, Dhamma sich um mich kümmern wird. Da ich verstanden habe, dass nur meine eigene Reaktion auf meine

Empfindungen mir letzten Endes schaden kann, habe ich mich zunehmend sicherer gefühlt, weil nun meine Zufriedenheit weniger von der Art der erlebten Empfindung abhängig ist. Ich kann die Dinge heute ohne große Anhaftung kommen und gehen lassen. Das Meditieren hat nicht gleich ‚die Lösung für alles' gebracht, aber es hat viele Dinge begradigt und das Leben einfacher gemacht. Enge Beziehungen sind harmonischer und liebevoller geworden. ‚Hochs und Tiefs' sind weniger geworden, weil ich mein Leben mehr und mehr im Einklang mit Naturgesetzen gestalte. Und falls sie doch einmal kamen, so waren sie kürzer und weniger intensiv.

Das Praktizieren von Vipassana führt zu einem stark gesteigerten Bewusstsein der vergänglichen Natur des Lebens. Dadurch wird die Schönheit aller Dinge von mir viel mehr geschätzt, und mein Mitgefühl wächst, mit allem, was ebenso vergänglich ist, wie ich selbst. Gleichzeitig bin ich in der Lage, mehr im Moment zu sein, frei vom Verlangen nach unerfüllten Träumen. Vipassana hat mir gezeigt, wie ich Vollkommenheit und Sinn finden kann im wirbelnden Meer des Wandels.“

David Bridges ist Lehrer in Großbritannien.

❧

Rosenknospe öffnet sich
Blütenblatt für Blütenblatt:
Verstehen erwacht.

Kathy Henry, USA.

KAPITEL 7

FREIHEIT HINTER GITTERN – VIPASSANA IM STRAFVOLLZUG

„Wir sind alle Gefangene unseres eigenen Geistes… Gibt es auch nur einen unter uns, der noch niemals in Versuchung war, etwas zu nehmen, das ihm nicht gehört? Gibt es einen unter uns, der sich nie gewünscht hat, kein einziges Mal, denjenigen zu verletzen, der ihn verletzt hat? Es ist nur ein schmaler Grat, der uns von diesen Menschen trennt, die uns von der anderen Seite aus anstarren, der Seite hinter den Gittern. Die gleichen Dinge, die nicht über die Schwelle unserer Gedanken hinausgehen, haben in ihrem Fall die Schwelle des Handelns überschritten. Und doch sind wir uns ähnlich. In unseren Köpfen sind wir alle potentielle Straftäter."

Doing Time, Doing Vipassana, Karuna Films.

Gefängnisse und Justizvollzugsanstalten sind Orte, wo Kriminelle weggeschlossen werden. Das ist ihre Strafe, und die Gesellschaft wird durch ihre Aussonderung geschützt. Aber wenn sie ihre Zeit abgesessen haben, was dann? Wenn sie sich nicht bessern, wenn ihre lebenslangen geistigen Gewohnheiten unverändert bleiben, werden sie aller Wahrscheinlichkeit nach weitere Verbrechen begehen. Weltweite Behandlungsprogramme unterschiedlichster Art bewirken meist Rückfallquoten von 75% – 80%. Das ist ungefähr so viel, wie wenn gar keine Rehabilitation durchgeführt würde. Die Öffentlichkeit und selbst viele Fachkräfte verlieren angesichts dieser Tatsache mitunter den Enthusiasmus für Rehabilitation und Therapie. Die Kriminalitätsraten bleiben hoch, Straftäter werden erneut straffällig, und deshalb, so das Argument, würden mehr Haftanstalten benötigt. Gibt es dazu eine glaubwürdige Alternative?

Seit 1975 werden Vipassana-Kurse in Gefängnissen in ganz Indien und in Taiwan, Thailand, Nepal, USA, Neuseeland und Großbritannien durchgeführt. Dieses einzigartige Programm weckt in vielen Ländern Interesse, weil es etwas anbietet, das sich auf Strafvollzugssysteme ebenso wie auf Behandlungsprogramme in der ganzen Welt auswirken könnte.

Seattle, USA

In den Vereinigten Staaten sitzen, gemessen an den Einwohnerzahlen, mehr Menschen ein, als in jedem anderen Land der Welt, aber wird die Angst vor Bestrafung Kriminelle in gute Bürger verwandeln?

Nachdem die Gefängnisverwalterin Lucia Meyer selbst an einem Kurs teilgenommen hatte, stimmte sie zu, Vipassana in das Rehabilitationsprogramm aufzunehmen.

Die „North Rehabilitation Facility" (NRF) des King County Jail in Seattle ist ein Gefängnis der niedrigsten Sicherheitsstufe für Insassen mit kurzen Freiheitsstrafen. Es beherbergt etwa 300 Männer und Frauen, die wegen Diebstahl, Überfall, Drogen-handel und Prostitution verurteilt wurden. Wie in jedem Gefängnis sind schwere Alkohol und Drogenprobleme sowie verschiedene wirtschaftliche, soziale und bildungsbedingte Benachteiligungen üblich. Es gibt weder Zellen, Mauern, Schuss-waffen noch Wegsperrungen. NRF-„Bewohner" werden mit beruflichen und/oder therapeutischen Aktivitäten beschäftigt. In einem einzigartigen Aufbauprogramm namens „Stages of Change" konzentriert sich die Behandlung auf Drogen- und Alkoholmissbrauch. Andere angebotene Kurse reichen von Selbsthilfegruppen der Anonymen Alkoholiker und Anonymen

Narkotiker bis hin zu Raucherentwöhnung, kritischem Denken, Erziehung und Akupunktur. Die meisten Bewohner nehmen an dem breit gefächerten Behandlungsangebot teil – aber wie lässt sich der Teufelskreis der Rückfälligkeit durchbrechen?

Für Meijer bietet Vipassana den Bewohnern eine echte Chance, etwas über sich selbst zu erfahren, die Kontrolle zu übernehmen und tief verwurzelte Denk- und Reaktionsmuster zu verändern. Mit ihrer lebenslangen Erfahrung in der Drogen- und Alkohol-Rehabilitation sieht sie Vipassana eher als erfahrungsorientiertes denn als spirituell begründetes Behandlungsprogramm: "*Spiritualität* ist eines jener Wörter, die als Sammelbecken fungieren, das jeder mit seinen eigenen Überzeugungen und Bedürfnissen füllen kann. Wenn Sie mich fragen, brauchen wir alle einen Weg, um dem Leiden zu begegnen. Leiden reicht von der Erkenntnis unserer eigenen Sterblichkeit und des ultimativen Alleinseins bis hin zu den unmittelbaren Nöten im Leben eines jeden Menschen. In der NRF ist dieses Leiden allgegenwärtig. Die Insassen verlieren hier – wie überall – ihre Freiheit, lange bevor sie inhaftiert werden. Unwissenheit, Missbrauch, psychische Erkrankungen, Sucht, Obdachlosigkeit, Armut, Zorn, Hoffnungslosigkeit, Schuld, Scham, Reue, Selbstverachtung – die Liste ist endlos.

Wenn ein Insasse einen Vipassana-Kurs beendet, hat er oder sie einen flüchtigen Blick auf die Freiheit geworfen, vielleicht zum ersten Mal. Hoffnung und Zuversicht entstehen aus dem Wissen, dass der Ursprung und das Ende allen Leidens in einem selbst liegen. Da die von S.N. Goenka konzipierten Vipassana-Kurse erfahrungsorientiert gelehrt werden, ist dies nicht nur eine intellektuelle Übung, sondern eine echte Begegnung mit den tiefsten Ebenen des Geistes. Darüber hinaus erhält der Insasse anhand seiner eigenen Erfahrung eine Lektion in moralischem Verhalten. Während eines Kurses wird deutlich, dass die ethischen Grundlagen von Vipassana (Enthaltung von Töten, Stehlen, Lügen, sexuellem Fehlverhalten und dem Gebrauch von Rauschmitteln) nicht nur ein Regelwerk sind, das befolgt werden muss, sondern ein Weg für den Einzelnen, sich über seine eigenen, niederen Impulse zu erheben.

Der Häftling lernt, dass er sein eigener Herr ist, und dies definiert sein Verhältnis zu Autoritäten auf drastische Weise neu. Insassen beenden einen Vipassana-Kurs mit einer viel ruhigeren Haltung gegenüber institutionellen Regeln und Einschränkungen. Sie kommen auch mit einer größeren Fähigkeit zu Geben heraus – meist ist das erste Anzeichen dafür, dass sie Dankbarkeit ausdrücken und den Wunsch haben, ihren Familien und Gemeinschaften etwas zurückzugeben."

Lucia Meijer, NRF-Direktorin.

❧

Die Häftlinge haben ihre Freiheit verwirkt. Sie kennen das Leiden aus erster Hand. Die Entscheidung zur Veränderung liegt allein bei ihnen. Es gibt keine Abkürzungen auf der Reise nach innen, keine schnelle Lösung. Es war von Beginn an klar, dass es auch keine Belohnungen oder Anreize für diejenigen geben würde, die sich freiwillig zu einem Vipassana-Kurs meldeten, noch würden sie irgendetwas verlieren, wie z.B. einen Arbeitsplatz oder einen bestimmten Wohnort. Sicherheitschef Dean Maguire hatte im Vorfeld des ersten Kurses ernsthafte Zweifel:

> „Ich hatte zu der Zeit das Gefühl, dass alle Insassen aussteigen würden, nicht teilnehmen würden, dass sie für zehn Tage weder das Rauchen aufgeben würden, noch ihre regulären Mahlzeiten, ihre Besuche, ihre Post, ihr Fernsehen, ihre Telefone und ihr Sprechen. Als mir das gesagt wurde, da dachte ich: ‚Das glaube ich nicht!' Aber ich sagte: ‚Mist, dann zieht es halt durch.'"

❧

Um einen Vipassana-Kurs in einer Haftanstalt zu organisieren, müssen einige wichtige Hürden genommen werden. Damit es funktioniert, müssen die führenden Vollzugsbeamten über das Programm bestens informiert sein und es voll unterstützen. Weil die Praxis die beste Art und Weise ist, die Meditationstechnik zu verstehen, ist die Teilnahme an einem 10-Tage-Kurs die ideale Vorbereitung. In der NRF war es Ben Turner, ein Krankenpfleger und langjähriger Vipassana-Praktizierender, der als erster die Durchführung eines Vipassana-Kurses vorschlug. Lucia Meijer und ein Berater der Anstalt besuchten zunächst selbst einen Kurs im nahegelegenen Zentrum in Washington und kamen überzeugt davon zurück. Um die Edle Stille zu bewahren und Ablenkungen zu minimieren, müssen die Gefangenen, die an einem Kurs teilnehmen, getrennt von den anderen, die nicht teilnehmen, untergebracht werden. Sie brauchen ihre eigenen Schlafräume, ihre eigene vegetarische Kost, ihren eigenen Gehbereich. Die Lösung im NRF war, einen Flügel des Gefängnisses, der normalerweise für Büro- oder Beratungsräume genutzt wurde, zu übernehmen und darin ein komplettes Vipassana-Kursgelände einzurichten, mit Meditationsraum, Schlafsälen, einem Speisesaal und Plätzen für die freiwilligen Helfer. Die Sicherheitsvorkehrungen, durch die pro Tag zwanzig Durchzählungen erforderlich sind, waren ein besonderes Anliegen. Zum Glück war Ben Angehöriger des Gefängnispersonals und übernahm die Aufgabe des Kursbetreuers. Er konnte die Verantwortung für das Durchzählen übernehmen und das Verhalten überwachen, so dass die Sicherheit gewährleistet war. Es gab so viele potentielle Schwierigkeiten: Personal musste aus Büroräumen ausziehen, andere Arbeits-, Sicherheits- und Kommunikationswege mussten eingeführt werden, aber durch den guten Willen und die Kooperation der ganzen Belegschaft der NRF waren das Kursgelände und der Zeitplan fast identisch mit denen außerhalb des Gefängnisses.

Der erste Vipassana-Kurs in einem nordamerikanischen Gefängnis erfolgte im November 1997. Bis zum dritten Tag hatten insgesamt fünf der 16 Männer den Kurs abgebrochen, aber die restlichen elf beendeten den zehntägigen Kurs mit bemerkenswerten Ergebnissen.

❧

„Es war wie ein Militär-Ausbildungslager für den Geist – aber du bist dein eigener Feldwebel. Ich empfand Schmerzen, geistige Schmerzen. Wie ein Soldat war ich nach draußen auf die Straßen gegangen und hatte einen Ein-Mann-Krieg geführt. Nicht nur mit mir selbst. Ich meine, ich führte einen Krieg mit Menschen wie dir, deinen Kindern, deinen Töchtern, mit jedem, mit dem ich in Kontakt kam, mit dem Gesetz, ich war nur voller Hass, abgrundtiefem Hass.

Mit allem, was ich in diesem Kurs erlebt habe, habe ich den ganzen Schmerz buchstäblich aus mir rausgenommen. Meine Schale der Ahnungslosigkeit hat Risse bekommen. Ich habe angefangen, die Dinge so zu sehen, wie sie jetzt gerade wirklich sind und nicht, wie sie einmal in der Vergangenheit waren. Wir tun Dinge, und wir sagen Dinge, aber wir denken nicht wirklich darüber nach, was wir tun oder sagen. Und wir denken erst im Nachhinein an die Konsequenzen, wenn wir bereits in Schwierigkeiten sind, und damit stehen wir nur auf verlorenem Posten."

Ernest, NRF-Insasse.

❧

Robert Johnson, der 45 Mal im Gefängnis gewesen ist, nahm nach seiner Entlassung an einem zweiten Kurs teil, arbeitete als freiwilliger Vipassana-Helfer und besorgte sich einen Job als professioneller Koch. Sein Beispiel und Erfolg hatten einen starken Einfluss auf die Mitgefangenen und seine Familie. Seine Mutter, eine gläubige Christin, war so glücklich über die Veränderungen, die sie an ihm wahrnahm, dass sie ebenfalls einen Kurs besuchte.

Drei Jahre später genießt Robert das normale Leben außerhalb des Gefängnisses und reflektiert:

„Wenn du in einer Sucht steckst, dann ist dir das nicht bewusst. Das ist das Problem. Du kannst das Rad nicht anhalten, also muss normalerweise jemand anderes dich stoppen. Und dann wirst du denjenigen wahrscheinlich dafür hassen, weil du glaubst, dass du selbst das Richtige machst. Das war in meiner Sucht genauso. Ich war einfach nicht in der Lage, mich selbst zu stoppen. Ich wurde nur dadurch ausgebremst, dass mich die Polizei verhaftete, weil ich in einen hässlichen Kampf oder einen Autounfall verwickelt war. Es brauchte so etwas, um mich zu stoppen. Wenn ich noch irgendwie bei Verstand gewesen wäre, hätte ich vermutlich realisieren können: ‚Wenn ich keine Drogen und all das Zeug genommen hätte, würde ich mich nicht in solchen Schwierigkeiten wiederfinden.' Wenn ich ehrlich zu mir selbst gewesen wäre, aber damals wusste ich nicht viel über Ehrlichkeit...denn, wenn ich ehrlich gewesen wäre, hätte ich jeweils den ersten Drink gar nicht erst genommen. Ich dachte immer: ‚Einmal kannst du das noch machen.' Aber damit habe ich mir nur selbst in die Tasche gelogen."

Roberts Familie setzte sich aus Lehrern, Geistlichen und auch Kriminellen zusammen. Als vielversprechender Schüler träumte er noch davon, Pilot zu werden. Aber seine Umgebung war voller Drogenabhängiger, Kiffer und Kokainkonsumenten, und während er einerseits noch versuchte zu lernen, fühlte er sich schon zu den Partygängern hingezogen und zu denen, die nächtelang high waren. Sein Leben lang wollte er auf die Universität gehen, aber es hat nicht geklappt. Irgendwie vermischte sich alles mit Alkohol und Drogen. Durch die Warnungen der Ausbilder und die Eskapaden eines betrunkenen Mitschülers vom Fliegen abgeschreckt, brach er den Kurs ab. Im nächsten Jahr schrieb er sich in einem College in Texas ein, weit weg von den Menschen zuhause. Eine Lücke tat sich auf, und es gab nichts, wohin er hätte weglaufen können.

„Alles fängt damit an, dass irgendetwas sehr Subtiles im Inneren passiert. Jetzt kann ich euch erzählen, was es war, aber damals wusste ich das nicht. Tatsache ist, dass ich unruhig wurde. Um mir die Zeit zu vertreiben, bin ich auf die Straße gegangen, und wenn ich etwas Alkohol getrunken hatte, machte das die Sache nur noch schlimmer, denn was immer ich denke, das tue ich auch. Jedes Mal, wenn ich wütend oder meine geistige Verfassung gerade nicht so toll war, und mir irgendein Gedanke in den Sinn kam, dann habe ich den auch umgesetzt. Jahrelang war ich an einem bestimmten Laden vorbeigezogen und hatte mich darüber gewundert, warum da noch nie eingebrochen worden war. Und wieder, am Tag nachdem mein Vater gestorben war, kam mir genau das in den Sinn. Damals schien alles schief zu gehen: ich trank, hatte nichts zu tun, war wütend und dann starb plötzlich mein Dad. Das hat mich total umgeworfen. Schwer betrunken habe ich den Laden ausgeräumt. Es war morgens früh, als ich alles auf meinen Laster gepackt habe und nicht wusste, dass von der anderen Straßenseite aus die Polizei zugeguckt hat. Sie ließen mich alles aus dem Laden nehmen, blockierten dann die Straße und hielten mich an. ‚Wo wollen Sie denn hin, Herr Johnson?‘, grinsten sie. Ich bin dann in einer Gefängniszelle wieder aufgewacht."

Robert kam immer wieder zurück ins Gefängnis. Einen Monat draußen, den nächsten wieder drin. Er war so tief mit der Gefängnisszene verstrickt, und es bedeutete ihm gar nichts. Acht Monate war das Längste, was er, über einen Zeitraum von 10 Jahren hinweg, draußen verbrachte.

„Es gab Schlägereien, störendes Verhalten, Verkehrsdelikte, Verstöße gegen den Hausarrest – alles kam in meine Akte. Es war jedes Mal ernst, wenn ich gegen das Gesetz verstoßen habe, und es hat mein Leben zerstört. Wenn du erst einmal in den Kreislauf von Gefängnis und Entlassung hineingeraten bist, schlägst du so oft auf dem Boden auf, dass du irgendwann gar nicht mehr aufstehst, weil es nur eine Frage der Zeit ist, bis du wieder im Knast sitzt. Von dem, was du erreicht hast, bevor du in den Knast kommst, verlierst du das meiste, wenn nicht alles, weil du von deinen Freunden, deiner Familie, deinem Job, deiner Unterstützung abgeschnitten wirst… "

Robert nahm an allen therapeutischen Programmen teil, aber nichts half. Er ging sogar eine Zeit lang zweimal täglich zur Kirche, bis etwas in seinem Innern explodierte und alles wieder zunichtemachte. Dann entdeckte er am Schwarzen Brett eine Notiz über Vipassana, eine Möglichkeit, den Gefängnis-Teufelskreis zu durchbrechen.

„Kann ich das ausprobieren? Ich war verzweifelt, als ich in den Kurs ging, und habe nichts über Meditation gewusst. Ich war wütend auf das Gefängnispersonal, weil sie uns all den Unterricht zumuteten, aber niemals jemand davon redete, wie sich alles verändert. Also vergaß ich einfach diese Tagespläne, die ich auf meinen Spiegel geschrieben hatte. Ich hatte niemals den notwendigen Frieden gehabt, wenn diese anderen Gefühle hochkamen und ich wieder im Gefängnis landen würde."

Also saß er in diesem ersten Vipassana-Kurs und bereitete sich selbst eine große Überraschung:

„Ich bekam durch diesen Kurs etwas, das mir noch nie jemand gegeben hatte. Und es hatte mir ja niemand gegeben, also konnte es mir auch niemand mehr wegnehmen.

Das ist krass. Total an der Wurzel, ganz tief unten ist in mir etwas passiert, wodurch ich, was immer ich jetzt mache, es niemals mehr so mache, wie in der Vergangenheit. Wenn ich wütend werde, ist es eine andere Form von Wut: weniger und ohne heftige Reaktion. Seit diesem ersten Kurs habe ich mich so weit heruntergefahren, dass ich erst nachdenke, bevor ich was mache. Das war vorher nicht drin. Und seit ich diese Dinge einfach so mache und versuche, mich an die fünf Verhaltensregeln zu halten, bin ich nie wieder ins Gefängnis gekommen und mich hat auch kein Polizist mehr gesehen. Das ist eine große Veränderung, genau das. Nach diesem Kurs reagiere ich einfach nicht mehr so wie früher – etwas ist passiert."

Robert Johnson, NRF-Insasse.

❧

Angespornt durch diese ersten Ergebnisse wurden weitere Kurse in der NRF veranstaltet, sowohl für Frauen als auch für Männer. Da bereits eine gewisse Infrastruktur vorhanden war und man auf Erfahrungen aufbauen konnte, wurde es für die Insassen, das Personal und die Vipassana-Freiwilligen nun auch einfacher, ein provisorisches Meditationszentrum im Beratungstrakt des Gefängnisses einzurichten und die Kurse durchzuführen.

„Bevor ich reinkam, war ich gerade ziemlich übel drauf, eine Heroinsüchtige, dem Tod sehr nah. Es war echt schlimm. Und ich hatte das so satt. Ich war auf Entzug, das war die Hölle. Ich wusste, wenn ich wieder da rauskommen würde, würde ich es wahrscheinlich nicht mehr lange machen. Also habe ich gesehen, dass ich etwas tun musste. Und als ich ausgewählt wurde, an der Vipassana-Abschlusszeremonie für die Männer nach dem Kurs teilzunehmen, konnte ich die Veränderungen nicht glauben, die ich da gesehen habe. Von diesem Moment an habe ich gewusst, dass ich das machen wollte."

Susan, NRF-Insassin.

❧

Für die Frauen ist der Kurs nicht weniger schwierig als für die Männer. Jede von ihnen kämpft ihren eigenen Kampf. Manchmal scheint die Herausforderung, trotz der Intensität der Erfahrung, gelassen und ausgeglichen zu bleiben, überwältigend zu sein. Shelia ging zu einer Kurshelferin, als sie sich nicht wohl fühlte und kurz davor war, aufzugeben.

„Also versuchte ich es eine weitere Stunde. Später kam Lucia, und ich griff nach ihrer Hand und sagte: ‚Ich kann das nicht, ich kann das einfach nicht.' Und Lucia sagte: ‚Ich weiß, wie du dich fühlst, weil ich während meines Kurses auch meine Koffer gepackt habe und drauf und dran war zu gehen. Aber dann hielt mich etwas zurück.' Und sie hat mich überredet, zu bleiben. Und ich bin froh, dass ich geblieben bin und den Kurs abgeschlossen habe."

Shelia, NRF-Insassin.

⤫

Aus Sicht des Gefängnispersonals konnten sofort positive Auswirkungen bei den inhaftierten Meditierenden beobachtet werden:

„Ich sah Ehrlichkeit. Ich sah, wie diese Insassen sich selbst gegenüber ehrlich wurden und sich nicht mehr selbst belogen. Ich sah, dass sie sehr offen waren und sich nicht an den Regeln störten. Das Sicherheitspersonal war aus einem bestimmten Grund da, die Regeln waren aus einem bestimmten Grund da. Das zeigte mir, dass es eine echte Veränderung gab. Denn einige dieser Leute waren verhaltensauffällig, bevor sie in die Meditation gingen. Sie waren es nicht mehr, als sie herauskamen."

Dean Maguire, Sicherheitschef.

⤫

„Fast alle hatten etwas hinter ihren Augen – du kamst da nicht rein. Da hing etwas wie ein Vorhang. Dann, als der Kurs vorbei war, konntest du hineinsehen. Ich kann nicht sagen, was der Kurs bei jedem Einzelnen für den Rest des Lebens bewirkt hat. Aber nach zehn Tagen konnte man in sie hineinsehen. Sie waren da. Man konnte sehen, dass sie da waren. Während sie vorher nicht da gewesen waren. Man hatte sie nicht sehen können. Und ich denke, das ist wirklich aufregend…"

Stephanie Maxwell, Programmdirektorin.

⤫

„Ich kam nicht als Suchende zu Vipassana, sondern durch einen Zufall. Jetzt habe ich die positiven Auswirkungen der Meditation persönlich erfahren, zuhause und in meinem Arbeitsleben. Ich versuche, weiter an mir zu arbeiten, meditiere täglich und nehme an Kursen teil, wann immer ich kann. Dennoch falle ich immer wieder in alte Verhaltensmuster zurück, verliere die Fassung, schummele hier und da… Was das Gefängnis betrifft, erwarten wir ernsthaft, dass Menschen mit lebenslanger schwerer Pathologie von nun an immer aufrechte und voll leistungsfähige Bürger sind? In der NRF suchen wir nicht nach Lösungen wie im Märchen. Unser Ziel ist es, mit jeder Person auf einer authentischen und subtilen Ebene zu arbeiten, um schrittweise echte, nachhaltige Veränderungen in ihrem Verhalten zu bewirken. Wenn es darum geht, die Wirkung von Vipassana auf ein Individuum zu beurteilen, sind wir bei der Betrachtung dessen, was mit ‚Erfolg‘ gemeint ist, realistisch: Wer hat sich freiwillig gemeldet, um so an sich zu arbeiten? Wie viel Mut und Entschlossenheit sind nötig, um sie durch den Kurs zu bringen? Was sind die Nachwirkungen, wie verhalten sie sich in der Haft und schließlich, wenn sie entlassen werden, sehen wir sie kurz darauf wieder hier?“

Lucia Meijer, NRF-Direktorin

❧

Die Insassen selbst fühlten sich nach dem Kurs anders:

„Heute liebe ich mich. Das tue ich. Es ist ein wunderbares Gefühl. Und diese Tränen sind Tränen des Glücks – wirklich! Ich war ziemlich ängstlich… Sachen, vor denen ich mein ganzes Leben davongelaufen bin. Und es war direkt vor meinem Gesicht, und ich musste wirklich nur hingucken, beobachten und loslassen. Ich konnte das. Und da ist so ein Frieden und so eine Last von mir abgefallen, ich kann das gar nicht beschreiben.“

Susan, NRF-Insassin.

༈

„Ich habe gelernt, mit den Empfindungen im Inneren zu arbeiten. Wenn es jetzt eine gespannte Situation gibt, wie z.B. eine Konfrontation im Wohnheim, kann ich mir wirklich bewusst sein, wie ich mich fühle und was in mir vorgeht. Wenn ich also draußen in solche Situationen komme, weiß ich, das geht alles vorbei."

Carol, NRF-Insassin.

༈

„Vipassana ist ein fortschreitender Prozess auf einem manchmal unebenen Weg der Transformation. Obwohl es tiefgreifende Veränderungen geben kann und auch gibt, können ebenso Rückschläge kommen. Es hängt sehr viel von jedem Einzelnen ab. In der NRF hat das Personal jedenfalls genug gesehen, um optimistisch zu sein und das Programm zu verlängern. Vipassana-‚Insassen' werden ermutigt, ihre Meditation beizubehalten. In der Haftanstalt finden regelmäßig Gruppensitzungen statt, und wenn weitere Kurse durchgeführt werden, können sie unterstützend als kurserfahrenere Schüler sitzen oder in der Küche mithelfen.

Wenn es nur eine Frage der Anstrengung und des Wunsches wäre, wären sie alle besser… Sie hatten keine Möglichkeit. Und Vipassana hat ihnen diese Möglichkeit gegeben. Es hat ihnen ein Werkzeug an die Hand gegeben. Es hat ihnen eine Wahl gegeben. Damit will ich nicht behaupten, dass sie von nun an immer die richtige Entscheidung treffen werden. Aber jetzt haben sie die Wahl, und die hatten sie vorher nicht."

Lucia Meijer, NRF-Direktorin.

༈

„Vipassana hat meine menschlichen Beziehungen verändert, wie ich mit Menschen rede, reagiere und funktioniere, das hat die Meditation bewirkt. Ich bin nicht mehr Sklave meines

Geistes. Ich kann entscheiden, nicht negativ über jemanden zu denken. Ich kann entscheiden, sehr gut über sie zu denken. Vipassana hat mir diese Art Hilfsmittel gegeben. Es macht, dass du dich besser fühlst, dass du dich besser verhältst. Manche Menschen haben darin keine Wahl. Sie müssen dem gehorchen, was sie fühlen. Aber ich muss das nicht mehr."

Robert Johnson, ehemaliger NRF-Insasse.

Lancaster, UK

„Ich wusste, dass es irgendwann so sein würde. Es wird so dringend gebraucht. Es gibt ein unglaublich großes Potential in den Gefängnissen."

Vor zwanzig Jahren hatte er selbst im Gefängnis gesessen und jetzt ging Darren Brown dorthin zurück, um 1998 bei einem Vipassana-Kurs im Lancaster Castle Prison als Freiwilliger mitzuhelfen. Er war als Rebell aufgewachsen und mit allem was ihm in die Quere kam grob umgegangen, mit Vorgesetzten, dem Gesetz – bis das Unvermeidliche geschah und er von der Hochschule verwiesen wurde. Aber tief im Inneren dieses gewalttätigen, zornigen Menschen suchte jemand nach mehr – nach Aufrichtigkeit und Anstand. Darren freundete sich mit einer Frau an, die all das war, was er nicht war, ihn aber dennoch nicht unter Druck setzte. Sie erkrankte an Leukämie, und er pflegte sie wieder gesund. Leider erlitt sie während er im Gefängnis einsaß einen Rückfall und starb. Der Schock reichte aus, damit er begann, sein Leben umzukrempeln. Als er aus dem Gefängnis entlassen wurde, nahm er durch eine glückliche Fügung an einem Vipassana-Kurs teil. Er sträubte sich gegen die Regeln, wollte unbedingt davor weglaufen, aber etwas ließ ihn bis zum Ende durchhalten. Das nächste Jahr war ein Jahr des Umbruchs. Er leugnete immer wieder, dass ihm seine Meditation irgendetwas Gutes brachte. Seine Freunde jedoch sagten wiederholt, wie sehr er sich verändert hätte. Nach seinem zweiten Kurs hörte Darren damit auf, sich selbst zu bekämpfen und integrierte die Praxis in sein Leben. Er erkannte nun, dass es hundertprozentig das war, wonach er gesucht hatte. Als sich die Gelegenheit bot, bei einem Kurs im Gefängnis mitzuhelfen, meldete er sich sofort als Freiwilliger.

„Schon nach fünf Minuten zusammen mit diesen Häftlingen wusste ich, dass wir die gleiche Wellenlänge hatten. Mein ganzes Leben auf der Straße, meine ganze Zeit im Gefängnis würde von jetzt an wertvoll sein. ‚Du musstest zuerst das tun, Darren, um jetzt dieses hier machen zu können.' Ich habe mich noch nie so zielgerichtet gefühlt, wie in diesen zehn Tagen."

Darren Bowman, England.

Lancaster ist ein Gefängnis der mittleren Sicherheitsstufe und liegt innerhalb der früheren Festungsmauern im Zentrum der im Norden des Landes gelegenen Stadt. Es beherbergt etwa 215 männliche Gefangene, die Strafen von mehreren Monaten bis lebenslänglich verbüßen. Der Direktor der Haftanstalt, Paul Thompson, hatte von den positiven Auswirkungen von Vipassana in indischen und US-amerikanischen Gefängnissen gehört und war sehr daran interessiert, einen Kurs als Pilotprojekt zu organisieren. Es wurden in dem Gefängnis schon Kurse zu Drogenrehabilitation und Aggressionsbewältigung angeboten, aber diese intensive zehntägige Erfahrung würde in Europa die erste ihrer Art sein.

Die beiden Gefängnisbeamte Chris Berry und Paul Bevan hatten selbst schon Vipassana-Kurse gesessen und übernahmen die Verantwortung für die Vorbereitungen im Gefängnis. Sie hingen Plakate zu dem bevorstehenden Ereignis auf und sprachen mit den Insassen über die Methode. Die Gefangenen kannten diese Beamten von früheren Programmen und vertrauten ihnen. Über einen Zeitraum von mehreren Wochen besuchten ehrenamtliche Helfer, die selbst Meditation praktizieren, das Gefängnis, um interessierte Insassen zu treffen, Filme von früheren Gefängniskursen zu zeigen und Fragen zu beantworten. Es wurde ein kleiner, in sich geschlossener Bereich zur Unterbringung der Gefangenen und Kurshelfer eingerichtet, der besonders wenig Gelegenheit für Ablenkung bot.

Acht Männer verpflichteten sich zur Teilnahme an dem Kurs, die fast alle bereits viele Haftstrafen verbüßt hatten. Schon bald traten vertraute Probleme auf: Gelegentliche Gespräche zwischen den Teilnehmenden und heimliches Rauchen. Sich an Regeln zu halten, die strikter als die Gefängnisregeln sind, ohne dazu gezwungen zu werden, das ist hart. Nach ein paar Tagen meldete sich ein Anführer der Gruppe zu Wort und versicherte, dass sie in Zukunft ihr Bestes geben wollten, um sich an die Kursregeln zu halten. Sie folgten genau dem Zeitplan und meditierten ernsthaft. Mit dem Fortschreiten des Kurses begann sich die Stimmung zu ändern. Eines Nachts zeigte sich ein erfahrener Wärter, der gerade andere aufsässige Gefangene in ihren Block gesperrt hatte, sehr erstaunt darüber, wie die Gruppe Meditierender ruhig zu ihren Zellen ging. „Was habt ihr denn mit denen gemacht?" rief er aus, und dann begann er Fragen zu stellen. Am nächsten Morgen erzählte er einem freiwilligen Helfer, dass er während der Schicht selbst versucht hatte, seinen Atem zu beobachten. Gefängnisbeamte, die vorher skeptisch gewesen waren, begannen ein wirkliches Interesse zu zeigen. Aber in der Wette, die sie untereinander abgeschlossen hatten, wollte niemand darauf setzen, dass alle acht den Kurs vollenden würden – doch genau das war letztlich das Ergebnis.

～❧

Ein Pressefotograf kam, um ein paar Bilder von den meditierenden Männern zu machen. Ein Häftling fragte ihn, ob er wissen wolle, was Vipassana ist.

„Ja", antwortete der Fotograf.

„Okay", sagte Jamie. „Gib mir deine Kamera."

Der Fotograf gab ihm die Kamera.

„Jetzt dreh dich um."

Der Fotograf drehte sich herum.

„Jetzt dreh dich wieder zurück", sagte Jamie.

Der Fotograf drehte sich wieder zurück.

„Hier ist deine Kamera." sagte Jamie. „Vor Vipassana wäre ich damit abgehauen, aber jetzt, nach Vipassana – hier hast du sie zurück!"

❧

Am letzten Morgen versammelten sich die Teilnehmer, ihre Familien und das Personal, um das Erreichte zu würdigen.

„Im Laufe des Kurses habe ich gespürt, wie ich mich verändert habe. Ich wurde zufriedener mit mir selbst und war eher davon überzeugt, dass ich mich von Drogen fern halten würde. Ich habe an Selbstvertrauen gewonnen und als ich die Ängste und den Hass, den ich in mir aufgestaut hatte, loslassen konnte, habe ich gespürt, wie an der Stelle Liebe geflossen ist. Dieser Kurs ermöglichte es mir, die dunklen Wolken in meinem Kopf wegzublasen und mir selbst für das Leiden, das ich angerichtet habe, zu vergeben. Ich erwarte von keinem meiner Opfer aus der Vergangenheit, dass sie mir so leicht verzeihen, aber vielleicht akzeptieren sie wenigstens, wenn sie eine Veränderung in mir sehen, dass ich nicht mehr diese Person von damals bin."

Hugh, Lancaster-Insasse.

❧

Darren, ehemaliger Häftling, der inzwischen Schiffsmonteur und freiwilliger Helfer geworden ist, hat es so zusammengefasst:

„Sie lernen, dass sie es selbst machen müssen. Sie haben jede Menge Entschlossenheit, die sie brauchten, um zu überleben.

Deshalb schafften sie den Kurs. Vorher hatten sie nichts. Was sie jetzt mit Vipassana haben, ist Hoffnung."

Neu-Delhi, Indien

Das Tihar-Gefängnis ist Indiens bekanntestes Hochsicherheitsgefängnis. Mit einer Anzahl von über 10.000 Inhaftierten, ist es eines der größten Gefängnisse weltweit. Jahrzehntelang war Tihar berüchtigt für seine unmenschlichen Haftbedingungen. Ein höllischer, gewalttätiger, überfüllter Knast, in dem Korruption an der Tagesordnung war und das Personal strafverschärfend in aller Härte durchgriff.

Ein Durchbruch kam mit Kiran Bedi nach Tihar, Indiens erster Polizeibeamtin, die 1993 zur Gefängnisdirektorin ernannt wurde. Bedi hatte die Vision eines Gefängnisses als Ort persönlicher Entwicklung und ging systematisch vor, das Rollenverständnis des Personals zu verändern, von Wärtern zu Aufsehern, Erziehern und Reformern. Und es folgten rasante Entwicklungen.

> „Wir haben viel Liebe und Fürsorge eingesetzt, wir haben den Gefangenen tatsächlich Liebe und Fürsorge gegeben. Ich habe ihnen Bücher erlaubt, kantinenartige Einrichtungen, bessere medizinische Versorgung, Kleidung, Radio und Besuche von außerhalb…"
>
> *Kiran Bedi, Generalinspektorin des Tihar-Gefängnisses.*

❧

Mustafa, ein ausländischer Häftling aus Afrika, erzählt:

> „Bevor sie kam, passierten in diesem Gefängnis die übelsten, teuflischsten Dinge. Es war ein wirklich grauenhafter Ort. Seit sie im Amt ist, hat sie viel verändert. Vorher wurden wir hier angesehen als … mir fehlen die Worte … es ist einfach unbeschreiblich. Mit Ehrlichkeit und einem mitfühlenden Herzen hat sie uns gezeigt, dass wir Menschen sind. Und deshalb verdienen wir auch, wie Menschen behandelt zu werden."

Die Atmosphäre in Tihar verbesserte sich zwar, aber Bedi strebte viel tiefgreifendere Veränderungen an. Viele Insassen wollten sich ändern, jedoch fehlten ihnen die persönlichen Voraussetzungen, um ihre Probleme in den Griff zu bekommen. Wie konnte man ihnen diese Fähigkeiten vermitteln, positive Qualitäten, die der menschliche Geist benötigt? Die Antwort darauf kam unerwartet von einem jungen Gefängnisbeamten, Rajinder Kumar, der Bedi von seinen eigenen Erfahrungen mit Vipassana-Meditation erzählte:

„Ich war ein sehr wütender Mann. Ich war schrecklich, aber dann war ich auf einem Vipassana-Kurs und jetzt bin ich ein anderer. Wenn Sie mir nicht glauben, Madam, dann fragen Sie doch meine Familie, fragen Sie meine Kollegen. Wenn Sie diesen Kurs im Gefängnis einführen, wird es allen Insassen helfen."

❧

Tatsächlich wurde die Technik bereits früher in indischen Gefängnissen ausprobiert. In Jaipur hatten 1975 zum ersten Mal Häftlinge Vipassana gelernt. Die Gefängnisleitung hatte die Regeln etwas entschärft, sodass der Lehrer die Erlaubnis bekam, während des Kurses im Gefängnis untergebracht zu werden. Es wurde sogar gestattet, dass gefährlichen Häftlingen trotz des Sicherheitsrisikos die Ketten abgenommen wurden. Das Experiment von Jaipur endete friedvoll und sein Erfolg führte zu mehr Kursen in anderen Gefängnissen. In Baroda war der Superintendent des Gefängnisses von der Wirkung von Vipassana auf seine Häftlinge beeindruckt und entschloss sich, selbst an einem Kurs teilzunehmen.

„Die Verständigung zwischen Häftlingen und Wachpersonal hat sich wesentlich verbessert. Auch die Beziehungen zwischen den Häftlingen und ihren Familien sind besser geworden. Die Rachegedanken der Häftlinge: ‚Wenn ich hier rauskomme, werde ich den und den umbringen … etc.‘, alles ist wie weggefegt."

R.L. Vora, Gefängnisdirektor, Baroda, India.

❧

Babu Bhaya wurde verurteilt, weil er bei einem Bandenkampf innerhalb von fünf Minuten drei Menschen getötet hatte. Nach einem Vipassana-Kurs im Gefängnis von Baroda nahm er mit den Familien seiner Opfer Kontakt auf und bat sie um Vergebung:

> „Sie waren einverstanden, die Vergangenheit hinter uns zu lassen. Am Tag des Rakhi-Festes besuchten mich diese beiden Frauen, banden mir ein heiliges Band ums Handgelenk und nahmen mich damit als ihren Adoptivbruder an. Heute kümmere ich mich um ihre Familie, als wäre es meine eigene."

❧

Bedi bereitete den Boden für einen Vipassana-Kurs in Tihar vor, indem sie einige Mitarbeiter zu einem Kurs außerhalb des Gefängnisses schickte und Häftlinge zur Teilnahme an einem Kurs einlud. Mehr als einhundert Häftlinge und Gefängnisbeamte nahmen im November 1993 an diesem ersten Kurs in der Haftanstalt teil. Kiran Bedi und ihr Team waren begeistert. Sie hatten ein Heilmittel gefunden, und es gab keinen Blick mehr zurück. Im darauffolgenden Jahr wurde ein ehrgeiziger Kurs für über tausend Häftlinge innerhalb des Gefängnisses abgehalten und ein permanentes Meditationszentrum in einer der Zellenblocks eingerichtet.

> „Es hat die Leute wirklich verändert. Es brachte meine Häftlinge zum Weinen und Schluchzen. Sie haben erkannt, was das Leben tatsächlich sein kann. Sie haben in sich hineingeschaut und in ihrem Innern all die Gefühle von Rache gesehen, sie haben die Wut gesehen. Sie haben die Respektlosigkeit und den Schmerz gesehen, den sie der Familie und der Gesellschaft zugefügt hatten. Sie weinten und wollten anders sein."
>
> *Kiran Bedi, Gefängnisdirektorin, Tihar Gefängnis.*

1995 wurde Kiran Bedi von Tihar versetzt. Dank ihrer Bemühungen und der ihrer Mitarbeiter und Nachfolger blüht jedoch das Vipassana-Programm weiter. Jeden Monat werden zwei 10-Tage-Kurse im Gefängniszentrum abgehalten, in denen freiwillige Helfer ihre Mitgefangenen betreuen. Der Prozess der Transformation von Individuen und der Institution geht weiter.

~&~

„Veränderungen lassen sich nicht so einfach herbeiführen. Veränderungen brauchen Zeit. Ich sage nicht, dass ich einen Vipassana-Kurs gemacht habe und Peng! ist die Wut, ist mein Jähzorn plötzlich komplett weg. Er wird aber immer weniger, weniger, weniger."

Mustafa, Insasse von Tihar.

Ein neuer Meilenstein in der Gefängnisreform wurde im Sommer 1999 gesetzt, als der erste 20-Tage-Kurs für erfahrene Meditierende unter den Häftlingen im Zentrum des Tihar Gefängnisses geleitet wurde. In etablierten Zentren werden regelmäßig ernsthafte, lange Kurse abgehalten, um ausreichend qualifizierten Teilnehmenden die Möglichkeit zu geben, ihren Geist auf tieferen Ebenen zu reinigen und schneller Fortschritte zu machen. Dies war jedoch der erste Lange Vipassana-Kurs, der mit der vollen Unterstützung der Gefängnisbehörden innerhalb von Gefängnismauern stattgefunden hat. Fünfzehn Häftlinge nahmen daran teil, jeder mit eigenem, separatem Wohn- und Meditationsraum. Der Kurs war geprägt von perfekter Disziplin, Pünktlichkeit und Edler Stille, so sehr, dass selbst das Gefängnispersonal über die Atmosphäre erstaunt war, die während der drei Wochen des Kurses im Zentrum des Gefängnisses herrschte. Nach einer Feedback-Runde mit Häftlingen nach dem Kurs sagte ein leitender Beamter, er habe das Gefühl, er habe eine Stunde lang in einem Tempel verbracht, um spirituellen Diskussionen zuzuhören, anstatt Gefangene im Gefängnis zu treffen. Und er versprach, bei nächster Gelegenheit selbst einen Kurs zu sitzen.

Kiran Bedi ist inzwischen Polizeikommissarin in Delhi geworden, hat ihren ersten Vipassana-Kurs absolviert und im März

1999 ein weiteres riesiges zehntägiges Retreat für zwölfhundert Polizeibeamte im Delhi Police Training College organisiert.

❧

„Eine Methode, die hier erfolgreich ist, wird definitiv dieselben Erfolge überall auf der Welt zeigen. Gefängnisse im Westen und Gefängnisse im Osten, Menschen im Westen und Menschen im Osten – da ist kein Unterschied! Höchstens graduelle Unterschiede, aber in der Gesamtheit sind wir alle gleich."

Ram Singh, Vipassana-Lehrer.

Türen öffnen

„Disziplin mit Mitgefühl ist innerhalb des Strafvollzugs unsere größte Hoffnung. Vipassana wird das Problem der Kriminalität nicht lösen, aber es wird uns in die richtige Richtung lenken. Vipassana repräsentiert alles, was es braucht: Disziplin, Selbstbeherrschung, Moral, Mitgefühl und ein klares Verständnis des Gesetzes von Ursache und Wirkung."

Lucija Meijer, US-Gefängnisdirektorin.

❧

„Ich bin dafür, dass die Vipassana-Meditation jedem Gefangenen im Strafvollzug zur Verfügung steht, männlich und weiblich. Niemand kann daran teilnehmen, ohne etwas aus dieser Erfahrung mitzunehmen. Jeder Einzelne muss es machen wollen, es ist schließlich nicht leicht! Die Belohnungen dafür sind jedenfalls riesig. Ich weiß, dass es in diesem System Leute wie mich gibt, die Hilfe wollen und brauchen. Sie haben den Kreislauf von Alkohol, Drogen, Gewalt und Kriminalität satt, aber er ist schon so lange Teil ihres Lebens, dass sie einfach keinen Ausweg sehen können. Vipassana kann ihnen eine andere Richtung geben. Eine Innere Führung sozusagen. Und Vipassana kostet nichts. Man muss nur einmal daran denken, wie viel Geld der Fiskus in den kommenden Jahren einsparen wird, wenn die Technik Insassen wie mir helfen kann, ruhiger zu werden und sich während der Haftstrafe und nach der Freilassung mehr auf eine positive Zukunft auszurichten."

Brian Worthing, Lancaster-Insasse.

Ergebnisse einer einfachen Rückfallstudie der ersten acht Kurse, die in der NRF, dem Gefängnis von Seattle, abgehalten wurden, zeigen, dass die Insassen zwei Jahre nach Abschluss mindestens eines Vipassana-Kurses etwa halb so oft ins Gefängnis zurückkehren wie in den zwei Jahren vor ihrem Kurs (von durchschnittlich 2,9 Registrierungen auf 1,5). Die Gesamtrückfallquote von NRF-Bewohnern im King County Jail System, innerhalb von zwei Jahren nach der Entlassung, beträgt normalerweise 75%. Bei denjenigen, die einen Vipassana-Kurs absolviert haben, liegt die Rückfallquote nach zwei Jahren bei 56%.

Informationsveranstaltungen in den Wochen vor einem Kurs haben interessierten Schülern geholfen, die Vipassana-Grundregeln zu verstehen und sich auf den Kurs vorzubereiten. Die Zahl derer, die einen Kurs vollenden, ist seither gestiegen, und die Insassen meditieren inzwischen effektiver. In Anerkennung des erzielten Fortschritts gab das U.S. National Institute of Health einem Team der Universität von Washington eine zweijährige detaillierte Studie in Auftrag, um die Auswirkungen von Vipassana auf Alkohol- und Drogenkonsum sowie andere Verhaltensmuster bei Häftlingen zu evaluieren. Inzwischen wurde Anfang 2001, nach zweieinhalbjähriger Vorbereitung und unter Mitwirkung des Sheriffs von San Francisco sowie örtlichem Gefängnispersonal, ein Häftlingskurs in San Bruno abgehalten, einem der Gefängnisse dieser Metropole, dem weitere folgen werden. Im Jahr 2002 wurden zwei Vipassana-Kurse im Donaldson Hochsicherheitsgefängnis außerhalb von Birmingham, Alabama, durchgeführt. Es gab beeindruckende Anfangsergebnisse, die zweifellos Ausgangspunkt weiterer

Untersuchungen und Dokumentationen sein werden.

Untersuchungen, die unter anderem vom All India Institute of Medical Sciences durchgeführt wurden, zeigten, dass die erfolgreiche Teilnahme an einem Vipassana-Meditationskurs das Bewusstsein der Häftlinge für ihre eigenen Emotionen erhöht, woraus wiederum verringerte Gefühle von Zorn, Anspannung, Feindseligkeit, Rache und Hoffnungslosigkeit resultieren. Drogenabhängigkeit, neurotische und psychopathologische Symptome sind ebenfalls rückläufig. Als Ergebnis der messbaren Erfolge empfahl die indische Regierung, Vipassana-Kurse in Gefängnissen im ganzen Land anzubieten. Bis heute werden regelmäßig zehntägige Vipassana-Kurse in über 15 Gefängnissen in Indien durchgeführt.

Ebenso erfolgreich wurde Vipassana innerhalb eines speziellen Gefängnisprogramms in Neuseeland eingesetzt. Der Te Ihi Tu Trust ist ein von der Regierung unterstütztes „Rehabilitations"-Zentrum, das von Maori, der indigenen Bevölkerung der Inseln, für Maori-Häftlinge kurz vor der Entlassung betrieben wird. Es ist das einzige Zentrum im Land, das speziell für Maori konzipiert wurde und „kaupapa", die Maori-Grundwerte, ihre Kultur, und Denkart auf ganzheitliche Weise berücksichtigt. Vipassana wurde durch den Einfluss des Mitarbeiters Marua Wharepouri, in dieses anspruchsvolle Programm für auf Bewährung entlassene Häftlinge aufgenommen. Nachdem er selbst an einem 10-Tage-Kurs teilgenommen hatte, war er davon überzeugt, dass die Methode den Insassen helfen würde, notwendige Veränderungen in ihrem Leben herbeizuführen. Gemeinsam mit einem weiteren Angestellten, der einige Jahre früher an einem Kurs teilgenommen hatte, wurden Vorbereitungen getroffen, einen Kurs auf dem Gelände des Te Ihi Tu Trusts abzuhalten. Das Gelände war ursprünglich ein Flügel des „New Plymouth Hospital" gewesen und besitzt eine traditionelle Bedeutung für die örtliche Maori-Bevölkerung. Die Mitarbeiter von Te Ihi Tu reagierten mit echter Begeisterung und Zuversicht, und der erste Kurs lief reibungslos, ohne den leisesten Konflikt zwischen der Ausübung von Vipassana und der Maori Lebensweise. Sie hätten einen „taonga", einen Schatz, bekommen, äußerte ein Teilnehmer. Seitdem wurden weitere Kurse durchgeführt.

❧

„Alle möglichen Türen haben sich uns geöffnet, für Insassen ebenso wie für das Personal. Es ist nicht mehr ‚wir und die anderen', es gibt hier keine Gefängniskultur. Es gibt nur noch ein *Wir* – und wir sind Maori, stark in unserem Glauben und unserer Kultur… Ich bin stolz auf die Männer!"

Te Wai, Angestellter.

❧

„Vipassana hat mir geholfen, eine Menge Probleme zu überwinden, von denen ich das Gefühl habe, dass sie mich zurückgehalten haben."

Te Ara Puanga, ehemaliger Häftling,
jetzt entlassen und berufstätig.

❧

„Ich lebe in einer Gesellschaft, in der die Menschen die gleichen Probleme haben wie viele indigenen Völker auf der ganzen Welt: Armut, verlorene Sprache und Identität, Kolonialisierung und ein schlechtes Bildungswesen. Und genauso wie die indigenen Völker in anderen Teilen der Welt, füllen auch in Neuseeland junge Maori-Männer überproportional die Gefängnisse. Ich selbst bin ein Ergebnis dieser Tatsache.

Sie können also mit Leuten wie mir rechnen, und ich werde jetzt über meine Lebenserfahrungen nicht ins Detail gehen, so schrecklich sie auch waren. Aber diese zerstörte Existenz hat dazu geführt, dass ich nur noch in meiner Gedankenwelt gelebt und mich von der Außenwelt zurückgezogen habe. Ich war einfach nicht imstande, erfolgreich zu funktionieren, ohne anderen zu schaden, und schließlich bin ich so weit abgerutscht, dass ich mir aus Verwirrung, Frustration und Verzweiflung selbst Schaden zugefügt habe.

Die Verurteilung zu einer hohen Haftstrafe hat mich dazu gebracht, mich selbst zu hinterfragen – zu meinem eigenen Besten und auch zum Schutz meiner zwei wundervollen kleinen Kinder. Das hat mir die Augen geöffnet und mich mit dem Te Ihi Tu Trust in Kontakt treten lassen, um die Herausforderung anzunehmen, Vipassana-Meditation in dem Resozialisierungs-Programm zu lernen. Drei Monate ununterbrochenes Üben und kontinuierliche Veränderung, die mir Erleichterung, Selbstkontrolle und den Einstieg in einen gesünderen Lebensstil brachten. Jetzt weiß ich, dass auch ich mich ändern kann, das ist ein Naturgesetz."

Tae Hae Ngaru, Te Ihi Tu Bewohner.

KAPITEL 8

DER KOMPASS – VIPASSANA UND DIE HERANWACHSENDEN

❧

„Erwachsene denken, dass Kinder keine Probleme haben, aber das stimmt nicht. Manchmal vermisse ich meine Mama, mache mir Sorgen über meine schulischen Leistungen, fühle mich allein, ärgere mich über meine kleine Schwester. Warum rege ich mich immer so auf? Kann ich nicht einfach aufhören, schlecht gelaunt zu sein? So oft bekomme ich nicht, was ich will, fühle mich schrecklich und hasse alle! So will ich nicht sein!"

,The Path of Joy', Veronica Logan,
Vipassana Research Publications.

❧

„Die Kindheit ist eine Zeit der Entdeckungen. Jeder Augenblick kann eine neue Erfahrung bringen. Jeder Tag kann eine Erkundung ins Unbekannte sein, voller Verheißungen und voller Gefahren. Es ist eine Zeit, in der man anfängt, etwas über das Leben zu lernen und wie man es leben kann. Aber für die Kinder von heute ist es schwieriger denn je, über das Leben zu lernen. Die Welt verändert sich so rasant. Allzu leicht fühlen sie sich verwirrt oder unsicher, nur allzu oft verlieren sie die Orientierung. Es gibt einen Kompass, dessen Verwendung Kinder lernen und mit dem sie ihren Weg durchs Leben finden können. Dieser Kompass heißt Vipassana-Meditation."

Der Kompass, Karuna Films.

Maßgeschneiderte Kurse

In vielen Vipassana-Zentren in westlichen und asiatischen Ländern werden, speziell für Kinder und Jugendliche konzipierte, kurze Kurse angeboten. Kurse für Kinder variieren in der Länge von einem bis drei Tagen, je nach Alter, Ernsthaftigkeit des Kurses und Ort. Jugendliche werden in zwei Altersgruppen unterrichtet: 8–12 und 13-16 Jahre. Im Allgemeinen übernachten sie während der zwei- oder dreitägigen Kurse im Zentrum.

Kinder kommen aus ähnlichen Gründen und mit denselben Hoffnungen wie Erwachsene, um Meditation zu lernen. Manche hoffen, „netter im Umgang" zu werden, andere wünschen sich, mit stressigen Situationen besser umgehen zu können oder selbstbewusster zu werden. Manche kennen Meditation vielleicht durch ihre Eltern oder Freunde, für andere ist es eine gänzlich neue Erfahrung.

In diesen kurzen Kursen wird den Kindern der vorbereitende Schritt zum Erlernen von Vipassana, die Anapana-Meditation, vermittelt. Zeiten von Anapana und Gesprächsrunden wechseln sich ab mit körperlichen und kreativen Aktivitäten, die an Themen aus der Meditation anknüpfen.

Der Kurs beginnt mit einem kurzen Treffen, bei dem sich die erwachsenen Helfer vorstellen und den Lageplan des Zentrums, den Zeitplan und die grundlegenden Regeln erklären, deren Einhaltung von den Kindern erwartet wird.

Anschließend betreten die Kinder die Meditationshalle, wo sie die Lehrer treffen und die ersten Anweisungen erhalten. Als erstes versprechen sie, während der Zeit, die sie im Zentrum verbringen, den moralischen Verhaltensregeln zu folgen, das heißt, alle Worte oder Handlungen zu vermeiden, die andere verletzen und den eigenen Geist aus dem Gleichgewicht bringen würden. Das ist ein wesentlicher Bestandteil der Technik. Er hilft den Kindern, ruhig und still genug zu werden, um nach innen blicken zu können.

Als nächstes beginnen sie zu meditieren, indem sie die Anapana-Technik lernen, die Bewusstheit des Atems, um den Geist zu konzentrieren und zu beruhigen. Die Kinder werden gebeten, ihre Augen zu schließen und zu versuchen, sich des natürlichen Atems bewusst zu sein, wie er durch die Nasenlöcher herein- und hinausströmt. So einfach diese Übung ist, so überraschend schwierig kann sie sein: Der Geist schweift immer wieder in Erinnerungen ab, in Phantasien, Ängste, Hoffnungen oder manchmal auch in den Schlaf.

ॐ

„Als sie mir erklärt haben, was Meditation ist und die Gründe, warum Menschen das machen, hat mir das, glaube ich, sehr geholfen. Und als wir das erste Mal meditiert haben, da habe ich mir alle Mühe gegeben, weil ich wusste, dass mir das guttun würde."

Carla, 13 Jahre.

ॐ

„Als Geburtstagsgeschenk wollten meine Freunde zum Abseilen gehen und da habe ich es verpasst!"

Meredith, 13 Jahre.

ॐ

„Am Freitagnachmittag habe ich gemerkt, dass es geregnet hat und fand die Meditation wegen der Schule schwierig. Ich konnte Dinge hören, die Leute gesagt haben, weil normalerweise freitags alle so aufgedreht sind, und es war ein bisschen hektisch,

zum Zentrum zu kommen. Am Samstagmorgen sangen die
Vögel und ich konnte ganz leicht meditieren."

Peter, 13 Jahre.

Die Aufgabe besteht darin, den Geist immer wieder auf das
gewählte Objekt zurückzubringen, bis er allmählich anfängt,
dort zu bleiben und sich zu konzentrieren. Natürlich geschieht
das nicht auf Anhieb. Es erfordert Zeit und Übung.

∿

„Der Atem kommt herein, geht hinaus, kommt herein, geht
hinaus... Plötzlich wurde mir klar, dass all die Affen in meinem
Geist aufhörten, hin und her zu springen... Ich glaube, ich
fange an, zum Meister meines Geistes zu werden, und ich
fühle mich so friedlich."

The Path of Joy, Veronica Logan.

Die Kinder meditieren bis zu einer halben Stunde am Stück.
Anschließend teilen sie sich in Gruppen auf und besprechen ihre
Erfahrungen. Dabei steht ihnen ein Berater zur Seite, der Fragen
beantwortet, Unklarheiten beseitigt und Anleitung gibt.

*Nehmen wir also einmal an, dass du zum Abendessen in der
Schlange stehst. Es sind nur noch zwei Ofenkartoffeln übrig,
und du hast ziemlich großen Hunger. Doch da steht noch einer
hinter dir an. Was wirst du jetzt tun?*

Der volle Zeitplan enthält auch Pausen und Ruhezeiten.
Auf der Liste stehen Spiele, Körperübungen, das Erzählen von
Geschichten und verschiedene kreative Aktivitäten. Bei einem Kurs
entwarf und fertigte die Gruppe ihre eigenen Meditationskissen.
Bei einem anderen malten sie lebensgroße Portraits von sich
selbst, um sie am folgenden ‚Tag der offenen Tür' des Zentrums,
mit Wegweisern versehen, aufzustellen.

Mit der Zeit kommen die Kinder in den Rhythmus des Kurses. Sie haben Spaß an den Aktivitäten, lernen sich gegenseitig kennen und beginnen, die Meditationssitzungen zu schätzen.

❧

„Ich weiß nicht, wie es dir geht, aber ich fühle mich nach all dem viel besser. Die Vorsätze draußen einzuhalten ist schwierig, auf seine Worte aufzupassen und nicht zu verletzen, wenn man selbst verletzt worden ist. Und was macht man, wenn sich Freunde prügeln?"

„Über die Erfahrungen zu reden hilft wirklich und macht die eigentliche Meditation leichter..."

Rückmeldung von Jugendlichen nach dem Kurs, GB, 1998.

Sie beginnen auch, den Sinn dessen, was sie tun, zu verstehen. Der Geist, so wird ihnen gesagt, ist eine Mischung aus positiven und negativen Eigenschaften. Während sie meditieren, können sie dies im Spiel der Gedanken, die an ihnen zerren, selbst erleben. Sobald es ihnen gelingt, die Aufmerksamkeit auf dem Atem zu halten, auf der Realität des gegenwärtigen Augenblicks, schwinden die negativen Gedanken und das Positive bleibt übrig. Die Wahrnehmung des Atems wird zu ihrem besten Freund, der stets zur Stelle ist, um ihnen in Schwierigkeiten zu helfen.

❧

„Als ich ankam, war ich vor allem wegen der Schule besorgt, weil sich in letzter Minute noch so viele Hausarbeiten aufgetürmt hatten. Aber auch wenn mich das immer noch stört, bin ich jetzt viel entspannter und habe es ins rechte Verhältnis gesetzt. Anstatt mich deshalb zu stressen, versuche ich Möglichkeiten zu finden, wie ich es schnell erledigen und effizienter arbeiten kann. Dieses Wochenende hat mir auch bewusst gemacht, wie negativ ich manchmal über Menschen urteile, obwohl ich sie eigentlich gar nicht kenne. Ich werde mich von nun an mehr bemühen, allen eine faire Chance zu geben, bevor ich mich festlege, wie sie sind."

Petra, 16 Jahre.

❧

„Meine Meditation lief gut. Mit etwas Übung wird es einfacher und natürlicher. Ich würde gerne aufmerksamer werden, gegenüber allem, was mich umgibt, vor allem gegenüber Menschen, und wacher und achtsamer. Und ich wäre auch gern nachsichtiger, ich finde es schwierig, eine Beziehung zu kitten, nachdem man sich verfeindet hat. Abgesehen von der Meditation mag ich am Zentrum vor allem die Umgebung, die Atmosphäre und die Leute. Wenn ich hier bin, fühle ich mich sehr weit weg von meinen Problemen, es gibt keine Zickereien und es ist sehr vertrauensvoll. Alle sind nett, keiner klaut, man muss sein Zimmer nicht abschließen…"

Kim, 16 Jahre.

❧

„Ich bin immer wieder beeindruckt von dem großen Eifer, den sie an den Tag legen, sie sind bei ihrer Meditation wirklich unermüdlich. Normalerweise hören Kinder sofort mit etwas auf, das sie nicht mögen und machen mit etwas anderem weiter. Aber hier kommen sie trotz der Schwierigkeiten immer wieder zum Atem zurück. Das ist für sie so eine erfrischende Abwechslung, und sie gewinnen dadurch etwas wirklich Wertvolles. Die Kurse sind eine wunderbare Gelegenheit, mit jungen Menschen zu arbeiten, die daran interessiert sind, auf eine spirituelle Reise zu gehen, die bereit sind, zuzuhören und sich auf etwas Neues einzulassen."

Reinette Brown ist Kinderkurs-Lehrerin.
Sie arbeitet an einer englischen Grundschule,
wo sie eine erste Klasse unterrichtet.

Achtsamkeit in der Schule

Die Anapana-Technik wird nicht nur in Vipassana-Zentren gelehrt. Auch Schulen haben sich nach Kursen erkundigt und Zeiten eingerichtet, in denen die Kinder während der Schulzeit meditieren können. Warum?

Überall auf der Welt tendiert die moderne Bildungskultur dazu, intellektuelles Wachstum und akademische Abschlüsse gegenüber anderen Aspekten der persönlichen Entwicklung zu priorisieren. Die emotionalen und spirituellen Dimensionen, die für die Entwicklung einer individuellen Persönlichkeit so wichtig sind, werden häufig ausgeblendet oder vernachlässigt. Eltern und Schulen erkennen zunehmend, dass etwas fehlt, wissen aber meist nicht, wie sie Kindern in Bezug auf ihr inneres Wachstum helfen können. Anapana-Meditation bietet hierfür eine Lösung. Mit der Entwicklung der Selbstwahrnehmung durch die Beobachtung des Atems, können junge Menschen ab dem Grundschulalter lernen, in sich hineinzuschauen und mit ihren eigenen Bedürfnissen in Berührung zu kommen. Die Fähigkeit, mit einem ausgeglichenen Geist in der Gegenwart zu leben, fördert eine positive Haltung und Ausrichtung. Durch ihre eigene direkte Erfahrung lernen Kinder eine einfache, klare und logische Botschaft: indem sie andere durch ihre geistigen, verbalen oder körperlichen Handlungen nicht verletzen, helfen sie tatsächlich sich selbst und den Menschen in ihrem Umfeld.

Indien ist ein säkulares Land, in dem es staatlichen Schulen nicht erlaubt ist, eine bestimmte Religion zu unterrichten. Anapana-Kurse wurden von vielen Schulen als eine Möglichkeit begrüßt, eine Lernmethode einzuführen, die auf die Gesamtentwicklung des Kindes abzielt und allgemein akzeptabel und frei von Kontroversen ist. Die Vermittlung menschlicher Werte ist das Herzstück von Erziehung. Aber der jungen Generation Moral beizubringen ist schwierig und kann unter Umständen kontraproduktiv sein, wenn keine wirksame Technik zur Verfügung steht, um den Geist zu trainieren. Anapana-Kurse decken diese beiden Bereiche ab.

Es gibt einige Schulen, an denen Anapana-Meditation als Teil des Lehrplans eingeführt wurde und die täglich eine halbe Stunde Meditationszeit anbieten. An anderen Orten praktiziert die gesamte Schule täglich für fünf bis zehn Minuten und jedes Jahr werden Kurse zum Auffrischen der Technik angeboten. Die Lehrer der Schule werden angehalten, zusammen mit den Schülern an den Kursen teilzunehmen, damit sie mit gutem Beispiel vorangehen und in dieser konstruktiven Maßnahme zu Partnern werden können. Kinder sind misstrauisch gegenüber Predigten, sie mögen keine Vorträge, aber wenn sie sehen, dass sich ihr Lehrer oder ihre Lehrerin mit der gleichen Aufgabe beschäftigt, die er oder sie von ihnen verlangt, dann lassen sie sich leicht und eifrig darauf ein.

❧

„Ich meditiere gern, weil es mir schon nach einem zweitägigen Kurs sehr hilft. Ich werde das weiter üben und nicht aufgeben. Ich war sehr froh, als ich gehört habe, dass wir in der Schule jeden Morgen meditieren werden."

Mohammed, 13 Jahre.

❧

„Sich auf den eigenen Atem zu konzentrieren, ist nicht sehr anstrengend, weil wir uns auf etwas konzentrieren, das wir schon haben, worauf man sich sehr leicht konzentrieren kann. Natürlich fühlst du dich anfangs unruhig, aber nach einer Weile wird es ziemlich mühelos."

Rajesh, 16 Jahre.

❧

„Einmal habe ich mit einer meiner Freundinnen gestritten und wollte sie gerade anschreien, aber nein, dachte ich, das kann ich doch nicht machen. Also habe ich mich für ungefähr eine Minute auf meinen Atem konzentriert und kam so wieder runter... ich habe sie nicht angeschrien."

Nassim, 16 Jahre.

❧

„Der Meditationskurs war definitiv ein sehr positiver Schritt in Richtung Selbstverbesserung. Auch als Erwachsene haben wir viel gelernt, und ich fühle schon Veränderungen in mir, dem Leben aktiver zu begegnen und das kann sich nur durch regelmäßige Meditation verbessern. Es brachte mir auch ein friedliches Gemüt. Ich bin ernsthaft der Meinung, dass es Teil des Lehrplans in der Schule sein sollte."

Manju Rajan ist Klassenlehrer an der Gitanjali Senior School,
Hyderabad, India.

❧

Fragebögen, die an Eltern und Lehrer geschickt wurden, bestätigen die Wirksamkeit der Kurse auf das Verhalten von Jugendlichen. Negative Eigenschaften wie Streitsucht, Schimpfwörter, Stören im Unterricht und verschiedene Auffälligkeiten nehmen ab. Gleichzeitig nehmen positive Eigenschaften wie Ehrlichkeit, Hilfsbereitschaft und Selbstvertrauen zu. Die schulischen Leistungen derjenigen, die zu Hause oder in der Schule weiter meditieren, verbessern sich ebenfalls, weil Meditation hilft, die Konzentration und das Gedächtnis zu entwickeln.

Auf diese Weise erleben Tausende junger Menschen in Indien die Vorteile der Anapana-Meditation, nicht nur in Regelschulen, sondern auch in speziellen Einrichtungen wie in Justizvollzugsanstalten, Waisenhäusern,

Rehabilitationsheimen und Schulen für Blinde und Kinder mit unterschiedlichen Beeinträchtigungen.

Erste Kontakte wurden auch mit Schulen in Australien, Nordamerika und Europa geknüpft, wodurch eine kleine Anzahl Kinder mit dem Üben von Anapana begonnen hat. In Deutschland schickte eine Schule eine gesamte Schulklasse für einen dreitägigen Kurs ins Zentrum. In den USA wurde ein Anapana-Programm in einem Sommerferienlager in Washington organisiert und in Kalifornien werden Kinder eingeladen, an einem Kurs im örtlichen Vipassana-Zentrum teilzunehmen.

❧

Karen Donovan, Lehrerin an einer Schule und Kinderkurs-Lehrerin in den USA, erinnert sich, wie die Technik einem Jungen in einer unerwarteten Notsituation geholfen hat:

> „Vor ein paar Jahren wurde Andrew, einer unserer Schüler, die einen Kinderkurs besucht hatten, während unseres Jahresabschlusscamps krank. In der Woche nach unserer Rückkehr wurde er ins Krankenhaus eingeliefert und ist beinahe an einer schweren allergischen Reaktion auf Medikamente gestorben, die er für seine Krankheit bekommen hatte. Sein ganzer Körper, innen wie außen, schwoll stark an und bekam Blasen. Die Ärzte gingen davon aus, dass er blind sein und schwere Hirnschäden davontragen würde, sollte er überhaupt überleben, denn seine Überlebenschancen waren gering. Sein älterer Bruder Casey (ein ehemaliger Schüler von uns), der auch am Kinderkurs teilgenommen hatte, hat zusammen mit ihrer Mutter Katherine an seiner Seite Wache gehalten. Sie selbst hatte noch keinen Kurs besucht. Katherine erzählte uns später, dass Casey seinen Bruder jedes Mal, wenn er zu Bewusstsein kam, daran erinnert hat, seinen Atem zu beobachten und Anapana zu praktizieren. Er wusste, welch unerträgliche Schmerzen Andrew hatte und dachte, das könnte ihm helfen, damit umzugehen. Andrew sagte später, dass er Anapana während seiner Zeit im Krankenhaus

angewendet und dass es ihm gegen die Schmerzen geholfen hat; und auch gegen die Langeweile, die er während der langen Wochen der Genesung erleben musste.

Andrew erholte sich vollständig und erlangte sein Augenlicht wieder ganz zurück. Im folgenden Jahr, als wieder ein Kinderkurs angeboten wurde, nahmen beide daran teil und praktizierten sehr ernsthaft. Andrew, der die Angewohnheit hat, andere Kinder zu hänseln, sagte mir, er hoffe, dass Anapana ihm dabei helfen würde, diese Angewohnheit zu durchbrechen, weil er weiß, dass er damit die Gefühle anderer verletzt und das falsch ist. Er sagte: ‚Ich muss die Kontrolle über meinen Geist entwickeln, damit ich mich selbst davon abhalten kann.'"

In der westlichen Welt sind Kinder heute schon vor der Pubertät zunehmend anspruchsvoll, imagebewusst, anfällig für Gruppenzwänge und betrachten sich mehr als junge Erwachsene und nicht als Kinder. Obwohl die meisten von ihnen nicht zu einer stark religiösen Identität erzogen werden, können sie doch spirituell veranlagt sein. Sie fragen nach und sind neugierig, verlieren aber ihr Interesse, wenn man ihnen sagt: ‚So ist das eben.' Sie sind sozial und umweltbewusst, haben einen Sinn für Gerechtigkeit und die Fähigkeit, moralische Fragen intellektuell zu reflektieren. Sie reagieren auf die Einladung, nach innen zu schauen und selbst zu entdecken, was Realität ist. Sie sind daran interessiert, die Geheimnisse des Geistes aufzudecken. Das Erlernen von Anapana hilft, die Kluft zwischen intellektuellem Verstehen und angemessener Handlungsweise zu überbrücken. Auch für die Eltern bietet es eine Gelegenheit zu echter spiritueller Unterweisung, frei von allen religiösen Bekenntnisinhalten.

ঙ

Olwen: „Kurse helfen ihnen, die Grundlage, nämlich die moralischen Verhaltensregeln zu verstehen, und man versucht doch, sie in die Praxis umzusetzen, oder? Es würde einem beispielsweise nicht leichtfallen, jemandem etwas wegzunehmen, das würde einfach keinen Sinn machen…"

Stephanie: „Wenn du die fünf ‚Versprechen' kennst, versuchst du, sie nicht so oft zu brechen, z.B. die Gefühle anderer nicht zu verletzen, nicht zu lügen oder absichtlich auf Insekten zu treten."

Steve: „Das ist an sich schon eine enorme Leistung, denn obwohl Stephanie am Religionsunterricht teilnimmt, bedeutet das eigentlich nichts. Es ist ein Schulfach, das auf seine eigene Weise unterrichtet wird, mit seinen eigenen Dogmen und Zielen. Kinder wollen nur ihren Abschluss machen, den nächsten Schritt auf der Bildungsleiter tun. Es bedeutet nicht wirklich etwas."

Olwen ist Gärtnerin, Steve Krankenpfleger und Stephanie,
15 Jahre alt, geht auf die örtliche High School. Gespräch der
Familie Smith aus Liverpool.

❧

Lorraine Mitchell hat auf Kursen in Indien und ihrer Heimat Australien als Helferin gearbeitet:

„Als Erzieherin und Betreuerin wird von mir erwartet, Kinder in keine spezielle Richtung zu drängen, sondern ihnen alle Möglichkeiten offen zu lassen. Es ist bedauerlich, dass dies zu einer Art Lähmung auf Seiten der Erziehungsberechtigten unserer Kinder und zu einem überwältigenden Gefühl der Belastung für unsere Jugend geführt hat. Als junge, formbare Geister erwarten sie von uns, dass wir ihnen beibringen, wie sie die Türen zu Erfahrungen schließen können, die sie und andere schädigen könnten. Kinder auf dem Weg zur Harmonie zu begleiten, kann nicht gefährlich sein. Es ist vielmehr unsere menschliche Pflicht, junge Menschen zu ermutigen, sich um ein harmonisches und nützliches Leben zu bemühen."

❧

Der Unterschied, den ein Kurs bewirkt, kann sogar ihren Lehrer überraschen:

„Der Unterschied war wirklich bemerkenswert. Dieselbe Klasse von dreiundzwanzig jugendlichen Rowdys, die früher jeden im Zug auf die Palme gebracht hatten, plauderten auf dem Heimweg leise miteinander, boten ihre Plätze an und wurden von anderen Fahrgästen gelobt."

Peter Baumann unterrichtet Oberschüler in Süddeutschland.
Er und seine Frau Anita sind auch Lehrer für Kinderkurse.

Weise Köpfe auf jungen Schultern

Nach einem Kurs hoffen Eltern und Lehrer, dass die Jugendlichen zu Hause weiter regelmäßig Anapana üben. Manchmal geschieht dies auch, aber in den meisten Fällen kehren sie nur gelegentlich und nur als Reaktion auf bestimmte Situationen oder Bedürfnisse zur Meditation zurück.

Was die Erfahrung der Meditation jemandem gegeben hat, kann nicht leicht gemessen werden. Sie mag vielleicht nur einen guten Samen säen oder einen Schössling nähren. Vielleicht fühlt sich jemand, wenn er dazu bereit ist, ermutigt, einen vollen Vipassana-Kurs zu besuchen, um zu lernen, wie man den Geist auf einer tieferen Ebene reinigt. Das ist so, als ob sie zur Vollendung des Ganzen den Boden und die Wände ihrer Meditationshütte mit einem Dach versehen würden.

❧

„Zum ersten Mal habe ich von dieser Art der Meditation durch meine Tante gehört, als ich neun Jahre alt war. Seitdem bin ich zu vielen Kinderkursen gekommen. Die Meditation hat auf jeden Fall die Art und Weise beeinflusst, wie ich ans Leben herangehe. Ich habe gelernt, mich Situationen zu stellen, in denen es Wut und Frustration gibt und mir zu sagen: ‚Sei ruhig, atme!' Diese Haltung unterscheidet sich sehr von der vieler meiner Freunde, und ich hoffe, dass sie meine Reaktionen beobachten und davon lernen... Die Kurse waren wunderbar, weil ich viele neue Leute, junge und alte, kennengelernt und die Natur genossen habe – etwas, das ich in der Stadt nicht jeden Tag sehe. Ich finde allerdings, dass die Meditation zu Hause schwieriger ist, weil keiner meiner Eltern sie auch ausübt. Ich versuche, jeden zweiten Tag zu meditieren und auch in stressigen Situationen wie z.B. bei Prüfungen. Indem ich immer wieder zu Kursen ins Zentrum zurückgehe, lerne ich dazu und kann so in meiner Übungspraxis Fortschritte machen. Ich hoffe, dass ich bald so weit sein werde, einen vollständigen 10-Tage-Kurs abzuschließen, nach der Universität Indien zu besuchen und dort vielleicht auch einen Kurs zu machen."

Tracey Shipton, 17 Jahre, lebt in London, arbeitet zur Überbrückung für einen Webseiten-Betreiber, bevor in einem Jahr ihr Studium beginnt.

❧

Mit der Zustimmung der Eltern kann ein Jugendlicher ab 16 Jahren einen Vipassana-Kurs besuchen. Sarah Brightwell aus Australien, die an ihrem ersten Kurs ausnahmsweise mit 10 Jahren teilnahm, erinnert sich an einen Wendepunkt:

„Dieser Tag war wahrscheinlich der beste Tag des ganzen Kurses. Ich war voller Ärger, Gemeinheit und Gehässigkeit und wollte nichts tun, zu dem ich keine Lust hatte, und das zeigte ich allen sehr deutlich. Aber später am Abend realisierte ich, dass dies der Tag war, an dem mich all meine Negativitäten plötzlich nicht mehr mochten und entschieden haben, zu jemand anderem zu gehen, und da war ich plötzlich glücklich."

❧

Kim Burgess, jetzt an der Universität, nahm ebenfalls vor ihrer Teenager-Zeit an einem 10-Tage-Kurs teil und praktiziert seither regelmäßig:

„Es ist schwierig für mich, mir vorzustellen, wie anders mein

Leben ohne dieses Werkzeug ,Vipassana' abgelaufen wäre, weil es zu einem integralen Bestandteil meines Lebens geworden ist. Ich erinnere mich, dass ich schon als kleines Mädchen nach dem Sinn des Lebens gesucht und mich gefragt habe, warum wir hier inmitten von so viel Elend leben, warum die Freude so kurzlebig ist. Vipassana hat mir die Antworten darauf gegeben… Es hat mir eine tiefe innere Sicherheit und Selbständigkeit vermittelt, durch die Erkenntnis, dass ich niemandem sonst die Schuld geben kann, sondern für die Zukunft ganz allein verantwortlich bin."

༄

Kamala Gedam, 17, aus Südindien, hilft Vipassana, schwierige Zeiten zu bewältigen:

„Früher hatte ich depressive Phasen (obwohl es dafür keinen ersichtlichen Grund gab) und Zeiten, in denen ich sehr aufmüpfig wurde. Das passiert mir immer noch manchmal, wie den meisten Teenagern. Allerdings merke ich, dass ich nicht mehr so viel Zeit mit Grübeln oder Antriebslosigkeit verbringe wie früher. Meine Haltung gegenüber meinem Studentendasein hat sich ebenfalls verändert. Obwohl ich für meine rebellische Natur bekannt bin, bin ich auf jeden Fall ruhiger und optimistischer geworden."

༄

Die Meditationspraxis wird immer Einzelnen helfen, in Dhamma zu wachsen, aber sie ist nicht unbedingt für jeden geeignet. Ein liebevolles, respektvolles und unterstützendes familiäres Umfeld ermöglicht es Jugendlichen, ihre eigenen, klugen Entscheidungen zu treffen.

„Ich habe nie das Gefühl gehabt, dass es das erklärte Ziel in Stephanies Jugend ist, zu lernen, wie man meditiert. Ich hatte immer das Gefühl, dass Meditation ein wesentlicher Bestandteil ihres Dhammas ist, einer gesunden Lebensweise. Und jeder Aspekt von Stephanies Leben ist durch uns von Dhamma erfüllt. Eltern haben einen so wichtigen Einfluss auf ein Kind, damit es, wenn wir es richtig machen, so viel Positives aufnimmt, und wenn es in der Lage ist, für sich selbst zu entscheiden, welchen Lebensstil es führen will, alle Möglichkeiten hat, eine reflektierte Entscheidung und damit eine gute Wahl zu treffen. Ich will einfach nur, dass Stephanie sieht, dass in Vipassana etwas steckt, das wir außerordentlich wertvoll finden, das Wichtigste in unserem Leben, und dass sie so normal wie möglich aufwachsen darf.

Wir sind ehrlich zu ihr. Wir spielen keine Spielchen. Sie weiß, dass wir wollen, dass sie ihre eigene Persönlichkeit hat, und wir versuchen, ihr dabei zu helfen.

Sie muss wirklich aus freien Stücken und zu ihrer eigenen Zeit dazu kommen, und es muss nicht unbedingt bedeuten, dass sie meditiert."

Im Gespräch mit der Familie Smith, Liverpool, GB.

❧

Vom Kleinkind bis zum Teenager, Eltern finden auch, dass sie viel von Kindern in der Familie lernen können.

„Eltern zu sein ist möglicherweise eine der schwierigsten und heikelsten Aufgaben in unserer Gesellschaft. Es erfordert unendliche Geduld. Um ein guter Vater oder eine gute Mutter zu sein, muss man unendliche Liebe gepaart mit absoluter innerer Unabhängigkeit haben. Sind das nicht die Qualitäten, die uns Dhamma lehrt? Die Ankunft des eigenen Kindes ist ein perfekter Test dafür, ob man diese Qualitäten durch Meditation in sich selbst wirklich entwickelt hat. Zuerst kommen die schlaflosen Nächte nach der Geburt. Als meine Tochter geboren wurde, habe ich wochenlang drei Stunden täglich geschlafen und zwei Stunden gesessen. Dann kommen die Wutanfälle, ganz zu schweigen von den ständigen Forderungen und der völlige Verzicht auf jede Art von Freiheit. Aber das Schlimmste ist die Bindung, die starke Anhaftung, die man seinem Kind gegenüber entwickelt... Man muss sich sehr sorgfältig beobachten. Wir sehen ja, wie viele Eltern ihre Kinder mit ihrem starken Ego und ihrer Anhaftung verziehen oder damit sogar zerstören: ‚Mein Kind soll so und so sein.'"

Sachiko Weeden ist Inhaberin einer Schule in Japan.

❧

„Durch all die Veränderungen, die ein kleines Kind mit sich bringt, habe ich den Lebensrhythmus verloren, den ich während der Schwangerschaft angenommen hatte und war nicht mehr in der Lage, regelmäßig zu meditieren. Ich konnte spüren, wie sich das auf mich ausgewirkt, mich geschwächt hat. Deshalb war ich sehr glücklich, als ich nach eineinhalb Jahren meinen zweiten 10-Tage-Kurs sitzen und meine Batterien wieder aufladen konnte."

Susan Weber lebt mit ihrem Mann und
ihrer kleinen Tochter in der Schweiz.

❧

Amala, eine bekannte indische Schauspielerin, hat ebenfalls während der Schwangerschaft mit ihrem ersten Kind an einem Kurs teilgenommen:

„Während der Schwangerschaft und Geburt praktizierte ich die Meditation, entdeckte dabei langsam meine innere Stärke, baute meine Negativitäten ab und schickte bewusst *mettā*, liebevolle Güte, in die Welt. Ich führte mit dem Baby in meinem Bauch lange Gespräche mit *mettā*, begrüßte es in der Welt und bot ihm meine Liebe an. Das alles klingt vielleicht lächerlich, aber jede Mutter, die ihr Kind erwartet, macht eine tiefe Erfahrung bezüglich des neuen Lebens, das in ihr wächst. Als Akhil geboren wurde, hatte er die Augen weit geöffnet und blinzelte. Alle sagten, dass er so friedlich sei. Ich lächelte und sagte: ‚Er ist ein Dhamma-Baby.'

Während des Kurses habe ich die Verbundenheit zwischen Akhil und mir stark gespürt. Dhamma half mir zu verstehen, dass er mir nicht gehört. Ich bin nur seine Beschützerin – seine Ratgeberin. Er ist jetzt viereinhalb Jahre alt. Jeden Morgen und Abend lässt er mich meditieren, ohne mich zu stören. Er kommt höchstens leise in den Raum und legt seinen Kopf in meinen Schoß, bis ich fertig bin oder er flüstert mir ins Ohr, was er zu sagen hat, und ich flüstere mit geschlossenen Augen zurück. Manchmal, wenn er furchtbar quengelig ist, wie Vierjährige manchmal eben sind, sage ich zu ihm, dass er schnell wieder glücklich sein kann, wenn er seinen Atem beobachtet. Er schließt seine Augen für ein paar Sekunden und springt dann fröhlich davon. Vielleicht macht er nicht bewusst, was ich ihm sage, aber wenigstens versteht er, dass es eine Entscheidung ist, glücklich oder unglücklich zu sein! Genauso versteht er die Bedeutung von Stille. Mein Bedürfnis, weitere Kurse zu sitzen – und für zehn Tage weg zu sein – akzeptiert er ohne jegliche Fragen. Die Trennungen haben ihn weiser und unabhängiger als die meisten Kinder in seinem Alter gemacht. Während sich Ärger und Ungeduld durch Vipassana und die Kraft von *mettā* reduzieren, ist jeder Tag ein Wunder und eine Freude für eine Mutter und ihr Dhamma-Baby."

❧

Steve Rann ist Handwerker und Gabrielle Akupunkteurin. Sie trafen sich in Australien, zogen zunächst ins ländliche Wales und ließen sich dann in England nieder, um ihre Familie zu gründen.

„Es ist so ein unschätzbarer Segen, Kinder zu haben… Der Geist ist an der Oberfläche ganz klar, und von den Verhaltensmustern her sind sie wie Erwachsene.

Es ist faszinierend zu sehen, wie zwei Jungen mit dem gleichen Hintergrund so unterschiedlich sein können, wie sich ihre jeweiligen Qualitäten in unterschiedlicher Umgebung entwickeln oder unterdrückt werden. Dieser Umstand legt uns eine besondere Verantwortung auf… Dhamma ist etwas, das man mit der Familie teilen kann, mit Freunden und in unserem Arbeitsleben. Andere zu kennen, die meditieren und ganz normale Menschen sind, die eine gute Zeit haben, ist wichtig für die Kinder. Sind sie älter und setzen sich mit Alkohol und Drogen auseinander, dann erscheint es ihnen nicht so abwegig, abstinent zu leben, wenn sie bereits Menschen kennen, die solche Dinge nicht konsumieren...

Die Kinder haben mir dabei geholfen, mitfühlender und geduldiger mit ihnen und auch mit Erwachsenen zu werden...

Sie waren großartige Lehrer für uns."

Im Gespräch mit der Familie Rann, Hereford, GB.

Auf andere Weise wachsen

„Zuerst ist es eine Herausforderung, aber es macht trotzdem Spaß. Es ist gut, sich selbst zu beobachten..."

„Menschen haben unterschiedliche Ansichten über Meditation. Manche denken, es ist Zeitverschwendung. Aber wenn man es ernsthaft betreibt, wird man immer freundlich, ehrlich und vertrauenswürdig und bei allen beliebt sein..."

Rückmeldung von Jugendlichen nach dem Kurs.

❦

Bis vor kurzem wurde Meditation in Indien mit Alter und Rückzug aus dem aktiven Leben in Verbindung gebracht. Aber heute sind College-Studenten die größte Gruppe, die Vipassana-Kurse besucht, und es wurde sogar ein Zentrum auf einem Hochschulcampus eingerichtet. Obwohl Meditation in der westlichen Welt bisher noch keine Trendaktivität ist, breitet sich das Programm der Kurse für Kinder und Jugendliche mit ermutigenden Ergebnissen aus. In den Schulen gibt es immer mehr Kinder mit Verhaltensauffälligkeiten und Aufmerksamkeitsdefiziten. Die Anapana-Meditation hat ein enormes Potential, diese Situation zu verbessern, und wenn sich der Nutzen für Heranwachsende aller Altersgruppen immer mehr herumspricht, dann wird sich das Interesse daran auf jeden Fall noch verstärken.

Vieles, was jungen Menschen heutzutage angeboten wird, basiert auf Materialismus und sofortiger Befriedigung von Wünschen. Durch Meditation lernen die Jugendlichen einen anderen Ansatz, einen Weg, nach innen zu schauen, um ihre Probleme zu lösen. Mit dem Kompass der Meditation in ihren Händen, finden sie einen Weg, der zu ihrem eigenen Glück und zum Glück anderer führt.

KAPITEL 9

HEILENDER GEIST –
GESUNDHEIT UND VIPASSANA

„Abenteuer: Bergsteigen, Klettern, Wandern, Wildwasserrafting, Kanufahren, Höhlenexpeditionen, Abseilen am Fels, Trucks, Busse, Autos, Motorradfahren, Fahrradfahren, Flugzeuge, Hubschrauber, per Anhalter fahren, Reisen. All das habe ich um der Erfahrung willen ausprobiert, entweder in dem Versuch, die Angst zu überwinden oder um zu sehen, wie nahe ich der Linie, wie ich es nenne, oder dem Tod, diesem großen Entsetzen, kommen kann. In der Meditation kommt der Tod mit jeder Ausatmung, also wie viel näher will man ihm noch kommen?"

Nat Cohen machte seinen ersten
Vipassana-Kurs im Cyrenian House,
einem Rehabilitationszentrum für Drogenabhängige in Perth
(Australien), wo er als Akquisiteur von Spenden arbeitete.

❧

Siddharta Gotama wuchs als Prinz heran, umgeben von allen Luxusgütern des königlichen Haushalts. Obwohl er von Kindheit an ein meditatives Leben bevorzugte, wollte sein Vater, dass er ein großer Herrscher würde. Der König tat, was er konnte, um die Aufmerksamkeit seines Sohnes auf weltliche Dinge zu lenken und ihn von den harten Realitäten des täglichen Lebens abzuschirmen. Die Geschichte besagt, dass der zukünftige Buddha jedoch bei mehreren aufeinander folgenden Ausflügen erst einem vom Alter gezeichneten Greis begegnete, dann einem Kranken, einem Leichnam und einem Mönch. Diese Begegnungen veranlassten ihn, über das Leiden nachzudenken, und danach zu streben, Wege der Befreiung zu finden. Er beschloss, den Palast, die Familie und seinen vorgezeichneten Lebensweg aufzugeben, um sich auf die Suche nach der Wahrheit zu begeben. Die Reise dauerte sechs Jahre und führte ihn, über die Extreme von Luxusleben und Selbstquälerei hinaus, zur Vipassana-Praxis und zur Erlangung der vollständigen Erleuchtung als Buddha.

Die eigenen Grenzen durch Reisen und Abenteuer auszutesten, war früher Exzentrikern vorbehalten. Heutzutage scheint das jeder zu machen. Manchmal gehen die Suchenden wie der Buddha den ganzen Weg und finden am Ende sich selbst. Sie begreifen, dass sie die gesamte Außenwelt ziemlich genau im eigenen Inneren wiederfinden und dass man in der Meditation der unverfälschten Version seiner selbst begegnet und lernt, mit ihr umzugehen.

Körper – Geist

Was genau ist denn eigentlich dieses Wohlbefinden, nach dem wir suchen? Gute Gesundheit erfordert einen Zustand völligen Gleichgewichts zwischen Körper, Geist und Umgebung. Krankheit stellt sich ein, wenn dieses Gleichgewicht verloren geht. Der ganze Mensch besteht aus einer Kombination physischer, mentaler und sozialer Faktoren. Jeder dieser Faktoren trägt zur Erhaltung unseres Gesundheitszustands bei. Aber von all diesen Faktoren ist der Geist der wichtigste, denn er ist die zentrale Steuerungskraft unseres gesamten Lebens und Handelns. Vipassana ist eine wissenschaftliche Technik der Selbstbeobachtung im Rahmen des eigenen Geistes und Körpers; eine Heilung durch Beobachtung und Teilnahme an den universellen Naturgesetzen (Dhamma), die auf unsere Gedanken, Gefühle, Urteile und Empfindungen einwirken.

Sie zielt auf die völlige Auslöschung geistiger Unreinheiten und Konditionierungen ab, um wirklichen Geistesfrieden zu erreichen und ein glückliches, gesundes Leben zu führen. Vipassana-Kurse sind offen für Menschen mit jedem Hintergrund, sofern sie in angemessener körperlicher und geistiger Gesundheit sind. Und selbst Kranke können teilnehmen, wenn sie in der Lage sind, die Verhaltensregeln einzuhalten, den Anweisungen zum Meditieren zu folgen und entsprechend zu praktizieren – vorausgesetzt das Zentrum verfügt über die entsprechenden Einrichtungen und kann die geeignete Unterstützung anbieten, um den Bedürfnissen dieser Person gerecht zu werden. Speziell angepasste Vipassana-Kurse wurden mit Erfolg für sehbehinderte Schüler abgehalten, für Lepra-Patienten, für Drogenabhängige sowie für Straßenkinder.

Es gibt eine Fülle von Belegen für die positiven Effekte von Vipassana bei einer Vielzahl von gesundheitlichen Störungen, sowohl physischer als auch mentaler Art. Solch positive Auswirkungen auf die Gesundheit sind Nebenprodukte einer tiefen Meditationspraxis, jedoch nicht ihr Hauptanliegen. Heilung – nicht das Kurieren von Krankheiten, sondern die wesentliche Heilung von menschlichem Leiden – ist der Beweggrund für Vipassana.

⁓&

„Ich wurde mit einer Skoliose geboren, einer Fehlbildung der Wirbelsäule. Die meiste Zeit meiner Kindheit verbrachte ich in einem Stützkorsett mit drei Stangen aus rostfreiem Stahl, die aus meinem Hemdkragen ragten und eine Kinnstütze sowie einen Nackenhalter aus Gips unterstützten. Ich habe mich nie daran gewöhnt und konnte mich nie damit abfinden. Ich entwickelte meine eigenen Mechanismen zum Überleben und Aufwachsen, und schaffte es, die Pubertät mit nur wenigen offensichtlichen Schwierigkeiten zu erreichen. Aber der Beginn der Pubertät war ein Alptraum, der sich nicht so einfach abschütteln ließ. Schon früh griff ich zu Alkohol und Drogen und habe das alte Leben meiner

Kindheit generell hinter mir gelassen. Mit 14 wurde ich von meinem Stützkorsett befreit, hatte mir aber inzwischen durch systematischen körperlichen Missbrauch selbst einen anderen Käfig geschaffen. Dann fing ich an zu reisen und kam mit der Vipassana-Technik in Kontakt.

Für etwa neun Jahre lief mein Leben in geregelten Bahnen. Ich arbeitete und hatte eine Beziehung, ich lernte für mein Studium und widmete mich zunehmend der Praxis von Vipassana. Die anfänglichen Verbesserungen, die ich in den ersten Jahren meines Praktizierens bemerkt hatte, wie das zunehmende Gefühl der Ruhe, einem Raum abseits der gewohnten Welt von Reaktion und Unfrieden, hatten sich wieder verflüchtigt. Ohne mich darauf absichtlich auszurichten, fing ich in meiner Praxis an, die Knoten der Anspannung zu lösen, die sich in fast 30 Jahren um meine Deformierung herum aufgebaut hatten. Es war ein wunderbar organisches und natürliches Loslassen, das da stattfand. Ich begann zu begreifen, dass meine Version von Elend eben einfach nur *meine* war. Alle um mich herum hatten ihre eigenen Schwierigkeiten, physisch, mental, emotional, sozial, egal was, es war keiner dabei, der gar keine Probleme hatte. Tatsächlich schien es, dass ich, verglichen mit anderen, eigentlich recht frei war. Wie Goenkaji sagt, es ist sehr einfach, den gröberen Gegebenheiten gegenüber gleichmütig zu bleiben; es sind die weniger offensichtlichen, bei denen es schwerer fällt.

Meine über Jahre hinweg entwickelte innere Lächelndes-Gesicht-Haltung gegenüber meiner Verunstaltung bekam nun ein echtes Fundament aus Mitgefühl mit mir selbst und Gleichmut. Meine Einstellung zu meinem körperlichen Zustand wurde allmählich sehr klar. Mein Aussehen störte mich mehr als das, wie ich war. Mein ganzes Leben lang hatte ich gerne jede Hilfe angenommen, wenn ich sie brauchte und sie mir angeboten wurde, aber ich hatte nie akzeptieren können, dass mein Körper missgebildet war. Das zu akzeptieren war eine ganz grundlegende Sache für mich und wesentlich für wirkliche Fortschritte. Auch hier, sobald ich mich dieser Wahrheit gestellt hatte, wurde es für mich leichter zu sehen, wie meine tägliche Praxis und mein zunehmendes Eintauchen in die Vipassana-Welt, diese äußerst oberflächliche, aber dennoch einschränkende Neurose auflöste."

Dave Lambert hat bei Vipassana-Kursen an vielen verschiedenen Orten in der ganzen Welt Service gegeben.

Vor nicht allzu langer Zeit sahen die Dinge noch ganz anders aus für die selbstbewusste und gesunde junge Frau, die in einem Exportunternehmen arbeitet, das Leben und das Studieren liebt und in ihrer Freizeit meditiert.

„Als Teenager habe ich Essstörungen entwickelt, erst Bulimie, dann Magersucht. Ich habe einen Selbstmordversuch unternommen und mich in einer Reihe von Krankenhäusern in psychiatrische Behandlung begeben. Neben der medikamentösen Behandlung meiner Symptome habe ich angefangen, andere chemische Substanzen, Drogen und Alkohol zu missbrauchen. Im Alter von 20 Jahren war ich stark untergewichtig und mangelernährt, und habe unter einem extremen hormonellen und biochemischen Ungleichgewicht gelitten. Mein Menstruationszyklus hatte komplett aufgehört.

Verzweifelt über unwirksame Behandlungen und geistig wie körperlich erschöpft, hat mir jemand vorgeschlagen, Vipassana zu versuchen. Dann kamen langsame, aber wesentliche Veränderungen. Mir wurde klar, dass ich mehr meditieren musste. Nach zwei Jahren Praxis und diversen Kursen war ich frei von allen Drogen und meine körperlichen Symptome waren auch besser. Nach und nach heilt Dhamma alle Aspekte meines Lebens."

Laura Tolver, 25 Jahre alt,
saß ihren ersten Kurs in Nepal.

◦❧

„Ich war noch sehr jung, als mein Vater an einem Gehirntumor erkrankt ist. Dadurch ist er erblindet und schließlich gestorben. Außerdem habe ich seit meiner frühen Kindheit gestottert und natürlich als Teenager unter einem lähmenden Mangel an Selbstvertrauen gelitten. All diese Dinge zusammen haben bei mir einige seelische Narben hinterlassen, die mich auch in späteren Jahren noch beeinträchtigt haben.

Mit Anfang Zwanzig bin ich an die Universität gegangen, um Philosophie und Anthropologie zu studieren, und in dieser Zeit habe ich auch zum ersten Mal einen Kurs in Vipassana-Meditation besucht. Die Technik, die dort gelehrt wurde, hat einen Weg aufgezeigt, im Moment zu leben und das mit einer Haltung der Ruhe und Ausgeglichenheit des Geistes. Ich habe gemerkt, dass mir das geholfen hat, Selbstwertgefühl und Selbstvertrauen zu entwickeln, und ich habe erkannt, dass meine Sprachbehinderung zum großen Teil aus der Angst bestand, mich in Situationen wiederzufinden, die ich nicht würde bewältigen können. Mit der regelmäßigen Meditationspraxis sind die Befürchtungen und Ängste langsam aber sicher zurückgegangen, mit dem Ergebnis, dass ich weniger gestottert habe.

Obwohl ich einige Gesprächstherapien ausprobiert hatte, fand ich ihre Wirksamkeit eher oberflächlich. Sie beruhten auf simplen Verhaltensänderungen, ohne die Ursachen zu berücksichtigen, während Vipassana sich nur mit diesen Ursachen befasste und die Verhaltensänderungen auf natürliche Weise geschehen ließ."

Tim Lewis, Bauunternehmer, Architekt, Designer,
lebt mit seiner langjährigen Partnerin in Auckland, Neuseeland.
Sie praktizieren weiterhin zusammen Vipassana.

◦❧

„Im Alter von 43 Jahren erlitt ein meditierender Arzt unerwartet einen Schlaganfall, durch den er seine Sprache und den Gebrauch seiner Beine verlor. Als er im Krankenwagen lag und wusste, dass sein Leben in Gefahr war, begann er zu meditieren. Innerhalb weniger Tage war er wieder mobil und begann langsam wieder zu sprechen. An eine normale Arbeit war jedoch nicht zu denken. Wer würde in dieser Situation die Rechnungen bezahlen, die Kinder durch die Schule bringen, die älteren Eltern unterstützen? Er besuchte ein Reha-Zentrum für Schlaganfallpatienten, aber tief in seinem Innern zweifelte er daran, die Behinderung überwinden zu können.

Er trat aus seiner leitenden Stelle in den Vorruhestand und meditierte mit der Unterstützung von Familie und Freunden weiter. Innerhalb von zwölf Monaten durchlebte er eine bemerkenswerte Genesung, saß einen 30-Tage-Kurs und wurde zum Assistenzlehrer für Vipassana ernannt. Das Trauma hatte irgendwie einen Wandel zum Besseren bewirkt. Er kehrte zurück zu seiner Arbeit in seinem Spezialgebiet, der Augenheilkunde, und die Geldsorgen lösten sich auf. Von seinem Temperament her waren die alte Aufregung und Gereiztheit verschwunden. Es umgab ihn nun eine Ruhe, und er wusste es ganz besonders zu schätzen, wenn sich eine Gelegenheit bot, zu meditieren und in jeder erdenklichen Weise anderen das weiterzugeben, was er selber an Gutem erfahren hatte.“

Dr. Sonny Oo lebt mit seiner Familie in Nordengland.

❧

„Vor meinem ersten Kurs habe ich häufig an Kopfschmerzen gelitten, stark erhöhtem Blutdruck und verschiedenen Beschwerden der Wechseljahre. Seit ich damit angefangen habe, Vipassana-Meditation zu praktizieren, hat sich dies geändert. Ich habe seitdem kein Analgetikum mehr genommen, die Kopfschmerzen sind weniger geworden und mein Blutdruck ist normal. Die Wechseljahresbeschwerden, die vorher sehr unangenehm für mich gewesen waren (mit Schlaflosigkeit und Stimmungsschwankungen), haben nachgelassen oder sie beeinträchtigen mich weniger. Ich finde die tägliche Meditationspraxis sehr hilfreich bei der Bewältigung der Veränderungen, die ich derzeit durchmache. Sie ermöglicht es mir, mein Gleichgewicht leichter als früher zu halten oder wieder herzustellen, und ich kann entschlossener handeln.

Da ich seit 20 Jahren als Krankenschwester, Hebamme und Beraterin im Gesundheitswesen arbeite, weiß ich, wie wichtig es ist zu lernen, wie man mit Stress umgeht. Vipassana bietet einen einfachen und klaren Weg ohne unerwünschte Nebenwirkungen.“

Christa Wynn-Williams ist Hospiz-Krankenschwester und Therapeutin in Schottland. Für sie ist ihre Meditation inzwischen eine Notwendigkeit ‚eine Haltung der inneren Stille und nicht nur formales Sitzen‘.

❧

„Einem Militärzahnarzt wurde eines Abends beim Badmintonspielen schwindlig und er fiel hin. Als er wieder zu sich kam, stellte er fest, dass er sich eine ernsthafte Rücken- und Nackenverletzung zugezogen hatte. Weder herkömmliche Schmerzmittel noch ergänzende Therapien brachten ihm dauerhaft Erleichterung. Im Laufe der Zeit führte der körperliche Zustand zu chronischen Depressionen und bald war er nur noch ein Schatten seiner selbst. Er schied aus dem Militärdienst aus, war neidisch auf diejenigen, die in ihrer beruflichen Karriere erfolgreich waren und war voller Selbstmitleid. Sein körperlicher Zustand verschlechterte sich, die Atmosphäre zuhause wurde zunehmend angespannt, und er erwog ernsthaft, seine private Zahnarztpraxis zu schließen. Als letzten Ausweg nahm er auf Empfehlung eines Nachbarn an einem zehntägigen Vipassana-Retreat teil, ohne darüber nachzudenken, ob er es bis zum Ende schaffen würde. Aber mit Vertrauen und purer Willenskraft lernte er zu meditieren und bemerkte ein deutliches Nachlassen des Schmerzes, der längst zu seinem ständigen Begleiter geworden war. Das war der Anfang einer erstaunlichen Genesung. Er kehrte als neuer Mensch nach Hause zurück – mit einem neuen Geist in einem neuen Körper. Keine Halsmanschetten mehr, keine Streckverbände, Orthesen, Schmerz- oder Schlafmittel. Er begann mit ausgiebigen Spaziergängen und Gartenarbeit. Nach mehr als 12 Jahren des Leidens entdeckte er seinen Beruf wieder neu und widmete sich mit neuem Engagement der Pflege seiner Patienten."

Oberstleutnant Dr. Mohan Kumar
lebt und arbeitet in Andhra Pradesh, Indien.

Es hat sich wiederholt gezeigt, dass Vipassana bei einer ganzen Reihe von psychosomatischen Störungen wie chronischen Schmerzen, Bluthochdruck, Bronchialasthma und Magengeschwüren hilft. Geist und Körper sind ständig und untrennbar miteinander verbunden. Als Nebenprodukt des Prozesses der geistigen Reinigung werden viele dieser körperlichen Beschwerden erleichtert oder beseitigt. Aber wir sollten darauf achten, dass wir nicht die Heilung einer Krankheit zum Ziel der Meditation machen.

Im Rahmen von geistiger Gesundheit bietet Vipassana eher ein allgemeines psychologisches Schema positiver Geisteszustände als eine Antwort auf ein bestimmtes Problem. Aus der Sicht von Vipassana resultieren psychische Störungen aus der Ansammlung großer Mengen von Verunreinigungen im Geist. Diese zeigen sich als verschiedene Arten von Verlangen und Abneigung. Jeder, der keinen völlig reinen Geist hat (und wer kann das schon von sich behaupten?), hat das eine oder andere psychische Problem. Der Unterschied zwischen einem Menschen mit oder ohne eine psychische Störung ist nach psychiatrischer Definition lediglich graduell.

Im Spektrum der Aversion gehören zu den Negativitaten: Ärger, Hass, Missgunst, Ruhelosigkeit, Angst, Traurigkeit, Furcht, Schuldgefühle, Minderwertigkeitsgefühle und Eifersucht, während zu den typischen Begierden Leidenschaft, Ichbezogenheit, Gier, Arroganz, Besitzdenken und Eitelkeit gehören.

Während wir still meditieren, lernen wir, die tiefsten Wahrheiten über uns selbst zu akzeptieren. Indem wir immer im Rahmen unseres Körpers arbeiten und dabei nur den Atem und die Empfindungen beobachten, steigen ganz natürlich Bilder, Gedanken und Gefühle an die Oberfläche. Gleichzeitig sind wir uns unseres geistigen Zustands und der direkten körperlichen Auswirkungen bewusst. Der Geist mag manchmal überschwemmt werden, aber wenn wir den Details nicht weiter nachgehen und stattdessen ruhig und unbeteiligt bleiben, dann können wir beobachten, wie sich jede Welle aufbaut und wieder abebbt. Mit der Praxis wird der gesamte Vorrat allmählich abgebaut. Und wenn alte Konditionierungen abfallen, wächst gleichzeitig unser Potenzial für Erfüllung. Durch die Arbeit mit Vipassana (und bei Bedarf mit Unterstützung der Familie und professioneller Hilfe), können wir uns selbst heilen und unsere Lebensqualität umgestalten.

❧

„Wenn man die Geschichte meiner Familie bedenkt, mit all den vielen Beispielen melancholischer und exzentrischer Charaktere, darunter vielen Schlafwandlern, dann war es wohl keine große Überraschung, dass ich während meiner Jugendzeit auch mit dem geschlagen war, was Winston Churchill als den ‚schwarzen Hund' bezeichnete. Depression. Und zwar nicht diese ‚Heute-gehts-mir-nicht-so-gut'-Verfassung, sondern das Gefühl, das Gesicht in einer Schubkarre vor sich her tragen zu müssen, damit der Unterkiefer nicht auf der Erde schleift. Man ist wie gelähmt. Leute sagen zu dir, dass du da rauskommen musst, weil du körperlich ja in guter Verfassung bist. Du willst aber gar nicht rauskommen, du willst vielmehr wieder in dich reinkommen.

Es war dann auch eine depressive Phase, die mich auf den Weg gebracht hat. Ein Jahr nach meiner Übersiedlung von Australien nach Deutschland bin ich sehr krank geworden. Der Zauber des Lebens in neuer Umgebung hatte nachgelassen, ich hatte Heimweh und war völlig desorientiert. Zum Glück hatte ich einige sehr hartnäckige neue Freunde gefunden, die immer wieder Kontakt zu mir aufnahmen, auch wenn es mir nicht gut genug ging, um rauszugehen und mich mit Leuten zu treffen. Einer dieser neuen Freunde ließ stillschweigend ein paar Informationen über Vipassana auf dem Schrank im Flur liegen. Ich nahm sie, las sie und legte sie wieder hin. Wie, vier Uhr morgens? Wie, nicht reden? Was war mit der halben Apotheke, die ich jeden Tag schluckte, damit ich erst schlafen und dann wieder aufstehen konnte? Nur in den Supermarkt zu gehen und Lebensmittel einzukaufen war für mich schon eine Riesenleistung. Wie sollte ich es da schaffen, zehn Tage mit meinem eigenen, ziemlich verwirrenden inneren Dialog umzugehen?

Zu meiner Überraschung kam ich jedoch sehr gut klar. Der Abschluss des Kurses hat natürlich meine westliche Skepsis nicht beseitigt. Ich habe weiter nach einem Haken gesucht – aber nach einer Weile aufgegeben, denn es gibt keinen. Es ist so einfach, rein, und logisch. Beobachte, bleibe gleichmütig. Alles geht vorüber, sogar die Depressionen. Warum sich also sorgen. Und wenn du dich sorgst, dann beobachte die Sorge.

‚Vipassana zum Mitnehmen' – diese Weisheit und Praxis Tag für Tag zu integrieren, ist nicht so einfach. Ich muss wirklich daran arbeiten und brauche auch die Unterstützung und Ermutigung von anderen Menschen. Aber ich habe keine Angst mehr, wenn der schwarze Hund bellt und sich dann wieder davonschleicht."

Linda Muller machte ihren ersten Kurs in Dhamma Geha,
dem ehemaligen deutschen Meditationshaus in
der Nähe von Karlsruhe.

೧ঌ

„1994 wurde in Neuseeland unter Vipassana-Schülern eine Umfrage durchgeführt. Teilnehmende, die einen oder mehrere 10-Tage-Kurse besucht hatten, wurden gebeten, einen

Fragebogen auszufüllen. Die fertigen Fragebögen wurden analysiert, um die Auswirkungen der Meditationspraxis im Laufe der Zeit und hinsichtlich vieler Aspekte des Lebens von Menschen zu untersuchen. Alle Kategorien des persönlichen Wohlbefindens, einschließlich körperlicher Gesundheit, Stressabbau, des Gefühls der Integrität, Motivation, Beziehungen und des allgemeinen Glücks zeigten signifikante Verbesserungen. Die Fähigkeit der Teilnehmenden, mit Widrigkeiten umzugehen, hatte sich deutlich verbessert. Der Alkohol- und Drogenkonsum war stark rückläufig."

Unabhängiger Bericht von David Hodgson, Statistikexperte,
im Auftrag der Vipassana-Stiftung (Vipassana Foundation
Charitable Trust), Neuseeland.

❧

„Ich weiß nicht mehr, wie alt ich war, als ich mir zum ersten Mal gewünscht habe, tot zu sein. Die meisten Menschen haben sich das irgendwann in ihrem Leben einmal gewünscht, aber in meiner Familie hat Suizid fast Tradition. Viele meiner Verwandten sind so gestorben, und fast jeder in meiner direkten Familie hat irgendwann versucht, Selbstmord zu begehen. Psychische Störungen kommen in meiner Familie auch vor, was kein Wunder ist, bei diesem Übermaß an Selbstzerstörung. Für mich war es daher ganz natürlich, nicht nur ständig deprimiert zu sein, sondern auch Selbstmord als gangbaren Ausweg zu sehen.

Als ich Mitte Zwanzig war, habe ich schließlich versucht, meinem Leben ein Ende zu setzen. Ich erinnere mich daran, wie unnatürlich mir das schien, wie biologisch ungesund. Ich sollte mein Bestes tun, um zu überleben, und hier war ich und versuchte, die Handgelenke meines eigenen Körpers aufzuschneiden, um ihn zu töten. Es war eine sehr bizarre Erfahrung, und ich bin unheimlich froh darüber, dass es so weh tat, dass ich ohnmächtig wurde und es nicht geschafft habe.

Trotz der klaren Vorstellung, die ich in dieser Nacht davon hatte, wie falsch es war, mir selbst ein Ende zu setzen, hatte ich immer noch keine positive Lösung. Wenn überhaupt, schien es nur enttäuschend, dass es so schwierig war zu sterben, also bewahrte ich mir den Selbstmord zumindest als Option, sollte es wieder richtig schlimm werden.

Dann habe ich Vipassana-Meditation entdeckt. Eine Tante von mir hat sie praktiziert und mich immer wieder auf die Sitzungen aufmerksam gemacht, allerdings ohne mich im Geringsten zum Hingehen zu drängen. Schließlich bekam ich eines Sommers selbst den Wunsch, es auszuprobieren. Ich bin allein nach Mendocino (Kalifornien) gefahren und habe mich auf die Suche nach der Wahrheit gemacht, die mich dazu bringen sollte, nie wieder den Tod als Lösung für die Probleme des Lebens zu sehen.

Vipassana hat sich wirklich als meine Rettung herausgestellt. Ich habe in diesen zehn Tagen sehr hart gearbeitet, und was ich dabei gewonnen habe, hat meinen Kopf völlig umgekrempelt. Ich habe die Wahrheit über das Leben herausgefunden, über *mein* Leben, und vor allem über wirkliches Glück – nicht flüchtige, situationsabhängige Glücksgefühle, sondern *wirkliches* Glück; das Glück, das unser Erbe als Lebewesen ist. Ich habe etwas darüber gelernt, und ich habe es ganz unmittelbar erfahren. Ich hatte oft über Meditation und über all die wunderbaren Wirkungen gelesen, die sie haben kann, und habe fest daran geglaubt. Aber nur indem ich selbst zehn ganze Tage gesessen hatte, konnte ich all das direkt erfahren, und nur indem ich es selbst unmittelbar erfahren habe, konnte ich mein Leben ändern.

Ich leide immer noch manchmal unter Depressionen. Ich glaube, es ist eine genetische Sache, mit der ich eben leben muss. Aber ich sehe den Tod nicht mehr als meinen Notausgang an. Und ich suche auch keine medikamentösen Lösungen mehr, so wie die meisten Psychiater es von mir erwarten. Tatsächlich gehe ich gar nicht mehr zu Psychiatern oder Therapeuten. Stattdessen praktiziere ich Vipassana.

Wenn ich ganz ehrlich sein soll, dann bin ich nicht immer ganz regelmäßig oder diszipliniert dabei. Aber ich weiß, dass die Meditation da ist und erinnere mich an das, was sie mich über die Freude gelehrt hat, die in jedem Atom meines Wesens und im Wesen aller und von allem anderen wohnt. Und sie gibt mir ein Gefühl der Ruhe und Einheit, das wahr und echt und nicht nur ‚New-Age-positives-Affirmationen-Motivationsgelaber‘ ist, sondern das es wirklich gibt. Ich *kenne* jetzt die Wahrheit, tief in mir drinnen, und nichts wird sich jemals zwischen mich und dieses Wissen stellen.

Seit meiner ersten Erfahrung mit Vipassana-Meditation vor sechzehn Jahren habe ich Selbstmord nie wieder in Erwägung gezogen – nicht eine einziges Mal. Und bei meiner Vorgeschichte ist allein das schon ein Wunder.“

Susan Craig Winsberg ist Musikerin,
Tonkünstlerin und Komponistin in den USA.

❧

Jagdish Kela, 20 Jahre alt und Postgraduiertenstudent in Mumbai, trug seit seiner High-School-Zeit vor vier Jahren ein Problem mit sich herum. Sein Geist war besessen von allen möglichen Gedanken und Fantasievorstellungen, die meisten drehten sich um Schmutz, Sex, und Tod. Er hatte einen Wasch- und Berührungszwang entwickelt und war kaum noch in der Lage, zum Unterricht zu gehen. Manchmal verspürte er den Drang, Menschen zu verletzen oder Dinge zu zerbrechen. Dann überwältigte ihn die Ruhelosigkeit und er musste weinen. Von Psychiatern verschriebene Antidepressiva und andere Medikamente zeigten nur geringe Wirkung.

Nach einiger Vorbereitung war er imstande, zu einem Vipassana-Retreat zu gehen. Zwei weitere Kurse folgten. Innerhalb von vierzehn Monaten wurde er für ein Ingenieurs-Studium zugelassen, nahm keine Medikamente mehr und fühlte sich sehr viel besser. In seinen eigenen Worten:

„Früher habe ich meine inneren Gedanken falsch angepackt, indem ich über sie nachgedacht oder versucht habe, sie zu lösen. Beides hat meine Ängste noch verstärkt. Die Unterdrückung meiner Impulse hat nur zu noch mehr Ruhelosigkeit geführt. Dabei habe ich in jedem Moment neue Knoten geknüpft. Durch die grundlegende Veränderung mit Vipassana habe ich gelernt, diese Gedanken einfach in Ruhe zu lassen, egal was sie zum Inhalt haben. Und während ich mit meinen Empfindungen arbeite, wird mir klar, dass all diese beunruhigenden Gedanken aus der Tiefe an die Oberfläche kommen, um zu verschwinden, vorausgesetzt, ich beobachte sie, ohne darauf zu reagieren. Jetzt ist mir klar, wie ich zu einem Sklaven meines eigenen Geistes geworden war."

꙳

„In den letzten fünfzehn Jahren haben mir meine äußeren Lebensumstände mehr als einmal gute Gründe geboten, entweder für ein Abtauchen in Verzweiflung – oder aber, angesichts der existenziellen Probleme, für ein tiefes geistiges Wachstum. Der Tod meines Vaters vor dreizehn Jahren ist für mich zu einer tiefen Dhamma-Erfahrung geworden. Anstatt vor lauter Kummer und Traurigkeit wie gelähmt zu sein, was ich bei der Vorstellung einer derartigen Situation immer befürchtet hatte, habe ich nichts als Liebe und Dankbarkeit empfunden.

Ich konnte einen flüchtigen Einblick in das erhaschen, was unsere Sinne nicht erfassen können, und lernte, Vertrauen in den Lauf der Dinge zu entwickeln, in welche Richtung mich das Leben auch immer führen würde. Danach hatte ich mehrere Fehlgeburten; sie haben mich gelehrt, tief liegende Selbstsüchte loszulassen. Dann, vor etwa sechs Jahren, haben es die körperliche Schwäche und der schnelle geistige Verfall meiner Mutter notwendig gemacht, Vorkehrungen für eine regelmäßige Pflege und Betreuung zu treffen – ein Alptraum für die meisten Menschen. Die gemeinsame Aufgabe der Pflege meiner Mutter hat jedoch zwischen meinen Schwestern und mir zu tiefem Verständnis und tiefer Liebe geführt, die es vorher so niemals gegeben hatte. Vor fünf Jahren schließlich haben Ärzte bei mir eine Krebserkrankung diagnostiziert, die nicht vollständig geheilt werden kann. Seitdem bin ich mir mehr denn je bewusst, dass meine Lebenszeit sehr wertvoll ist, und ich empfinde oft tiefe Dankbarkeit dafür, dass ich es genießen kann, mit einem noch intakten Körper und Geist im gegenwärtigen Moment zu leben – diesem gegenwärtigen Moment, zu dem ich mit Hilfe von Vipassana immer wieder zurückkehren kann."

Brunhilde Becker lebt mit ihrem ebenfalls meditierenden Lebenspartner in Deutschland.

❧

Sucht bewältigen

Von allen Problemen, mit denen die Menschheit derzeit konfrontiert ist, ist die Drogensucht oder Abhängigkeit von chemischen Substanzen besonders weit verbreitet und schwerwiegend. Ohne Rücksicht auf Länder- oder Klassengrenzen untergräbt sie die Gesundheit des Einzelnen, belastet Beziehungen, zerrüttet Familien, hemmt die Wirtschaft, fördert die Kriminalität und zerstört den Frieden in der Gemeinschaft. Drogenmissbrauch ist eine komplexe Störung, eine übermäßige Abhängigkeit bei Süchtigen, die zur Gewohnheit, zur Besessenheit und zum Zwang geworden ist und jeden Aspekt des Lebens der Betroffenen bestimmt – körperlich, emotional, sozial und mental. Joe, ein ehemaliger Drogenabhängiger aus Australien, illustriert hier seine eigene Erfahrung:

„Sucht ist im Grunde ein Fluchtversuch, Flucht vor der Realität... Man bedient sich des Wahnsinns – des menschlichen Wahnsinns – des Fluchttriebs. Wenn einer drogenabhängig ist, benutzt er das Mittel Droge zur Flucht... und es ist ein sehr, sehr mächtiges Mittel – viel mächtiger als die bloße Fantasie des Durchschnittsmenschen, der sich in Träume, Arbeitssucht oder Fernsehkonsum stürzt. Die drogenbedingte Motivation, der Drogenkonsum, ist viel stärker als alles andere. Wenn ich darauf zurückgreife, weil sie so mächtig ist, dann wird die Realitätsflucht lebensgefährlich. Andere Arten der Motivation (für Geld, Macht oder Prestige zu leben) bedrohen schließlich nicht dein Leben.

Was verursacht diese Getriebenheit, trotz der schlimmen Konsequenzen? Jemand kann aus einer ganzen Reihe von Gründen mit dem Drogenkonsum anfangen, aber letztendlich ist der Suchtmittelgebrauch eine Reaktion auf unangenehme Körperempfindungen, die aus der ständigen Verbindung von Geist und Körper resultieren, und auf die Gedanken, die diese Interaktion begleiten. Man jagt nach angenehmen Gefühlen, um die unangenehmen zu vertreiben. Ein Mensch wird nicht süchtig nach irgendetwas im Außen oder nach einer speziellen Eigenschaft der Droge; das scheint nur so. Menschen werden süchtig nach ihren eigenen Körperempfindungen. Durch die Einnahme einer Droge wird ein bestimmter biochemischer Prozess im Körper in Gang gesetzt und man verspürt eine Art von Empfindung, an der man Gefallen findet. Man entwickelt ein Verlangen danach, dann eine Gewohnheit und wird schließlich süchtig nach dieser Empfindung. Die Sucht nährt sich von selbst: man will diese Empfindung immer wieder genießen. Das ist bei allen Arten von Sucht der Fall, nicht nur bei Drogen und Alkohol. Die Sucht ist eigentlich eine Sucht nach den eigenen Körperempfindungen.

Vipassana kann die Wurzeln der Sucht – Verlangen und Abneigung – beseitigen, die von anderen Behandlungsmethoden kaum berührt werden. Die Technik arbeitet direkt mit den Empfindungen, die ununterbrochen mit der tiefsten Ebene des Geistes in Kontakt sind. Durch die Meditationspraxis können Suchtkranke lernen, sich unterdrückten Gefühlen und unangenehmen Empfindungen zu stellen, die aus dem Unbewussten aufsteigen. Allmählich wird der Geist ausgeglichener, er gewinnt an Stärke und Verständnis. Nach und nach kann die Realität gesehen werden, wie sie ist, und Gewohnheitsmuster der Vergangenheit werden durchbrochen. Aber solch ein Fortschritt erfordert den starken Willen des Einzelnen, aus der Sucht herauszukommen und auf dieses Ziel hinzuarbeiten, indem er sich auf der Ebene der Empfindungen beobachtet. Auch eine professionelle Unterstützung spielt in diesem Genesungsprozess eine wichtige Rolle.

„Start Again", ein Therapiezentrum für Suchtkranke in Zürich, in der Schweiz, setzt Meditation als Schlüsselelement in der Drogenrehabilitation ein. Die Stadt ist bekannt für ihre harte Drogenszene, aber „Start Again" ist eine völlig neue Art von Suchtklinik. Moderne westliche Therapiemethoden, darunter Einzelberatung, systemische Paar-/Familientherapie und Selbsthilfe mit Narcotics Anonymous werden mit uralten fernöstlichen Techniken geistiger Entwicklung kombiniert. Es ist eines der wenigen Rehabilitationszentren für Suchtkranke, das keine medikamentöse Therapie einsetzt. Die tägliche Praxis der Anapana-Meditation zur Beruhigung und Konzentration des Geistes ist unverzichtbar. Sobald sich die Situation stabilisiert hat, können die Klienten ein zehntägiges Vipassana-Retreat beantragen, um den Heilungsprozess zu vertiefen. In jedem dieser Fälle wird große Sorgfalt darauf verwandt, Einzelne auf den Kurs vorzubereiten. Ebenso wird auf die Nachsorge großen Wert gelegt. Etwa 60% der Teilnehmer, die das zwölfmonatige Programm vollständig durchlaufen, integrieren sich erfolgreich in die Gesellschaft und den Beruf und haben seit mehr als einem Jahr keine harten Drogen mehr konsumiert, nachdem sie „Start Again" verlassen haben. Im Kampf gegen die Sucht ist dies die Frontlinie. Im Krieg gegen die Sucht ist dies der Anfang.

Ein Klient beschreibt während seines Aufenthaltes in einem Gedicht, wie die Achtsamkeit auf den Atem ein seltenes Gefühl von Ganzheit und Vollständigkeit mit sich bringt, und eine Vision von Gesundung:

Es fühlt sich
wirklich gut an,
einfach nur zu atmen,
zu fühlen, zu sein,
und die Natur reinigt meine Räume fast ganz von selbst.
Wenn ich doch nur dabei bleiben könnte, zurückgehen,
und das tun, was ich wirklich will.

❧

Die Motivation, sich selbst zu heilen, ist wichtig für den Fortschritt. Ein anderer Klient konnte als Nachtwächter in der Klinik arbeiten, eine Verantwortung, die ihm über schwierige Zeiten hinweghalf.

„Das erste Mal, dass ich von Anapana erfuhr, war vor viereinhalb Jahren. Es war so gar nicht eine Technik der Meditation oder Spiritualität, wie ich sie erwartet hatte. Ich hatte gehofft, dass ich mich leicht und frei fühlen würde. Aber meine Hoffnungen und mein Drang, mich wie bei der Einnahme von Drogen in eine Welt der Illusionen zu flüchten, wurden zerstört. Die Anapana-Technik erwies sich als harte Arbeit. Als Teil des Rehabilitationsprogramms von ‚Start Again' habe ich zweimal täglich Anapana geübt.

Nach drei Monaten hatte ich einen achtmonatigen Rückfall, worauf ich mich entschloss, ein weiteres Mal an ‚Start Again' teilzunehmen. An diesem Punkt begann ich klarer zu sehen, dass mein Dasein nicht nur aus angenehmen Erfahrungen besteht. Mein Verstand fing an zu begreifen, dass ich durch Meditation einen inneren Abstand zu meinen Gefühlen finden kann und dass ich nicht blind auf Verlangen und Abneigungen reagieren muss. Ich lernte zu verstehen, dass ich für mein eigenes Leben verantwortlich bin; und ich begann zu erkennen, wie sehr ich aus Eigeninteresse handelte. Nach vier Monaten Anapana machte ich meinen ersten 10-Tage-Kurs in Vipassana, und nach einem weiteren halben Jahr den zweiten.

Meditation bedeutet für mich also, mit mir selbst und mit meinen Gefühlen in Kontakt zu sein, ohne mich dabei zu verstricken. Es bedeutet auch, meine Veränderungen zu erfahren, ehrlicher mit mir selbst zu sein und dadurch auch mit anderen Menschen. Ich versuche, den Prinzipien von Vipassana in meinem täglichen Leben gerecht zu werden. Immer wieder bemühe ich mich, einen Schritt von meinen Gefühlen zurückzutreten und auch von den Realitäten, die ich in meinem Geist konstruiert habe. Manchmal schaffe ich das ganz gut, und dann reagiere ich nicht mehr so blind und selbstzerstörerisch, weil ich beobachten und in der Situation Ruhe bewahren kann. Mir wird immer deutlicher bewusst, dass ich mich mit der Welt um mich herum auseinandersetzen muss und dass ich nicht länger nur dasitzen und warten kann. Vipassana ist keine Welt der Illusion, in der ich Zuflucht suchen kann. Es hilft mir, einen guten Blick auf mein Leben zu haben. Dadurch, dass ich regelmäßig weiter meditiere, fällt es mir immer schwerer, der Realität zu entfliehen und mich in eine Welt der Illusion zu flüchten."

❧

Es ist nicht so, dass Meditation allein einen Drogenabhängigen bessern kann. Fachkundige professionelle Hilfe bei der Rehabilitation, die Liebe von Freunden und Familienangehörigen, die eigene Beharrlichkeit der Betroffenen – all das spielt eine Rolle. Nik, ein Absolvent von „Start Again", erklärt:

„Zweifellos hat die Vipassana-Meditation zu meiner totalen Drogenabstinenz beigetragen, die ich nun schon fünf Jahre lang durchhalten konnte.

Ich verstehe Vipassana als ein praktisches Werkzeug und eine Technik. Ich verbinde es nicht mit Glauben oder Religion. Indem ich meinen Körper und meine Gefühle beobachte, erfahre ich die Relativität, die Einzigartigkeit, die Vergänglichkeit und die unterschiedlichen Dimensionen meines Selbst jedes Mal noch frischer und klarer. Es scheint, dass eines der besonderen Ergebnisse der Meditation darin besteht, Gefühle des Verlangens zu überwinden und dem Geist zu erlauben, von Zwängen freie Entscheidungen zu treffen."

Loslassen

Von all den Veränderungen die uns erwarten, ist der Tod die gravierendste. Seit der Geburt erfüllt dieser Endpunkt unsere Existenz mit Bedeutung, aber meist vermeiden wir es, direkt auf diese Situation zu schauen, in der „ich" aufhöre zu sein; wenn der Körper weicht und der Geist erlischt; wenn aller Besitz zurückbleibt und jeder Wunsch beiseite gefegt wird. Vielleicht werden wir morgen oder in 30 Jahren sterben. Sind wir bereit? Können wir uns, wenn es soweit ist, dem Ereignis stellen und unserem Ende bewusst und in Harmonie begegnen, mit all der Weisheit eines ganzen Lebens? Nichts ist natürlicher als das Sterben, das wissen wir, es ist Teil eines zeitlosen Kreislaufs. Doch wie leicht verlieren wir diese Perspektive, wenn ein geliebter Mensch stirbt oder wir etwas Kostbares vermissen. Trauer erinnert uns an unsere eigene Sterblichkeit: „Auch ich bin nicht ewig."

Wenn wir Vipassana praktizieren, befinden wir uns in einem ständigen Lernprozess. Körper und Geist entstehen und vergehen mit jedem Atemzug und jeder Empfindung. Indem wir diese Wahrheit immer wieder in uns selbst ergründen, beginnen wir sie zu akzeptieren. Unbeständigkeit als eine gefühlte Erfahrung löst die Tendenz auf, sich an das zu klammern, was wir als „unseres" ansehen. Güte und die Bereitschaft zu Geben verdrängen die Selbstbezogenheit. Indem wir ein erfülltes und gesundes Leben führen, bereiten wir uns auf ein gutes Sterben vor.

⚬

Der erfahrene Meditierende, Harsh Jyoti, erfuhr im Juli 1992, dass er Lungenkrebs hatte. Er starb im Januar 1993. Jedes Mal wenn er, nach der ersten Diagnose und während der Behandlung, einen Rückschlag erlitt (was recht oft vorkam), half ihm Vipassana, sein psychisches Gleichgewicht wiederherzustellen. Sein Sohn konnte ihn während seines letzten Lebensabschnitts genau beobachten.

„Ich glaube, Dhamma hat ihn beschützt. Ich glaube, das hatte eine sehr starke Wirkung, die wir selbst in den letzten Stadien sehen konnten. Immer, wenn wir fragten: ‚Willst Du meditieren?', nickte er nur, und dann saßen wir alle um ihn herum und versuchten, zwanzig oder dreißig Minuten lang *mettā* zu senden. Es gab eine Zeit, in der er gegen die Krankheit angekämpft und wie wir alle hoffte, dass er noch ein paar Jahre mehr bekommen würde, dann ein paar Monate mehr, ein paar mehr Wochen. Aber irgendwann, während dieses letzten Krankenhausaufenthaltes, dämmerte es ihm, dass jetzt nicht mehr allzu viel Zeit blieb, und er akzeptierte das ebenso wie die Tatsache, dass er an seinem Leben hing. Und ich glaube, dass sein Tod wahrscheinlich deshalb so sanft und friedlich war, weil es überhaupt keinen Kampf gab, kein Hadern, nichts.

Mein Vater litt an hohem Blutdruck. Zuerst lag er so bei 150/90, dann ging er auf 120/80, dann runter auf 110/70 und dann auf 90/60, und die ganze Zeit war sein Gesichtsausdruck – wir haben ein paar Fotos davon – ganz friedlich, glücklich schlummernd. Mein Bruder war für die letzten Stunden unseres Vaters zurückgekommen, und wir beobachteten ihn, wie er atmete und atmete, und ganz plötzlich sah es so aus, als wäre da ein leichtes Aufflackern, und dann war es das. Es fühlte sich so friedlich an. Und obwohl darin für uns der Anlass zu großer Trauer lag, gab es uns gleichzeitig so viel Kraft und Trost, zu sehen, wie friedlich er einschlief. Sogar meine Mutter, die ihm so nahe stand und normalerweise ein sehr emotionaler Mensch ist, war in dem Moment ganz beherrscht. Es war, als ob man Wasser in eine Untertasse gießt und es verdunsten lässt. Er ist gestorben, ohne dass sich das Wasser gekräuselt hätte.

Das ist in meinen Augen die Art, wie Dhamma schützt. Dhamma beschützt uns nicht, indem es uns nicht krank werden lässt. Jeder von uns muss krank werden. Es beschützt uns nicht, indem es uns nicht sterben lässt, denn wir alle müssen sterben. Aber wann immer es geschieht, du krank wirst oder stirbst, dann vollziehst du das so friedlich und ruhig."

✥

„Ich war fast 70, als ich meinen ersten Vipassana-Kurs machte; zusammen mit Poul, meinem Mann, der die Parkinsonsche Krankheit hatte. Als wir wieder zu Hause waren, konnte jeder die Veränderungen sehen. Mein Mann sah viel besser aus und seine Sprache hatte sich verbessert. Für mich bedeutete der Kurs einen Wendepunkt. Nachdem ich so lange danach gesucht hatte, wusste ich, dass ich endlich meine Art zu Leben gefunden hatte.

Im darauffolgenden Jahr machten wir Zwei Urlaub in Gambia, wo wir die Sonne und das Meer genossen. Dann, eines Tages, als wir im seichten Wasser spielten, wurden wir plötzlich von einer riesigen Welle und einer ungewöhnlich starken Unterwasserströmung getrennt, die Poul erfasste und mit sich riss. Selbst mit der allergrößten Anstrengung dauerte es einfach zu lange, ihn zu erreichen. Es kam mir wie eine Ewigkeit vor, bis es mir endlich gelang, ihn so weit herauszuziehen, dass ich stehen konnte. Zu spät – er war bereits ertrunken. Endlich sahen uns Leute und kamen uns zu Hilfe. Ein junger Deutscher leistete Paul Erste Hilfe, aber mit solcher Wucht, dass er ihm dabei zwei Rippen brach und seine Milz durchstochen wurde. Ein Krankenwagen kam, und wir wurden in das nächste Krankenhaus gebracht, wo man Poul die Flüssigkeit aus der Lunge entfernte. Sie sagten mir, dass er keine Überlebenschance hätte. Wir wurden dann in ein Privatkrankenhaus verlegt und er kam sofort auf die Intensivstation. Was für eine Nacht – mit diesen düsteren Aussichten. Als ich Poul fragte, ob er wisse, was passiert sei, antwortete er: ,Ich war ertrunken. Es war wunderbar, tot zu sein, ich schwebte und glitt so glücklich dahin, aber als ich dich da unten mit mir kämpfen sah, da wollte ich herunterkommen und dir helfen.'

Was auch immer später geschehen würde, verglichen
mit dem Tod durch Ertrinken war dies eine liebevolle Art,
Abschied zu nehmen, Wir meditierten zusammen und hatten
Glück, die Blutung hörte von allein auf. Es dauerte aber fünf
lange Wochen, bis wir nach Dänemark zurückgeflogen wurden
und er zu Kontrolluntersuchungen und Rehamaßnahmen in
ein Krankenhaus eingeliefert wurde. Die Ärzte empfahlen eine
spezielle Pflegeeinrichtung für ihn, aber meine Tochter und
ich entschlossen uns, ihn zu Hause zu pflegen.

Sechs Monate nach dem Unfall reiste ich in die USA,
zunächst um meine Familie zu besuchen und dann, um noch
einen Vipassana-Kurs zu machen, was ich dringend nötig hatte.
Meine Konzentration während des Kurses war so stark, dass ich
das merkwürdige Gefühl hatte, in Millionen kleiner Bläschen
aufgelöst zu sein, die um mich herum und durch mich hindurch
strömten. Diese Erfahrung hat mir zwei Jahre später sehr
geholfen, als ich sowohl meinem Mann als auch meinen beiden
einzigen Brüdern sagen konnte, wie wichtig es ist, im Moment
des Todes ruhig und friedlich zu sein. Sie starben alle drei in der
gleichen Woche – kurz vor Weihnachten 1995. Trotzdem blieb
ich dank meiner Meditation ruhig und ausgeglichen. Ich war in
der Lage, die Familie zu unterstützen und uns allen zu helfen,
ein aktives neues Leben zu beginnen.

Muguet Huffeldt lebt in Dänemark und
war eine der Organisatorinnen des ersten
Vipassana-Kurses in diesem Land.

❧

Anne lernte Graham Gambie Ende der 1970er Jahre auf einer
Reise durch Indien kennen. Meditation hatte überhaupt nicht auf
ihrem Plan gestanden, aber er ermutigte sie dazu, einen Vipassana-
Kurs zu sitzen. Anne spürte, dass sie da auf etwas Gutes gestoßen
war. Sie meditierte weiterhin und half in Dhamma Giri, bevor sie
nach Japan ging, um dort zu arbeiten. Zwei Jahre später kehrte
sie ins Zentrum in Igatpuri zurück und traf Graham wieder, als

sie für den gleichen Kurs Service gaben. Und zu Ihrem eigenen Erstaunen waren sie innerhalb von ein paar Monaten verheiratet.

Sie und Graham gingen nach Australien zurück, wo er als Enthüllungsjournalist arbeitete und jeweils unbezahlten Urlaub nahm, wenn er als frisch ernannter Assistenzlehrer Vipassana-Kurse leitete. Während sie gemeinsam meditierten und arbeiteten, wichen die Stürme der ersten Zeit einem tiefen Gefühl der Fürsorge und Zusammengehörigkeit. Wie in einem neuen Paar Schuhe, das ständig getragen wird, fühlten sie sich in der Beziehung mit der Zeit sehr wohl.

„Während eines bestimmten 10-Tage-Kurses, den wir gemeinsam leiteten, bemerkte ich, dass Graham, mein damaliger Ehemann, in untypischer Weise Wörter ausließ und undeutlich sprach. Ich machte mir große Sorgen um seine Gesundheit, und wir vereinbarten einen Termin bei einem Neurologen Neurologen für den Tag gleich nach Ende des Kurses. Es wurden Computertomografien von seinem Gehirn gemacht, und während wir auf die Ergebnisse warteten, gingen wir zu einem gemütlichen Mittagessen. Ich weiß noch, dass ich sagte: ‚Ach, es ist gar nichts – kein Grund zur Sorge‘, als wir dem Neurologen die Unterlagen aushändigten. Ohne Worte entnahm er die Bilder und legte sie auf die Schautafel, so dass wir alle sie sehen konnten. Die Fotos zeigten einen Hirntumor, der mindestens 50% der linken Gehirnhälfte einzunehmen schien, und auf dem Tumor befand sich eine sehr große Zyste.

Ich war wie betäubt und konnte es nicht fassen. Ja, wir würden unsere Flüge nach Neuseeland stornieren. Ja, wir konnten Graham am gleichen Nachmittag ins Krankenhaus bringen. Die Betäubung verwandelte sich in Tränen, als ich bei lieben Freunden in Sydney anrief, um eine Unterkunft zu arrangieren. Graham musste den Telefonhörer nehmen und sich selbst darum kümmern, weil ich nur wirres Zeug redete. Er war ruhig und gesammelt.

Während ich Graham ins Krankenhaus brachte und mich darum kümmerte, dass er alles hatte, was er brauchte, schaffte ich es irgendwie, nach außen hin fröhlich zu sein. Aber sobald ich ihn verließ, brach ich wieder in Tränen aus. Als ich an diesem Abend meditierte, entstand ein tiefes Gefühl des Friedens, das mich auf Grahams gesamtem Leidensweg begleitete. Es war nicht die Art Frieden, die durch Rationalisieren oder den Verstand entsteht. Es war lediglich etwas, das einfach so ,eintrat'. Innerhalb von zwei Tagen lag Graham unter dem Messer im OP. Sie konnten nicht den ganzen Tumor entfernen, und die Prognose war nicht gut. Der Neurochirurg teilte Graham mit, dass er bei dieser Art Tumor, einem Astrozytom, noch maximal fünf Jahre zu leben hätte, und dass er geistig am Ende nur noch dahinvegetieren würde.

Eine derartige Nachricht war niederschmetternd, doch er nahm sie gelassen hin. Ich hörte ihn einmal zu Besuchern sagen: ,Wie kann ich an diesem Körper und diesem Geist festhalten, wenn sie sich ständig verändern. Es gibt nichts, woran man sich festhalten könnte.' Arbeitskollegen, Freunde, diejenigen, die er vom Meditieren her kannte, alle kamen und besuchten ihn. Ein Kollege sagte: ,Ich hatte erwartet, einen Kranken im Bett vorzufinden und ihn zu trösten. Stattdessen erzählte ich ihm zum Schluss von meinen ganzen Problemen und vergaß seine.'

Die Tage vergingen, und ich bin dankbar, dass ich jeden einzelnen mit ihm verbrachte. Er wurde aus dem Krankenhaus entlassen, aber so nach etwa einer Woche etwa musste er schon wieder zurück. Seine Beine machten ihm Probleme. Sie waren ganz empfindlich geworden und er konnte nicht mehr weit laufen.

Es war der 27. Juni, sechs Wochen nach der Tumordiagnose, und ich glaube, wir wussten beide, dass er an diesem Tag sterben würde. Es würde nicht möglich sein, für Besorgungen das Krankenhaus zu verlassen. Wir verbrachten also einen schönen Tag zusammen, und als ich mich an diesem Abend verabschiedete, hatte ich das Gefühl, dass ich ihm nicht nahe genug kommen konnte. Ich sprang zu ihm aufs Bett und begann, Lippenstift aufzutragen. Er fragte, warum, und ich sagte, weil ich für ihn gut aussehen wollte. Er sagte dann die nettesten Dinge zu mir, was für eine wunderbare Ehefrau ich gewesen sei und wie er sich fühlte. Ich war glücklich und er war glücklich. Wir verabschiedeten uns. Am gleichen Tag nach dem Abendessen genoss ich gerade den letzten Schluck heißer Schokolade. Ich holte tief Luft und erlebte in diesem Moment ein tiefes Gefühl von absoluter Ruhe und Frieden. Das Telefon klingelte. Es war eine junge Krankenschwester, die anrief, ob ich schnell kommen könnte, Graham hätte ein Herzinfarkt. Es war klar, dass es keinen Grund zur Eile gab. Graham war gegangen.

Ich fuhr zum Krankenhaus. Es war spät am Freitagabend. Die Neonlichter leuchteten und die Menschen waren unterwegs, machten Schaufensterbummel, gingen zum Essen. Ein starkes Gefühl der Angst und Verletzlichkeit kam in mir auf. Einem so beiläufigen Bild des Lebens konnte man nicht trauen. Was so real, so unveränderlich erschien, war doch nichts als Illusion. Wir bewegten uns alle auf ganz dünnem Eis, blind gegenüber dem Wissen, dass wir jeden Moment einbrechen konnten. Die Fahrt ging weiter. Wir erreichten das Krankenhaus.

Wir gingen die Treppe hinauf in das Zimmer, in dem wir wenige Stunden vorher noch ein paar Worte gewechselt hatten. Als ich allein eintrat, berührte mich sofort die lebendige Atmosphäre. Der Körper von Graham lag auf dem Bett. Es war aber ganz klar, dass dort niemand war. Der Körper sah aus wie ein abgelegter Mantel, der seinem Besitzer nicht mehr dienen konnte. Mehr war nicht übrig geblieben von dem Menschen, mit dem ich gerade vier ganz besondere Jahre meines Lebens verbracht hatte.

Was hatte er für ein wunderbares Leben gehabt. Ich bekam Briefe von Menschen, die ihn von früher her kannten. Alle erzählten davon, wie Graham ihnen in ihrem Leben geholfen hatte. Ich hörte von anderen, wie er auf Reisen in Indien seine letzte Rupie jemandem gegeben hatte, der sie brauchte, und wie er mit dem Geld, das er aus seiner kleinen

Vermögensanlage erhielt, die Straßenkinder ernährt hatte. Und als ich dann sah, wie sehr er in unserer gemeinsamen Zeit andere Menschen geliebt und ihnen geholfen hatte, wurde mir klar, dass all diese wunderbaren guten Taten, die er in seinem Leben vollbracht hatte, nun alle mit ihm gegangen waren.

Es gab keine Tränen. Wie hätte es Tränen geben sollen? Der Kreis unserer Beziehung hatte sich ja geschlossen. Es gab nichts, was ungelöst oder ungesagt geblieben wäre. Ja, es war das Schwerste, was ich in meinem Leben getan habe, aber die Früchte daraus waren so groß und zahlreich. Ich hatte wirklich das Glück gehabt, mein Leben für kurze Zeit mit solch einem Menschen teilen zu dürfen.

Es fand eine Trauerfeier statt. Die Kirchenbänke waren voll besetzt und die Menschen säumten die Wände. Sie kamen aus allen Glaubensrichtungen, aus allen Gesellschaftsschichten, und alle hatten ihren eigenen persönlichen Grund, dabei zu sein. Es war seltsam, nach Hause zu kommen, seine Kleider so zu sehen, wie er sie zurückgelassen hatte, und zu wissen, dass es niemanden mehr gab, der sie für sich beanspruchen würde.

Es ist jetzt 20 Jahre her, dass ich meinen ersten Vipassana-Kurs gesessen habe. So viel hat sich seither verändert und so viele Erfahrungen – manche sehr angenehm, manche sehr schmerzhaft – sind gekommen und gegangen. Aber die Praxis von Vipassana hat überdauert. Sie hat nicht nur überdauert, sondern sie hat auch großen Halt und Zuflucht geboten und vor allem ein Gefühl der Zufriedenheit und Klarheit, das nicht an die Wechselfälle des Lebens gebunden ist."

Anne Doneman hat 1991 wieder geheiratet,
sie ist berufstätig und
Mutter von zwei Kindern.

❧

Alles ist im Wandel begriffen

In ständigem Kräuseln

Der Wellen, des Windes, der vorüberzieht.

Jetzt ist es an der Zeit, mich von meinem „Selbst" zu befreien

nicht anzuhäufen was ich habe, es nur zu kosten, und dann
loszulassen,

nicht von mir zu schieben, sondern gehenzulassen mit dem
süßen Wind.

Die Natur ist häufig Gegenstand der
Gedichte von Sachiko Aoi.
Ihr erstes Vipassana-Retreat hat sie 1998
in Dhamma Bhānu, Japan, gesessen.

KAPITEL 10

SELBST-MANAGEMENT – VIPASSANA, ARBEIT & SOZIALES ENGAGEMENT

Die meisten von uns wollen etwas in ihrem Leben bewirken – in Beziehungen, bei der Arbeit, zum Wohle des Planeten. Wir können mit unserer Energie, unseren Fertigkeiten und Erfahrungen einen Beitrag leisten, und es ist uns eine besondere Befriedigung, wenn unsere Bemühungen etwas Gutes bewirken. Oft würden wir gerne mehr tun, aber irgendwie passen unsere Taten nicht so recht zu unseren guten Vorsätzen.

Politische, soziale und wirtschaftliche Probleme hat es immer schon gegeben, aber bei den heute immer aktuellen Nachrichten können wir nachvollziehen, wie weit sie reichen: verängstigte Flüchtlinge, die Rache schwören, ein weiterer Verdacht auf verdorbene Lebensmittel, der neueste Korruptionsskandal. Warum, so könnte man fragen, laufen die Dinge immer wieder nach dem gleichen Muster ab? Warum schaffen es weder Weltorganisationen wie die UN, noch einzelne Regierungen, Probleme wie regionale Konflikte, Armut, Arbeitslosigkeit und Machtmissbrauch effektiv zu bekämpfen? Lernen wir denn nie dazu?

Eine Antwort ist, dass wir uns nur mit den Symptomen befassen, den äußerlichen Erscheinungsformen dieser Missstände, aber nicht mit den zugrunde liegenden Ursachen – der Gier, dem Hass und den anderen negativen Gefühlen, die die Welt durchdringen. Die Probleme scheinen zwar zu verschwinden, aber da die darunter liegende Krankheit fortbesteht, kommen auch die Symptome immer wieder zurück.

Möglicherweise haben die Menschen, deren Aufgabe es ist, Lösungen durch soziale Strukturen oder Gesetze umzusetzen, nicht die nötige Liebe und das Mitgefühl, um ihr Ziel zu erreichen. Staatliche Organisationen zum Beispiel behandeln Probleme oft distanziert und oberflächlich, und die angestrebten Ergebnisse werden nicht erzielt.

Vipassana bietet einen alternativen Ansatz, um diese Probleme und das unsagbare Leid, das sie verursachen, zu lösen. Know-how und Ressourcen sind sicherlich notwendig, aber vor allem ist Weisheit gefragt. Durch die praktische Umsetzung der positiven Resultate der Meditation können die Probleme auf zwei Ebenen angegangen werden. Letztendlich muss die Lösung auf individueller Ebene gefunden werden. Jeder von uns muss an sich selbst arbeitet, um die Negativität aus dem eigenen Geist zu entfernen, damit unser persönlicher Beitrag in unterschiedlichen Situationen so konstruktiv wie möglich ist. Gleichzeitig können wir auch auf institutioneller Ebene tätig werden, indem wir die Entwicklung von Dhamma-Grundsätzen und entsprechende Handlungsweisen in Unternehmen, Berufsverbänden, Behörden und politischen Organisationen fördern. Meditierende inspirieren bisweilen andere durch ihr eigenes Beispiel dazu, sich selbst zu ändern; sie können auch kleine oder große positive Veränderungen in der gesamten Gesellschaft anstoßen oder vorantreiben.

❧

„Meine Freunde sagen, dass ich mich zum Positiven verändert habe. Habe ich das? Obwohl die Antwort ein einfaches ‚Ja' ist, war der Prozess der Veränderung sehr schwierig. Obwohl mein Verständnis des inneren Selbst und mein Bewusstsein für die äußere Welt eher begrenzt waren, träumte ich davon, etwas Gutes für die Gesellschaft zu tun. Warum und wie wusste ich nicht. Ich erinnere mich noch gut daran, wie ich in der siebten Klasse etwas über die Grüne Revolution las, die die landwirtschaftliche Produktionskapazität in Nordindien radikal veränderte, und ich träumte davon, diesen Erfolg in meinem Heimatstaat, Bihar, zu wiederholen. Als ich 13 Jahre alt war, faszinierten mich die Ideologien der Kommunistischen Partei, und bei den Parlamentswahlen 1989 arbeitete ich mit, um für diese Partei Unterstützung zu mobilisieren.

Ich wollte Großes tun. Natürlich wollte ich so viele Dinge tun, aber was habe ich wirklich getan? Eigentlich konnte ich gar nichts tun, und das Schlimmste war, dass sich meine schulischen Leistungen verschlechterten. Trotz meines Potenzials, und obwohl ich es so gerne gut machen wollte, waren meine Endergebnisse miserabel. Aufgrund vieler Negativitäten konnte ich einfach nichts richtig machen.

Ich kann immer noch nicht glauben, dass eine einfache Meditationstechnik wie Vipassana ein derartiges Wunder für mich bewirken kann. Vipassana hat mir für jedes einzelne Problem die Lösung gezeigt. Ich behaupte nicht, dass ich frei von jeglicher Negativität bin, aber ich weiß heute ganz sicher, wie ich damit umgehen kann. Meine Konzentration hat sich gesteigert, und dadurch hat auch mein Verständnis in bestimmten Situationen an Tiefe gewonnen. Durch richtiges Verstehen kann ich auf jedes Ereignis besser reagieren. Durch Vipassana habe ich gelernt, Ruhe zu bewahren und meine Arbeit effektiver zu erledigen. Jeden Tag versuche ich, verglichen mit dem Vortag, mich selbst zu verbessern. Ich bin mir sicher, dass ich, wenn ich weiterhin Vipassana praktiziere, meinen Traum verwirklichen werde, Gutes zu tun."

Durgesh Kedia ist BWL-Student in Pune, Indien.

༄

„Ich wollte nie einfach nur ‚arbeiten gehen'. Solange ich zurückdenken kann, brauchte ich immer das Gefühl, dass das, was ich mache, auch etwas bewirkt, dass es etwas ist, das die Welt nach mir ein bisschen besser macht, wenn auch vielleicht nur ein ganz kleines bisschen. Und meine Arbeit als Umweltwissenschaftler (Bodenerosion, um genau zu sein) gefällt mir sehr gut. Es ist mir ein doppeltes Vergnügen: zu wissen, dass ich mit meiner täglichen Arbeit einen kleinen Beitrag zu der langwierigen Aufgabe leiste, den Planeten wieder gesund zu machen und die Wunder zu entdecken, die in den selbstverständlichsten natürlichen Prozessen verborgen sind. Wie oft habe ich schon darüber gestaunt, wie schlammiges Wasser in Pfützen zusammenfließt!

So denke ich jedenfalls an guten Tagen. An schlechten Tagen überwältigt mich die erdrückende Last der akademischen Bürokratie und der zur Norm gewordenen Machtspiele, egal wie sehr ich mich auch an das große Ganze zu erinnern versuche. Die Sinnlosigkeit hat gesiegt: Warum mache ich das alles? Und genau dann hilft mir Vipassana am meisten. Es hilft mir, ‚da‘ zu sein, mich darauf zu konzentrieren, was ich tatsächlich tue (und nicht worauf ich mir einbilde, einen Beitrag zu leisten, oder gegen das ich anzukämpfen glaube). Wie lautet die Losung? ‚Bedingungslose Zuversicht‘. Das erfüllt meine Meditation und schwappt in den Rest meines Lebens über, so wie Wasser über den Rand einer Pfütze schwappt. Und dann gebe ich mich dem hin und fühle mich weniger hoffnungslos.“

Dr. David Favis-Mortlock forscht
am Institut für Umweltveränderungen
an der Universität von Oxford, England.

Arbeit steht an

Die Stärke der Persönlichkeit ist eine wichtige Voraussetzung für verantwortungsvolles soziales Engagement. Die moralischen Qualitäten sind das Fundament für den Charakter und die Fortschritte eines Menschen, sowohl in weltlicher als auch spiritueller Hinsicht. Die Einhaltung der fünf Gebote – sein Bestes zu tun, um nicht zu töten, zu stehlen, zu lügen, sexuelles Fehlverhalten zu begehen oder Rauschmittel einzunehmen – ist ein Teil der Meditationstechnik. Aber diese moralische Grundhaltung geht über den Vipassana-Kurs selbst hinaus. Die Aufrechterhaltung und Entwicklung unserer eigenen moralischen Sensibilität ist besonders wichtig, um den Druck und die Schwierigkeiten des täglichen Lebens erfolgreich zu meistern. Wir versuchen, anderen nicht durch verletzende Handlungen oder Worte Schaden zuzufügen. Stattdessen bemühen wir uns, freundlich und verständnisvoll zu sein, alles Leben zu respektieren, großzügig, offen und wahrhaftig zu sein. Ein rechter Lebensunterhalt, d.h. ein Lebensunterhalt, der mit den moralischen Grundsätzen übereinstimmt, ist ebenfalls Teil des Pfades. Jeder braucht Geld, aber wie kann man es verdienen, ohne sich selbst oder anderen dabei zu schaden? Wenn wir täglich mit Vipassana sitzen und es an unserem Arbeitsplatz anwenden, beginnen wir zu erkennen, was möglich ist.

„Im Baugewerbe geht es heutzutage eigentlich nur noch ums Geschäft. Ich denke, ich bin mehr oder weniger ein Geschäftsmann. Ich kann wohl noch einen Hammer halten und den Nagel auf den Kopf treffen, aber ich denke, Vorsicht im Umgang mit Geld und Menschen ist am wichtigsten, weil es für sie eine Lebensaufgabe bedeutet, ein Haus oder was auch immer zu bauen, und es liegt in deiner Verantwortung, dafür zu sorgen, dass alles gut geht.

Es ist sehr schwierig, das Richtige zu tun in einer Welt, in der jeder darauf aus ist, alles zu nehmen, was er bekommen kann. Man hat das Gefühl: ‚Ich muss zugreifen, damit ich den anderen ebenbürtig bin. Ich nehme niemandem etwas weg, ich schnappe mir nur meinen Teil des Kuchens, weil er so schnell vor meinen Augen verschwindet, dass für mich bald nur noch Krümel übrig bleiben. All die Verantwortung und dann nur die Krümel.'

Aber so ist es nicht wirklich. Es ist fair. Es muss fair sein. Und bei einem fairen Handel musst du die Kontrolle übernehmen.

Du bist der Bauunternehmer oder der Geschäftsmann. Du bist derjenige, der die Bedingungen festlegt, und du musst sie so festlegen, dass sie für dich selbst stimmig sind und dich daran halten. Auf die Weise kannst du es dann auch mit allen anderen abstimmen. Ich habe lange dafür gebraucht. Das ist sehr schwierig. Aber durch das Praktizieren von Vipassana, durch die Verankerung in moralischen Grundsätzen, verinnerlicht man es. Und dann fängt man an, richtig zu leben. Anstatt zu denken, dass man richtig lebt oder darüber zu reden, wie man richtig lebt, lebt man einfach richtig. Davon profitieren auch die Beziehungen zu anderen Menschen und man ist mehr im Frieden mit sich selbst."

Jim Talbot aus Süd-Australien in einem Gespräch.

❧

Bishen Singh Bedi war ein Weltklasse-Sportler und vertrat Indien viele Jahre lang in der Kricket-Nationalmannschaft.

„Kricket ist eine Lebensart, und ich sehe so viel Ähnlichkeit mit Vipassana. In beiden Fällen geht es darum, über einen bestimmten Zeitraum hinweg ein ziemlich konstantes Maß an Konzentration und Bemühung aufrechtzuerhalten. Wenn wir sagen, dass jemand ‚kein Kricket spielt‘, bedeutet das, dass er im Leben nicht fair ist, er ist nicht aufrecht, er ist nicht ehrlich. Wie der verstorbene Premierminister von Australien, Sir Robert Menzies, einmal sagte: ‚Würden Amerika und Russland doch nur Kricket spielen, dann wäre diese Welt ein viel glücklicherer Ort zum Leben.‘

Für mich ist das, was wir in einem Vipassana-Kurs lernen, eine Art ‚psychologischer Prozess‘, wie man sich im richtigen Moment aufrichtet. Ich bin hinsichtlich meiner eigenen Fähigkeiten im Kricket an viele Grenzen gestoßen und ich weiß, wie große Spieler wie Sunil Gavaskar und Kapil Dev sich selbst hochgepusht haben und dann stolz auf ihre Leistungen waren. Wenn ich von ‚Stolz‘ spreche, sollte das nicht im Sinne von Eitelkeit oder Arroganz verstanden werden. Dieser ‚Stolz‘

bedeutet, mit der eigenen Leistung zufrieden zu sein. Wenn man nicht stolz auf sich selbst ist, dann wird auch niemand sonst stolz auf einen sein. Und auf diesen persönlichen Stolz sollte etwas folgen, was man Nationalstolz nennt.

Ich habe persönlich gelernt, dass das Leben ein nie endender Lernprozess ist. Und ich habe durch Vipassana erfahren, dass ich Jugendlichen, die ich ausbilde, im Alter von 10 bis 15 Jahren diese Technik vorstellen kann: um die Konzentration zu verbessern, um ihnen den Glauben an ihre eigenen Fähigkeiten zu vermitteln und ihnen die Disziplin beizubringen, die Kricket erfordert. Dies kann dann auch zu Verbesserungen in ihrem Charakter beitragen und damit in der Gesellschaft, in der sie aufwachsen werden. Und ich möchte sagen, auch um mögliche Ballmanipulationen, Wetten und Bestechung zu eliminieren, könnte die Technik einen großen Beitrag leisten."

❦

„Meine tägliche Arbeit erfordert ein hohes Maß an Engagement und organisatorischen Fähigkeiten. Ich bin Direktorin einer fünf Jahre jungen Organisation, die sehr schnell gewachsen ist und fünf große Projekte betreut, von denen vier sehr unterschiedliche Unternehmen sind, die sich an verschiedenen Orten angesiedelt haben. Dazu gehören eine Baumschule und ein Gartenbaubetrieb, ein Café mit Lieferservice für Mittagsmahlzeiten, ein Zentrum für Familienangelegenheiten und ein Beratungs- und Betreuungszentrum. Die beiden Unternehmen ohne therapeutische Angebote bilden bisher ‚nicht vermittelbare' junge Menschen in Lebens- und Arbeitskompetenzen aus, damit sie beschäftigungsfähig werden und ein klares Ziel und eine klare Richtung vor Augen haben.

Ich finde, dass die regelmäßige Praxis von Vipassana es mir ermöglicht, mit Spannungen, die in meiner täglichen Arbeit auftreten, effektiv umzugehen. Vipassana befähigt mich dazu, Stress schnell abzubauen und es hilft mir, ausgeglichener zu bleiben und Problemen mit größerem Verständnis zu begegnen. Vipassana-Meditation ist ein ausgezeichnetes Mittel zur Selbsttherapie.

Ich habe ein besseres Verständnis für Ursache und Wirkung und bin meistens imstande, meine eigenen Beweggründe und Reaktionen zu prüfen, ohne dass sie unkontrollierbar auf andere übergreifen. Ich denke, ich bin mitfühlender – sowohl mir selbst als auch anderen gegenüber – und ich bin auch in der Lage, entschlossen zu handeln und mich offen und wahrheitsgemäß zu artikulieren. Ich glaube, dass ich die Geschäfte der Organisation ethisch und prinzipientreu führe."

Brenda Nancarrow lebt in Queensland, Australien.

Roop Jyoti, ein promovierter Harvard-Absolvent, ist stellvertretender Vorsitzender des Geschäftsimperiums seiner Familie und Berater der nepalesischen Regierung in Sachen Verwaltungsreformen und Wirtschaftspolitik.

„Vipassana ist für alle Teile unserer Gesellschaft und für alle Arten menschlicher Aktivität relevant. Es ist bedeutsam für die Geschäftswelt, für die Welt von Handel und Gewerbe, von Produktion und wirtschaftlichen Aktivitäten.

Vipassana lehrt uns, mit den Hochs und Tiefs des Lebens gelassen umzugehen. Man treibt Handel, und manchmal geht der Preis hoch, und manchmal geht er runter. Wenn man in der Produktion tätig ist, sieht man sich überall mit Problemen und Ungewissheiten konfrontiert – Produktionsprobleme, Arbeitsprobleme, Rohstoffprobleme, Finanzprobleme, und so weiter. Man kann sich in jeder Art von unternehmerischer Tätigkeit engagieren und es gibt immer Probleme, es gibt immer Unsicherheiten, es gibt immer Höhen und Tiefen. Wir haben erwartet, dass die Gewinne steigen, aber sie gehen nach unten. Wir hatten gehofft, dass die Gewinne steigen, aber sie sinken. Wir erwarten, dass die Zinssätze fallen, aber sie steigen. Wir erwarten, dass die Herstellungskosten der verkauften

Produktion abnehmen, aber sie nehmen zu. Schaffen wir es, mit solchen Situationen gelassen umzugehen? Ganz sicher, wenn wir Vipassana praktizieren und in unserem täglichen Leben anwenden.

Vipassana lehrt uns, im Leben nicht aus der Fassung zu geraten. Bei der Leitung eines Unternehmens gehört es dazu, mit Menschen Umzug gehen, mit guten Menschen, mit schlechten Menschen, allen Sorten von Menschen. Manche verhalten sich anständig, manche nicht. Manche sind zufriedene Kunden, manche nicht. Manche arbeiten zuverlässig, manche nicht. Inmitten dieses Labyrinths der Ungewissheit ist eines gewiss: wir können uns die Menschen, mit denen wir zu tun haben, nicht aussuchen.

Ob wir unsere Vorgesetzten mögen oder nicht. Ob wir unsere Angestellten mögen oder nicht. Ob wir unsere Arbeitsbedingungen mögen oder nicht. Ob wir die Arbeit mögen, die gerade anliegt oder nicht. Wir haben vielleicht gerade keine Wahl. Hilft es, sich aufzuregen? Nein, es macht alles nur noch schlimmer, nicht nur für uns selbst, sondern auch für die anderen. Aber genau das tun wir, es sei denn, wir haben die Vipassana-Meditation kennengelernt und praktizieren sie regelmäßig.

Vipassana lehrt uns, angesichts von Provokationen nicht zu reagieren. Freundliche Begegnungen werden zu Wortgefechten. Nette Kunden werden plötzlich wütend. Die Mitarbeiter tun nicht, was man ihnen sagt. Arbeiter stellen unpraktische, unrealistische Forderungen. Chefs erteilen unmögliche, unzumutbare Aufgaben. Lassen wir uns provozieren und reagieren mit einem Wutausbruch? Denn das ist unsere Tendenz, was die Situation für uns selbst und für andere natürlich verschlimmert. Es sei denn, wir sind in Vipassana-Meditation geschult und haben gelernt, unsere Empfindungen zu beobachten, die natürlichen Schwingungen in uns selbst.

Vipassana verleiht uns die Fähigkeit, den unterschiedlichsten Situationen mit Gelassenheit, Ruhe und Gleichmut zu begegnen. Es gibt wohl keinen anderen Lebensbereich, in dem eine derartige Fähigkeit von größerem Nutzen, von größerer Relevanz, von größerer Bedeutung ist, als die Geschäftswelt.

Als Geschäftsmann ist das Gewinnmotiv, der Wunsch, Geld zu verdienen, immer noch präsent. Profit für wen? ist die Schlüsselfrage. Durch Dhamma bin ich gewachsen und meine Einstellung hat sich allmählich verändert. Ich habe jetzt den Eindruck, dass es wichtig ist, ein erfolgreiches Unternehmen zu führen und auszubauen, weil es so vielen Menschen helfen kann, von der eigenen unmittelbaren Familie bis hin zu Tausenden von Familien, die von verschiedenen Unternehmen, Banken und Aktionären leben. Für unseren Eigenbedarf könnten wir leicht von den Einkünften durch unsere Liegenschaften leben, aber damit würden wir unserer Verantwortung nicht gerecht werden. Also fangen wir immer wieder neue Projekte an.

Vor allem als jemand, der erfolgreich, vermögend und berühmt ist, muss man sich davor hüten, sein Ego aufzublähen. Es gibt so viele Versuchungen, absichtlich oder unabsichtlich, für sich selbst und auch für die eigenen Kinder. Die Vipassana-Technik ist besonders wichtig, um sich selbst zu kontrollieren und das Ego zu reduzieren.

Vipassana lehrt uns, verantwortlich zu sein, ohne Anhaftung zu entwickeln. Vipassana macht uns nicht gleichgültig, es sensibilisiert uns für unsere Verantwortung. Vipassana schult uns darin, nicht willkürlich zu reagieren, sondern die richtige Eigeninitiative zu ergreifen. Vipassana macht uns nicht weniger ehrgeizig, aber einfallsreicher. Vipassana lehrt uns, wie wir kurzfristige Einschränkungen für den langfristigen Gewinn ertragen können. Vipassana entwickelt unsere Willenskraft, an der richtigen Handlungsweise festzuhalten, es macht uns geduldiger und beharrlicher. Vipassana befähigt uns, all dies zu tun, indem es uns unser inneres Selbst bewusst werden lässt. Mit Vipassana werden wir unsere Negativitäten los und reinigen unseren Geist, und ein reiner Geist, der von reinem Dhamma geleitet wird, trifft immer die richtige Entscheidung und wird auch immer in der richtigen Weise aktiv."

❦

„Der Druck ist sehr hoch, vor allem für eine berufstätige Frau wie mich, die versucht, neben der Arbeit noch ein unabhängiges Leben zu führen. Vor dem Kurs war es für mich unmöglich, Prioritäten zu setzen, ich konnte nicht einschätzen, was wichtig war und wusste nicht, wer ich war und wie gestresst ich war, bis ich nahe am Abgrund stand. In Vipassana habe ich eine Brücke gefunden. Die Verbindung zwischen Geist und Körper, ungreifbaren Emotionen und greifbaren Empfindungen. Die Verbindung zwischen dem, was ich bin und dem, was ich sein möchte. Es ist nur ein Anfang, ein kleiner Schritt in Richtung Gleichgewicht."

Nita Souhami lebt in New York und arbeitet bei einer Bank an der Wall Street.

❦

Indien spielt heute in der Softwareentwicklung und anderen Bereichen der Technik eine weltweit führende Rolle. In der Stadt Mumbai hat die Firma Anand Engineers einen neuen Ansatz gewählt. In den frühen 1990er Jahren startete das Chemieunternehmen mit 100 Angestellten und Arbeitern ein Forschungsprojekt über die Auswirkungen von Vipassana auf die Unternehmensführung.

Jayantilal Shah, der Geschäftsführer von Anand Engineers, war schon lange davon überzeugt, dass es einen Zusammenhang zwischen innerer Entwicklung und materiellem Wohlstand gibt. Die Vipassana-Meditation, so glaubte er aufgrund seiner eigenen Erfahrungen, bietet eine Methode, um dieses ehrgeizige Ziel zu erreichen. Da er jedes Jahr an Retreats teilnahm, beobachteten die anderen Direktoren die Veränderungen in seinem Verhalten und seiner Einstellung und begannen ebenfalls zu meditieren.

Allen, die die Technik erlernen wollten, wurde bezahlter Urlaub angeboten, und mehr als 75% der Mitarbeiter haben inzwischen an einem 10-Tage-Kurs teilgenommen.

Als sich die Denkweise langsam veränderte und mit ihr alte Gewohnheiten, folgten darauf auch materielle Resultate. Die positiven Veränderungen bei Einzelnen durch die Meditation haben dazu beigetragen, die Qualität der zwischenmenschlichen Beziehungen auf allen Ebenen des Unternehmens zu verbessern. Durch die nüchterne Überprüfung ihrer eigenen Rolle erkannten die Direktoren, dass ihre arrogante Haltung gegenüber der Belegschaft nur zu Unsicherheit und mangelndem Vertrauen auf beiden Seiten führte. Nach und nach wandelten sich vertragliche Verbindlichkeiten zu echten Beziehungen um. Als eine leitende Angestellte aufgrund einer längeren Krankheit in der Familie unter Erschöpfung litt und ihr Verhalten immer unberechenbarer wurde, brachte man ihr besondere Aufmerksamkeit und Anteilnahme entgegen. In einem anderen Fall sollte ein ungelernter Arbeiter wegen mangelnder Sorgfalt und Kooperationsbereitschaft entlassen werden. Eine genauere Untersuchung ergab jedoch, dass die Firma von dem Mann die Übernahme anderer Aufgaben erwartet hatte, ohne dies entsprechend anzuerkennen. Daraufhin wurde ihm eine neue Stelle angeboten, und alle Beschwerden waren vergessen. Viele der Entscheidungen, die früher von den Direktoren gefällt wurden, werden jetzt von selbstverwalteten Teams getroffen. Teamwork und Beratung tragen dazu bei, Konflikte im Unternehmen zu reduzieren, und die Motivation und Sensibilität für die gemeinsame Verantwortung sind gewachsen. Das Unternehmen als Ganzes ist harmonischer und produktiver geworden.

Seit den Mitarbeitern Mitte der Achtziger Jahre ermöglicht wurde, Vipassana zu erlernen, hat es in dem Unternehmen keine Arbeitsunruhen und keinen Streik mehr gegeben. Die Vorgesetzten zeigen mehr Verständnis und Respekt für die Arbeitnehmer und alle berichten von reduziertem Stress aufgrund besserer Kommunikation und größerer Zufriedenheit mit der eigenen Tätigkeit. Die allgemeine Verbesserung des Arbeitsumfeldes hat dazu geführt, dass das Unternehmen expandieren konnte, wobei sich der Umsatz im Laufe eines Jahrzehnts verzehnfacht hat und die Gewinne entsprechend gestiegen sind. Der Schwerpunkt des Unternehmens hat sich jedoch auch im Laufe der Zeit verlagert, weg vom reinen Gewinnstreben, hin zu einer umfassenderen, tieferen Vision der Vermögensbildung; einschließlich Finanzen, Gesundheit, glücklicher Arbeitsbeziehungen und innerer Ruhe. Kostenlose Sozialprogramme und ein Meditationsraum in der Fabrik spielen ebenfalls eine Rolle in der Schaffung einer lebendigen, funktionierenden Gemeinschaft.

Unvorhergesehene Ereignisse stellten 1999 den Anspruch und die Arbeitsweise des Unternehmens auf eine harte Probe. Ein Boykott indischer Produkte durch die US-Regierung nach den Nukleartests auf dem Subkontinent, in Verbindung mit der Globalisierungs- und Liberalisierungspolitik der indischen Regierung, veränderte jedoch das wirtschaftliche Umfeld für Anand Engineers völlig. Das Geschäft brach um 40% ein, und gesunde Gewinne verwandelten sich über Nacht in schwere Verluste. Zwar spürte jeder Einzelne den Druck, aber es herrschte Gelassenheit, keine Panik. Es wurden tiefgreifende Gehaltskürzungen beschlossen, wobei die Direktoren mit gutem Beispiel vorangingen. Man einigte sich einvernehmlich auf Entlassungen im gesamten Unternehmen, wodurch die Belegschaft um ein Viertel reduziert wurde. Die Pläne zur Umstrukturierung, die auch Investitionen in neue Technologien vorsahen, wurden unverzüglich vorangetrieben. Trotz der steilen Kurve in ihrem Lernprozess sind sie zuversichtlich, dass sich das Unternehmen in seiner neuen Gestalt auf dem Weltmarkt gut behaupten wird.

❧

Die Erfahrung einer Reihe von Wirtschaftsunternehmen hat gezeigt, dass die Einführung der Vipassana-Meditation bei den Beschäftigten das Betriebsklima, die Kooperationsbereitschaft und die Harmonie im Betrieb verbessert hat. Führungskräfte sind geduldiger im Umgang mit geschäftlichen Unwägbarkeiten und toleranter im Umgang mit den Schwierigkeiten der Mitarbeiter geworden. Die Arbeitnehmer sind zuverlässiger geworden und besser imstande, ihre Aufgaben zu erfüllen, auch wenn die Arbeitsabläufe eher monoton und mit sich wiederholender Routine verbunden sind. Angesichts der positiven Auswirkungen von Vipassana haben viele kommerzielle und nichtkommerzielle Organisationen damit begonnen, ihren Mitarbeitern bezahlten Urlaub für den Besuch eines Vipassana-Meditationskurses zu gewähren. Einige haben Vipassana als eine Art Schulungsprogramm eingestuft, andere haben die Kurse in das Weiterbildungsangebot für ihre Angestellten aufgenommen und wieder andere betrachten es einfach als einen Aspekt der Mitarbeiterförderung. Vipassana hat die Zahl der Konfrontationen und möglichen Situationen, in denen unnötig Konflikte entstehen, verringert. Vipassana hilft einem Menschen, glücklich zu leben, und glückliche Menschen machen eine glückliche Arbeitsgemeinschaft. Die Mitarbeiter entwickeln Dankbarkeit gegenüber ihren Arbeitgebern, dass sie die Möglichkeit haben, Vipassana zu lernen, und die Arbeitgeber ernten die Früchte in Form von höherer Produktivität und verbesserter Arbeitsmoral.

❧

„Als Geschäftsführer eines kleinen Unternehmens fördere ich jetzt eine Atmosphäre, die der Teamarbeit und individuellen Lösungsfindung dient. Mein Führungs- und Verhandlungsstil hat sich von streng zu unterstützend und flexibel verändert. Die Reaktion des Teams und unserer Kunden ist positiv. Die Mitarbeiter tragen mehr Verantwortung und sind besser darauf vorbereitet, eigene Entscheidungen zu treffen. Wir sind erfolgreicher geworden, weil unsere Kunden uns mehr Aufträge erteilt haben."

Joachim Rehbein aus Neuseeland hat 1990 seinen ersten Kurs gemacht und meditiert seitdem.

༷

„Wie nennt man noch mal jemanden, der sich neurotisch und paranoid verhält? Egal, wie das heißt, jedenfalls war ich das, nachdem ich mich darauf eingelassen hatte, zehn Tage lang (zehn Stunden am Tag!) in Stille zu meditieren.

Ich würde nicht gerade sagen, dass ich ein völliger Neuling bei diesen ganzen New-Age-Sachen bin. Ich habe Yoga gemacht, aber unter Sport verstehe ich immer noch einen guten Lauf und einen Satz Gewichte. „Ich besuche jede Woche irgendeine spirituelle Veranstaltung, irgendeinen Treff und habe fast jede religiöse Richtung kennengelernt, die ich mir vorstellen kann." Ich war sogar einmal in einem buddhistischen Tempel und habe eine halbe Stunde lang meditiert. Ich kann diese Erfahrung in einem Wort zusammenfassen: klaustrophobisch. Zehn Tage? Nach ungefähr zehn Minuten dachte ich, ich kriege keine Luft mehr.

Doch selbst mit dieser einen nicht gerade gelungenen Meditationserfahrung machte ich mich auf den Weg zu einem Vipassana-Meditations-Retreat.

Alles fing damit an, dass ich mich im März dazu entschlossen hatte, meinen Job zu kündigen. Jeder hatte zu mir gesagt: „Keith, nimm dir ein paar Monate Auszeit, um den Kopf freizukriegen."

In der typischen A-Typ-Manier ungeduldiger Zeitgenossen versuchte ich also, einen Weg zu finden, wie ich drei Monate geistige Entspannung in möglichst wenige Tage pressen konnte. Dann erinnerte ich mich an einen Vortrag, den ich auf dem Weltwirtschaftsforum in Davos gehört hatte.

Davos ist ein Ort, an dem man eine Woche lang mit ein paar Tausend seiner engsten Freunde, den Staats- und

Regierungschefs der Welt, in den Schweizer Bergen kampiert. Zwischen den Diskussionen über Wirtschaft und Politik gab es eine überfüllte Podiumsdiskussion zum Thema ‚Glück'. Ich denke, dass große Macht und Geld nicht unbedingt eine Garantie für Glück sind. Wir waren also da, um S.N. Goenka zu hören, der uns Glück versprach, wenn wir diese alte Tradition der Meditation befolgten, die nur in einem konzentrierten 10-Tage-Kurs gelehrt werden kann. Da ich zu der Zeit eigentlich glücklich (oder zumindest fieberhaft) erwerbstätig war, dachte ich damals, dass ich auf gar keinen Fall zehn Tage von der Arbeit wegkommen würde. Aber da ich nun etwas Zeit zur Verfügung hatte und in weniger als drei Monaten Glück und Klarheit finden wollte, konzentrierte ich mich darauf, Vipassana auszuprobieren. Was die Sache außerdem interessant machte, war meine Überzeugung, dass alles, was mir solche Angst einjagte, auch starke Ergebnisse bringen würde. Ich konnte natürlich auch nach einer halben Stunde schreiend in den Wald laufen.

Als jemand, der sich gerade mitten in der Karriereplanung befand, hatte ich so viel Energie darauf verwandt, den nächsten Schritt zu finden, der ‚Sinn machte'. Sinnvoll ist hier definiert als der nächste offensichtliche Schritt auf der Karriereleiter.

Als jüngster Marketingchef unter den Fortune 500 konnte ich keinen Job annehmen, der nicht in der Hierarchie des Unternehmens weiter oben angesiedelt war, weder in der Position noch im Unternehmen. Wenn ich das täte, würde ich als Verlierer dastehen, oder etwa nicht? Mir wurde klar, dass ich mir so etwas wie eine Galerie imaginärer Zuschauer geschaffen hatte, zu denen ich auf der Suche nach Zustimmung zu meinen Karriereschritten immer wieder hinschaute. Was mich glücklich machen würde? Was ist das für eine Frage?

Der sechste Tag war ein Alptraum. Jedes Mal, wenn sich die einstündige Sitzung ihrem Ende näherte, hörten wir wie Goenka mit dem Chanten begann, das normalerweise ein paar Minuten dauerte, aber zumindest wussten wir, dass es

gleich vorbei sein würde. Doch am Ende eines Chantings gab
es eine Note, die er immer besonders lang hielt. Es war in
Pali, einer alten indischen Sprache, und das Wort bedeutete
wahrscheinlich ‚Liebe‘ oder so. Ich könnte schwören, dass
dieser Ton jedes Mal länger und länger wurde. Bei der
letzten Meditation am Ende des siebten Tages war ich mir
sicher, dass der sadistische kleine Goenka das Wort Liebe
absichtlich hinauszog, um den Schmerz zu verlängern. Als
ich dann die Augen öffnete, habe ich den Mann gesehen,
der so friedlich ausgesehen hat, und ich habe gemerkt, wie
sich meine Aversionen aufgelöst haben. Und ich denke, das
ist genau der Sinn dieser ganzen Übung. Wir haben genau
das gleiche praktiziert, was wir jeden Tag leben, haben in
der Meditation die gleichen körperlichen Empfindungen
erfahren, die wir auch im täglichen Leben haben, wenn uns
jemand beleidigt oder frustriert. Wir haben gelernt, diese
flüchtigen Empfindungen zu beobachten und sie vorbeiziehen
zu lassen. Und nicht mit der Aufmerksamkeit auf ihnen zu
bleiben, und sie zu verschlimmern. Selbstverständlich haben
wir auch erfahren, was passiert, wenn wir in ihnen schwelgen.
Als ich mich auf den Schmerz in meinem Knie konzentrierte
und mich darüber zu ärgern begann, hat es den Schmerz
nur verstärkt. Das ähnelte der geballten Frustration, die ich
empfinde, wenn ich mich über meinen Chef ärgere. Wenn
ich jedoch ruhig, still, geduldig, ausdauernd, gewissenhaft
und kontinuierlich einfach nur beobachtet habe, sind die
Schmerzen vergangen. Das war mir eine echte Lektion für
mein tägliches Leben.

Ich habe viele Stunden lang gute und schlechte Erinnerungen
und Fantasien durchlebt. Und dann gab es auch abgelenkte
Zeiten während der Meditation, in denen ich auf dem
Höhepunkt meiner Kreativität war.

Wie geht es nun weiter, nachdem ich wieder zu Hause
bin? Ich versuche, ein gewisses Level der Meditation aufrecht
zu erhalten. Ich bin mir nicht sicher, ob ich mein Lager an
Bordeaux-Weinen aufgeben oder aufhören werde, mich an

der Tötung von Tieren zu Nahrungszwecken zu beteiligen, aber ich würde sagen, dass ich genug mitbekommen habe, um dieser Möglichkeit, ein glücklicheres Leben zu führen, nicht den Rücken zu kehren. Ich werde also weiterhin aufmerksam sein, beobachten und nicht reagieren."

Keith Ferazzi ist jetzt Präsident und Geschäftsführer von YaYa, einer Internet-Werbeagentur.

Helfende Hände

Menschen, die in verschiedenen Bereichen von Sozialarbeit oder in helfenden Berufen tätig sind, haben die Möglichkeit, direkt auf das Leben anderer einzuwirken. Ärzte, Krankenschwestern, Lehrer, Psychologen, Berater und andere versuchen ihre Fähigkeiten für uns einzusetzen. Das mögen alles noble Berufe sein, aber sie bergen auch Risiken. Nicht nur wegen der dringenden Notwendigkeit und der äußeren Arbeitsbedingungen, sondern weil die ständige Auseinandersetzung mit dem Leiden anderer ein Auslöser für eigene Schwächen sein und den Helfer in den gleichen Strudel des Unheils ziehen kann, wie den Klienten. Vipassana-Meditation bietet hier einen Ansatz, um in anspruchsvollen sozialen Situationen mitfühlend und effektiv zu agieren und gleichzeitig sich selbst zu schützen und die eigenen geistigen Ressourcen wieder aufzufüllen.

❧

„Nicht lange, nachdem ich begonnen hatte, Vipassana zu praktizieren, kam die Gelegenheit, es in einem anspruchsvollen Umfeld in die Praxis umzusetzen, nämlich als periodischer Haftaufseher für das Neuseeländische Justizministerium. Der vorübergehende Gewahrsam ist eine Korrekturmaßnahme, die von den Verurteilten verlangt, einen Teil ihres kostbaren Wochenendes zu opfern, um gemeinnützige Arbeit zu verrichten. Es handelt sich dabei um eine Strafe für Straftaten wie Körperverletzung, Diebstahl oder ordnungswidriges Verhalten, als letzte Stufe vor einer Gefängnisstrafe.

Ich weiß nicht, warum ich für die Stelle ausgewählt wurde und nicht mein stämmiger, bärtiger griechischer Freund, der wie jemand aussah, mit dem man sich nicht anlegen sollte. Ich dagegen erweckte eher den gegenteiligen Eindruck, ich war schüchtern, nicht durchsetzungsfähig und ziemlich unerfahren in der Welt. Das war zumindest mein Empfinden.

An meinem ersten Arbeitstag wusste ich nicht, was mich erwartete und ich kam nervös schon früh in der Haftanstalt an. Es war ein eiskalter Morgen, als der Gefängnisdirektor beim Appell schnell die Namensliste herunterrasselte. Das lockerte zwar die kühle Luft auf, aber nicht die eisigen Blicke der Gefangenen. Die unterschiedlichen Grade an Unmut und genervter Abneigung ließen durchblicken, dass sie ihrem neuen Aufseher nicht sehr freundlich gesonnen waren. Was hatten sie wohl für mich auf Lager?

Ich war für ein Dutzend Häftlinge zuständig. Unsere Aufgabe an diesem Tag bestand darin, das Gestrüpp an einer Schule zu beseitigen. Mit einiger Besorgnis machte ich eine Bestandsaufnahme der Mistgabeln, Hacken, Äxte, Spaten und anderer scharfer Werkzeuge, die in den Transporter geladen wurden. Der Gefängnisdirektor musste ziemlich viel Zutrauen in die Dickhäutigkeit seiner Aufseher haben. Es war nicht schwer, sich vorzustellen, dass man unterwegs ganz beiläufig in einem flachen Straßengraben entsorgt werden konnte. Glücklicherweise wurde keine dieser Ängste Wirklichkeit. Ich stellte fest, dass ich die Aufgabe recht gut bewältigen konnte, weil ich mit einem gewissen Maß an Gelassenheit und stillem Mitgefühl ausgestattet bin, das sich durch die Praxis von Vipassana entwickelt. Während der gesamten Zeit meiner Tätigkeit gab es keine nennenswerten Zwischenfälle.

Aufgrund der angespannten Arbeitssituation war es jedoch unvermeidlich, dass sich im Laufe des Tages Stress ansammelte. Mir wurde sehr klar bewusst, wie wertvoll die tägliche morgendliche und abendliche Vipassana-Praxis war.

Wenn ich nach Hause kam und zu meditieren begann, gab es
oft zunächst so etwas wie eine explosionsartige Freisetzung des
Stresses vom Tage. Es war fast unglaublich. Das hat mich auf
jeden Fall davon überzeugt, dass Vipassana ein wunderbares
geistiges Reinigungsbad auf allen Ebenen ist, und ein ideales
Werkzeug für Menschen, die in anspruchsvollen Bereichen
der Sozialarbeit tätig sind."

Richard Rossi praktiziert seit 25 Jahren
Meditation in dieser Tradition.

❧

Thomas Crisman war 10 Jahre lang als Rechtsanwalt in den
Vereinigten Staaten tätig gewesen, als er 1980 an seinem ersten
Vipassana Meditationskurs teilnahm. Nach Abschluss seines
Ingenieurstudiums, 1965, und seines Jurastudiums, 1969, begann
er in Dallas, Texas, als Anwalt für geistiges Eigentumsrecht zu
praktizieren, einem Fachgebiet, das auf Patent-, Marken- und
Urheberrecht spezialisiert ist. Bis zu seinem ersten Kurs hatte er
sich hauptsächlich mit Gerichtsverfahren, wie der Vertretung von
Mandanten in Rechtsstreitigkeiten mit Gegenpartei, beschäftigt,
in denen es um beträchtliche Geldsummen und um Fragen ging,
die beiderseits häufig starke Emotionen auslösten.

„Rechtsstreitigkeiten in den Vereinigten Staaten sind in den
letzten Jahrzehnten gekennzeichnet durch die Aggressivität,
mit der die Anwälte ihre Mandanten vertreten, und durch die
sogenannten ‚Hardball-Taktiken‘, die sie anwenden, um die
Anwälte der Gegenseite zu frustrieren und sich dadurch selbst
einen Vorteil zu verschaffen. In meiner eigenen juristischen
Laufbahn habe ich mir diesen Ansatz für Prozesse auch zu
eigen gemacht, und die Vertretung meiner Klienten wurde
für mich zu einem persönlichen Machtkampf, mit dem Ziel,
gegen die Anwälte der Gegenseite des Falles in jeder Frage
und um jeden Preis zu gewinnen. Wenn ich im Laufe eines
langwierigen Rechtsstreites auch nur eine kleine Schlacht
verloren hatte, führte dies in der Regel zu Wut, Feindseligkeit

und Rachegelüsten gegenüber dem Anwalt der Gegenseite, der mir die Niederlage zugefügt hatte. Zu gewinnen und es den Anwälten der Gegenseite ‚heimzuzahlen' wurde in meiner Arbeit zur Obsession. Ich glaubte, es sei notwendig, dass ich mich stark und persönlich von meinen Emotionen leiten lasse, um den Sieg für meine Mandanten zu erringen. Diese Einstellung und dieses Verhalten führten natürlich zu einer enormen Stressbelastung, zu emotionalen Höhen und Tiefen und regelmäßig zu Depressionen. Ich ging mit diesen Gemütsschwankungen genau so um wie die Anwälte, die mich ausgebildet hatten, einschließlich Alkohol und anderen Ablenkungen.

Nachdem ich Vipassana praktiziert hatte, begann ich zu erkennen, dass es einen ausgewogeneren Weg gibt, die Vertretung meiner Mandanten in Rechtsstreitigkeiten anzugehen. Ich begann, härter daran zu arbeiten, einen Mittelweg oder eine Kompromisslösung zu finden, um die Kontroversen zwischen den Parteien eines Rechtsstreites beizulegen. Wenn keine Einigung in der Angelegenheit zustande kam und es klar war, dass der Rechtsstreit zu Ende geführt werden musste, dann fing ich an, den gesamten Prozess und die Beilegung eines Konfliktes zwischen zwei Prozessparteien als eine Art Spiel zu betrachten. Es wurde klar, dass der Rechtsstreit ein Spiel war, das man sehr effizient spielen konnte, während man gleichzeitig leidenschaftslos und emotional in Balance blieb. Ich habe festgestellt, dass ich die Interessen meines Mandanten in einem Rechtsstreit effektiver durchsetzen kann, wenn ich mich nicht zu wütenden Reaktionen auf die Vorgehensweise der Gegenseite hinreißen lasse. Indem ich angesichts der aggressiven Hartball-Taktiken meiner Prozessgegner emotional ausgeglichen blieb, konnte ich, so fand ich heraus, mit noch kraftvolleren Worten argumentieren und entschiedener auftreten. Bei der wirksamen Umsetzung energischer Maßnahmen, die notwendig waren, um die Interessen meines Mandanten taktisch und strategisch zu wahren, war es für mich viel einfacher, wenn ich mich persönlich in den Kampf nicht emotional verstricken ließ.

Die Erkenntnis dieser Wahrheiten und die Fähigkeit, sie in meinem Beruf in die Tat umzusetzen, sind die beiden Schlüsselelemente, die mich, nachdem ich angefangen hatte zu meditieren, in die Lage versetzt haben, weiterhin als Anwalt zu praktizieren. Ohne die Ausgeglichenheit und die Gelassenheit des Geistes, die ich durch meine Meditationspraxis entwickelt habe, wäre ich nicht in der Lage gewesen, weiter als Anwalt zu arbeiten. Es war für mich praktisch unmöglich geworden, mit den Schwierigkeiten umzugehen, die mit der Vertretung von Klienten mit Problemen und ernstlichen Konflikten mit anderen Menschen verbunden sind. Dhamma hat es wieder möglich gemacht.

Meine Erfahrung mit der Anwendung von Vipassana in meinem Berufsleben hat mir dabei geholfen, die Bedeutung des Satzes ‚die Kunst zu leben' tiefer zu verstehen. Ohne die Anwendung dieser Kunst in meinem Beruf hätte ich mein Leben verändern und mir etwas völlig anderes für meinen Lebensunterhalt suchen müssen."

Thomas Crisman, Dallas, USA.

❧

Ein guter Lehrer bleibt im Gedächtnis – nicht wegen seiner Lehrsätze oder Übungen, sondern aufgrund schwer fassbarer Qualitäten, die in uns einen Funken überspringen lassen: die Liebe zum Lernen, die Aufgeschlossenheit, der Humor. In seinem Klassenraum oder Büro vergessen wir die Schulbildung und sammeln dafür wertvolle Lektionen fürs Leben.

Guy Dubois, ein Schullehrer aus Frankreich, stellte seine besonderen beruflichen Erfahrungen in einem Vipassana-Seminar in Dhamma Giri, Indien, vor.

„Ich meditiere jetzt seit fast sechs Jahren und möchte einen Einblick in einige positive Auswirkungen geben, die ich nach und nach in Hinblick auf meine Tätigkeit als Lehrer und Pädagoge gewonnen habe. Vor neun Jahren begann ich mit all dem Enthusiasmus und all den guten Vorsätzen der Jugend als Lehrer zu unterrichten. Doch schon nach kurzer Zeit merkte ich, dass mir diese Eigenschaften und all mein akademisches Wissen eine nur oberflächliche Erfüllung gaben.

Im Osten gibt es noch Disziplin und Respekt vor dem Lehrer. Wenn hingegen in meinem Land Frankreich der Lehrer nicht interessanter ist als das Fernsehen, werden die Schüler schnell unruhig und fordern ihn heraus, so dass er sich seiner eigenen Unzulänglichkeiten unangenehm bewusst wird. Wenn das geschieht und die Begeisterung nachlässt, dann reagiert er oft negativ und unsachlich. Infolgedessen kann es sein, dass der Lehrer aus Selbstschutz einen Schutzwall errichtet, der seinen Unterricht distanziert, kalt, streng und akademisch macht und zu einer unlebendigen Routine im Klassenzimmer führt. Oder es überfordert ihn, weshalb er möglicherweise raucht, trinkt, Beruhigungsmittel oder Schlaftabletten einnimmt oder einen Nervenzusammenbruch erleidet. In Frankreich haben wir psychiatrische Kliniken speziell für Lehrer, die mit dem Stress in der Schule nicht mehr zurechtkommen.

Ich war fest entschlossen, die Schuld nicht mehr bei anderen zu suchen, sondern das Problem an der Wurzel zu packen. Meine Mission brachte mich schließlich zu Vipassana.

Schon in meinem ersten Meditationskurs wurden mir manche Realitäten klarer. Mein Leiden war bitterer, als ich es mir jemals hätte vorstellen können. Trotz meines guten Willens, durch das Unterrichten Hilfestellung zu geben, habe ich meine Schüler ohne es zu merken mit meinen eigenen inneren Konflikten beworfen und frühere Frustration und meine Minderwertigkeitskomplexe durch verschiedene Ego-Spielchen kompensiert. Aus Angst vor Überrumpelung habe ich versucht, die Schüler zu manipulieren und zu kontrollieren, entweder durch mein Wissen oder durch autoritäre, unüberlegte Reaktionen.

Auch konnte ich vor anderen nicht zugeben, wenn ich mich geirrt hatte oder etwas nicht wusste. Völlig damit beschäftigt, den Schein zu wahren oder aus Angst, verletzt zu werden, habe ich nur denjenigen Schülern Aufmerksamkeit geschenkt und sie wirklich kennengelernt, die mir entweder durch ihre Intelligenz gefielen oder die ständig gestört haben.

Aber durch die ernsthafte Praxis von Vipassana hat meine Fähigkeit zugenommen, mir der Gewohnheitsmuster meines Geistes und ihrer Manifestation in meinem Körper in den Empfindungen bewusst zu sein. Gleichzeitig konnte ich sie geduldiger hinnehmen. So hat mein Stress ganz natürlich abgenommen und mein Verhalten sich verändert.

Und jetzt ist es, als ob mir die Augen geöffnet worden wären. In jedem erfolgreichen Schüler sehe ich auch sein unterschwelliges Leiden. Bei den Unscheinbaren und Stillen entdecke ich die inneren Qualitäten. Gegenüber den Frechen, weil ich das gleiche Elend von mir selbst kenne, strahle ich tieferes Verständnis und Toleranz aus. Wann immer ich von Negativitäten überwältigt werde, versuche ich, diese unangenehmen Empfindungen mit einem ausgeglichenen Geist zu spüren, und sehr bald lässt meine Irritation nach. Aber wenn ich hart durchgreifen muss, dann habe ich auch den Mut dazu, denn ich bin mir bewusst, dass meine Rolle darin besteht, zu helfen und nicht zu gefallen.

Dadurch, dass ich mich weniger überlegen fühle, verändert sich die Atmosphäre im Klassenraum. Das tiefere Vertrauen, das zwischen mir und den Schülern entstanden ist, öffnet sie für schwierigere Themen und erhöht meine eigene Sensibilität gegenüber Problembereichen. Meine Worte und Handlungen gewinnen so ganz natürlich an Kraft. Meine Fähigkeit zu effektiver Kommunikation erweitert sich, nicht nur anhand der Begrenztheit des Intellektes, sondern aus der Gesamtheit eines Menschen heraus, zu einem anderen gleichwertigen Menschen hin. Hier beginnt der wirkliche Austausch, durch den wir auf beiden Seiten geben und empfangen."

❦

„Sie fragen, was ich mache? Nun, ich bin Lehrer. Ich unterrichte an einem Community College in der Nähe von Seattle und arbeite mit internationalen Studenten als Lehrer für Englisch als Zweitsprache. Das ist, oberflächlich betrachtet, meine Arbeit. Aber eigentlich geht es um Sprache als Kommunikationsmittel. Ich ermögliche es anderen Menschen, das hoffe ich jedenfalls, besser miteinander zu kommunizieren, mit dem Ergebnis, dass die Menschen in einem harmonischeren Umfeld interagieren können.

Ich habe für diese Arbeit eine internationale Gruppe von Menschen ausgewählt, mit denen ich zusammenarbeite. Ich halte es für wichtig, dass die Menschen auf internationaler Ebene miteinander umgehen können. Dadurch hat sich auch schon ein gewisser Erfolg eingestellt. Hier ein Beispiel: Im letzten Jahr habe ich im Rahmen eines Spezialauftrages mit einem Elektronikunternehmen zusammengearbeitet, bei dem ein großer Prozentsatz der Mitarbeiter aus Südostasien stammte. Sie arbeiteten schon lange in diesem Unternehmen – 8, 10, 15 Jahre – und kommunizierten immer noch nicht mit ihren Englisch sprechenden Kollegen. Sie arbeiteten zwar zusammen, aber sie sprachen nicht miteinander. Also entwickelte ich ein Programm, für das ich als Lehrer für Englisch als Zweitsprache engagiert wurde. Ich sagte: ‚Nein, ich werde Kommunikationstechniken vermitteln, und ich möchte, dass auch die Amerikaner am Unterricht teilnehmen. Ich will nicht nur die Menschen, für die Englisch nicht die Muttersprache ist.‘ Wir setzten uns mit Ihnen zusammen und gaben ihnen ein paar Aufgaben mit auf den Weg, die sie gemeinsam lösen sollten. Und hinterher sagten sie: ‚Ich hatte bisher noch nie mit dieser Person gesprochen, aber jetzt haben wir im Flur miteinander geredet.‘ Das ist es, was ich mache. Ich unterrichte Sprache, aber ich unterrichte sie als ein Mittel, mit dem die Menschen auf mehr als nur einer ‚Hallo, wie geht's‘-Ebene interagieren können.

Ich wende Vipassana bei meiner Arbeit ständig an. Für mich ist Vipassana ein Weg, die Wahrheit herauszufinden. Das habe ich immer bei mir, denn ich bin mir der Wahrheit in meinem Innern so viel wie möglich bewusst. Sich der Empfindungen bewusst sein, sich des Atems bewusst sein. Sich dessen bewusst sein, wie sich etwas manifestiert. Sich bewusst sein, dass ich in meine Interaktion die Qualität des Verstehens, der Weisheit, des Mitgefühls und von *mettā* einbringe. Und das versuche ich so viel wie möglich in meine Arbeit als Lehrer einfließen zu lassen. Für mich als Ausbilder ist es das Wichtigste, und ich habe mir diesen Beruf ausgesucht, das, was ich für die Wahrheit halte, so gut ich kann zu verkörpern. Das wirkt sich auf die Studenten aus. Das war so, ist so, und ich arbeite weiter daran, es zu perfektionieren."

Unterhaltung mit Peter Martin, der in Washington, USA, lebt und arbeitet.

❧

„Als Berater habe ich es manchmal mit gewalttätigen Schülern und Situationen zu tun. Eine Situation fällt mir ein: ein dreizehnjähriger Schüler, ich will ihn hier John nennen, besucht unsere Schule seit dem Kindergarten. Normalerweise ist er ein angenehmer und höflicher Junge, aber wenn er wütend wird, gerät er fast völlig außer Kontrolle. Obwohl John immer noch Schwierigkeiten hat, ist es mit ihm im Laufe der Jahre viel besser geworden. Oft kommt er zu mir, um mir zu erzählen, wie wütend er auf ein anderes Kind ist, aber wenn wir das dann besprechen, kann er diese Differenzen auch friedlich beilegen. Es kommt immer noch manchmal vor, dass ich ihn körperlich zurückhalten muss, und da er für sein Alter ziemlich groß und stark ist, muss ich mich unter Umständen lange auf ihn drauf setzen, bis er sich beruhigt.

John kommt aus einem Umfeld, in dem Probleme oft mit Gewalt gelöst werden. Dieses Jahr habe ich dabei geholfen, gemeinsam mit einem Gastredner eine Klasse zu unterrichten. Dabei ist es zu einem Missverständnis zwischen John und einem anderen Jungen gekommen. Bevor noch irgendjemand begriffen hatte, was da geschah, hatte John schon den anderen Jungen vom Stuhl auf den Boden gerissen und auf ihn eingeschlagen. Ich musste John körperlich zurückhalten und ihn aus dem Raum drängen. Ich habe ihn mit in mein Büro genommen und leise auf ihn eingeredet. Nach geraumer Zeit hatte er sich so weit beruhigt, dass er mit dem anderen Jungen sprechen konnte. Sie haben sich dann gegenseitig entschuldigt und konnten schließlich ihre Differenzen so weit beilegen, dass sie den Rest der Schuljahre sogar zu Freunden wurden. Außerdem hat John einen Entschuldigungsbrief an unseren Gast geschrieben.

Um die Situation zu meistern, habe ich während der ganzen Episode das anzuwenden versucht, was ich durch Vipassana gelernt habe. Ich bin ruhig geblieben und nicht wütend geworden, obwohl ich schnell und entschlossen handeln musste. Im Gespräch mit John habe ich gespürt, dass mein *mettā* der Anteilnahme und Fürsorge ihm geholfen hat, sich zu beruhigen und weniger in Abwehrhaltung zu sein. Er war dann auch bereit, sein Fehlverhalten einzusehen und einzugestehen und geeignete Schritte zu unternehmen, die Situation wiedergutzumachen. Ich konnte beiden Jungen helfen, zu einer für beide Seiten befriedigenden Einigung zu kommen, indem ich nicht reagiert, sondern die Situation klar und ruhig betrachtet habe.

Zum Glück sind derartig extreme Situationen selten. Gleichzeitig kommt es häufig vor, dass ich Kindern oder ihren Familien beistehen muss, wenn sich etwas sehr Schlimmes ereignet hat: der Tod eines Großelternteils oder auch eines Elternteils oder eine Trennung in der Familie. Manchmal, wenn es nicht so viel zu sagen gibt, kann ich einfach nur still mit dem Kind dasitzen und *mettā* geben. Wenn es mein Büro verlässt, sagt es mir, obwohl immer noch traurig, sei es trotzdem schon mehr im Frieden."

Sheldon Klein ist Psychologe an einer Grundschule in Kanada.
Er und seine Frau praktizieren Vipassana.

❧

Der Buddha wurde wegen seines einzigartigen Rezeptes zur Beendigung des menschlichen Leidens als „der große Arzt" bezeichnet. Indem Meditation den Heiler heilt, verbessert sie wesentlich die Qualität der Krankenpflege in unseren Gemeinschaften.

Dr. Om Prakash war in Burma einer der führenden Ärzte gewesen. Später war er nach Delhi, Indien, gezogen, wo er bis in seine 80er Jahre hinein seine berufliche Tätigkeit fortgesetzt und auch in Krankenhäusern gearbeitet hat, in denen Patienten kostenlos behandelt wurden.

„Vipassana ist bei der Ausübung des Arztberufes sehr hilfreich. Ich war noch ziemlich jung, als ich anfing, Vipassana zu praktizieren. Zu dieser Zeit lebte ich in Burma und hatte eine gut gehende Praxis mit täglich zwischen 250 und 300 Patienten. Wenn ich die Klinik betrat, war ich aufgeregt und nervös und habe mich gefragt, wie ich so viele Patienten würde behandeln können und wie ich es schaffen würde, rechtzeitig mit der Arbeit fertigzuwerden. Ich habe ziemlich oft die Geduld verloren, war wütend auf die Krankenschwester oder habe meinen Assistenten angeschrien.

Aber als ich mit Vipassana anfing, sah ich, dass ich auch arbeiten konnte, ohne den Frieden meines Geistes zu verlieren. Meine Arztpraxis wuchs weiterhin, aber ich war nicht mehr aufgeregt. Meine Einstellung gegenüber meinen Problemen veränderte sich. Anfangs hatte ich noch darüber nachgedacht, ob der Patient wohl für die Behandlung bezahlen könnte. Nach Vipassana begann ich zu denken: ‚Was würde ich tun, wenn mein Sohn oder Enkel krank würde? Dieses Kind ist wie mein Enkel!' Ich bemerkte, dass ich jetzt nichts anderes als Mitgefühl und liebevolle Güte für meine Patienten empfand.

Ich stellte auch fest, dass meine Behandlungen wirksamer und nützlicher wurden. Ich verabreichte die gleichen Medikamente, aber die Ergebnisse waren viel besser. Die Patienten wurden schneller gesund, obwohl ich ihnen die gleichen Medikamente gab! Genau genommen reduzierte ich sogar die Dosis, so dass die Leute fragten, ob ich ihnen homöopathische Arzneimittel gab, und warum sie nicht die modernen schulmedizinischen Medikamente bekämen.

Ich begriff, dass die Medikamente weniger wichtig waren als mein Mitgefühl und *mettā*. Die Patienten wurden wieder gesund, egal welche Medizin ich verschrieb. So kann man beruflich von Vipassana profitieren und Menschen helfen."

༄

„Ich bin erst einige Jahre nachdem ich mit der Vipassana-Praxis angefangen hatte, Ärztin geworden. Aber es bedeutet eine solche Unterstützung in diesem Beruf. Eines der Dinge, die mir auffallen, ist, dass man in jedem helfenden Beruf, in dem man mit Menschen arbeitet, ständig von Kranken umgeben ist. Ihr Leiden ist wirklich sehr offensichtlich: sie haben Angst, sie haben Schmerzen, sie sind oft wütend, sie fühlen sich übervorteilt, sind verbittert und verwirrt: ‚Warum passiert mir das!‘ fragen sie. Oder sie sind wütend, um damit ihre Schuldgefühle oder Ängste zu verdecken, die sie aufgrund der Situation haben. Sie verlieren die Kontrolle. Davon ist man die ganze Zeit umgeben. Es ist sehr schwer, nicht hineingezogen zu werden oder sich die Gedanken nicht durch den Kopf gehen zu lassen. Ein Beispiel: ein Patient kommt zu mir und erzählt mir von seinem Alkohol- und Drogenproblem. Da können dann kleine verächtliche Gedanken auftauchen wie: ‚Mensch, reiß dich doch zusammen!‘ Dann werden sie vielleicht sogar ausfallend, das passiert ziemlich häufig. Sie bewerfen dich geradezu mit ihrer Wut.

Je mehr man Vipassana praktiziert, desto mehr wird man sich seiner eigenen Reaktionen bewusst, und man kehrt einfach für einen Moment zu den Empfindungen zurück, und die ganze Abwehrhaltung, das ganze Ego kommt zum Vorschein, nach dem Motto: ‚Wie kann der es wagen, mich so zu behandeln, ich versuche doch nur, zu helfen!‘ Manchmal reicht das schon aus. Manchmal trifft man aber

auch die falsche Entscheidung, man reagiert und schlägt um
sich. Aber manchmal reicht es aus, um sich irgendwie zu
beruhigen, so dass man über sein Ego hinweggehen kann und
sich sagt: ‚Gott, dieser Kerl ist wirklich verletzt – mal sehen,
was ich tun kann, um ihm zu helfen.' Manchmal ist man
dabei eben erfolgreich und manchmal nicht, aber der Prozess
funktioniert wirklich. Es hilft auch, wenn man von einem
deprimierten Menschen runtergezogen wurde, und man sich
niedergeschlagen und hilflos fühlt: ‚wie kann ich da helfen,
ich weiß nicht, was ich tun kann…' Dann versucht man
einfach, zu dieser Basis von Ausgeglichenheit und Gleichmut
zurückzukehren, sich aus der eigenen Anhaftung der Held sein
zu müssen und allen helfen und alles in Ordnung bringen
zu müssen, zu lösen. Und dann versucht man einfach nur,
für die Person da zu sein. Die Menschen scheinen damit gut
zurechtzukommen, es hilft ihnen und es verhindert, dass man
selbst hineingezogen wird."

Lemay Henderson hat ihren ersten Vipassana-Kurs 1985
in den USA gesessen. Seither hat ihre gesamte
Familie an Kursen teilgenommen.

❧

Geo Poland aus Kanada ist vor kurzem in seinen Arztberuf
zurückgekehrt, nachdem er für lange Zeit in der ganzen Welt
ehrenamtlich als Vipassana-Helfer gearbeitet hatte.

„Vor vielen Jahren hat eine tiefe Freundschaft zwischen mir
und einem 85 Jahre alten verkrüppelten Landwirt begonnen,
der mein Patient war. Wir haben die Stunden miteinander in
seiner Küche verbracht, Tee getrunken und uns Geschichten
erzählt. Er war ein sehr praktischer Mann, dem eigentlich fast
alles gelungen ist, was er angepackt hat. Er hat mir erzählt,
dass er nur einen Tag zur Schule gegangen war und dabei alles
gelernt hatte, was er wissen musste. Sein Lehrer hatte nämlich
an die Tafel geschrieben: ‚Seid niemals untätig', also war er
zurück zum Hof gelaufen und hatte mit der Arbeit angefangen!

Er hat mir auch erzählt, dass er in der guten alten Zeit einen Arzt gehabt hatte, einen richtigen Arzt. Er hat gesagt, in dem Augenblick, in dem man die Praxis betrat, fühlte man sich schon besser, und wenn man seine Praxis verließ, fühlte man sich noch besser, obwohl man noch gar keine Medikamente eingenommen hatte. Er hat dann erklärt, es sei sehr einfach, ein guter Arzt zu sein – man müsse den Patienten nur viel ‚TLC' (Tender Loving Care), also liebevolle Fürsorge, geben. Sicherlich ist das nicht alles, was eine medizinische Praxis ausmacht, aber es ist ein Teil, der leider allmählich durch unsere Abhängigkeit von Untersuchungen und Tests zur Diagnosestellung ersetzt wird.

Durch Vipassana und die Entwicklung von *mettā* können wird dieses ‚TLC' wieder aufleben lassen. ‚Arzt, heile Dich selbst!' ist ein bekannter Satz. Wir in unseren Heilberufen sollten uns das zu Herzen nehmen, wenn wir uns selbst und unseren Patienten wirklich helfen wollen."

Macht für den guten Zweck

Politiker und Verwaltungsbeamte belegen einige der mächtigsten Positionen in der Gesellschaft und haben die Möglichkeit, das Leben großer Bevölkerungsgruppen zu beeinflussen. Aber wie wir wissen, geht mit der Macht auch eine Versuchung einher – die fast unwiderstehliche Versuchung, das Amt und das öffentliche Vertrauen für die eigenen Zwecke zu missbrauchen, sei es in finanzieller, sexueller oder dynastischer Hinsicht. Verantwortung zu übernehmen und sie menschlich, effizient und mit Integrität auszuüben, das ist tatsächlich selten. Die eigene Vision und Charakterstärke zu nutzen, um selbstlos Institutionen zum Wohl anderer zu verändern, erfordert besondere Qualitäten. Nur wenige Menschen wie Gandhi, Nelson Mandela oder Mutter Teresa schienen dazu geboren zu sein, anderen auf solch einzigartige Weise voranzugehen. Aber unabhängig davon, was unser Ausgangspunkt ist, der Prozess der Selbstbeobachtung und der Reinigung des Geistes durch Vipassana bietet uns allen die

Chance, ein Leben lang zu lernen, kreativ mitzuwirken und das Beste in uns zu verwirklichen.

Trotz seiner Benachteiligung durch Armut und fehlende höhere Bildung ist U Ba Khin seinen beruflichen Weg gegangen und hat für seine Ehrlichkeit, Intelligenz und Bereitschaft zu harter Arbeit viel Bewunderung geerntet. Von einem kleinen Bürogehilfen in der Kolonialverwaltung ist er 1948 zum ersten Generalrechnungsprüfer der neuen unabhängigen Regierung Burmas aufgestiegen. Zu diesem Zeitpunkt hatte er bereits seit über zehn Jahren Vipassana-Meditation praktiziert.

Er hat rasch Fortschritte auf dem Pfad gemacht und als seine beruflichen Verpflichtungen es zuließen, hat er begonnen, die Technik zu lehren. Während der nächsten beiden Jahrzehnte hat er die Verantwortung als hochrangiger Beamter im Dienst seines Landes mit der eines Meditationslehrers für Laien verbunden. In beiden Bereichen hat er herausragende Resultate erzielt und sich den Ehrentitel „Sayagyi", respektierter Lehrer, verdient.

„U Ba Khin war ein Mann mit Prinzipien und gleichzeitig äußerst geschickt im Umgang mit Menschen. Er konnte weich wie ein Rosenblütenblatt oder hart wie ein Diamant sein, je nachdem, was die Situation erforderte. Durch die Einführung der Vipassana-Praxis bei den Beamten und Mitarbeitern in den Geschäftsräumen des Generalrechnungsprüfers bewirkte U Ba Khin bemerkenswerte Verbesserungen in dieser Regierungsabteilung. Der Premierminister erkannte die Bedeutung dieser Leistung, und weil er sich eine verlässliche Verwaltung wünschte, beauftragte er Sayagyi persönlich mit der Arbeit im Staatlichen Amt für Agrarmarketing (State Agriculture Marketing Board), einem der wichtigsten staatlichen Behörden, das sich in schlechtem Zustand befand. Der Bericht des Untersuchungsausschusses, der die Angelegenheiten der Behörde untersuchte, deckte schonungslos ein Netz von Korruption und Ineffizienz auf. Um die Behörde zu reformieren, musste jedoch erst der Widerstand der betroffenen Geschäftsleute und Politiker überwunden werden. Als bekannt wurde, dass U Ba Khin zum Vorsitzenden der Behörde ernannt werden sollte, traten alle leitenden Angestellten in Streik, weil sie befürchteten, dass der Mann, der ihre Missstände und Ineffizienz aufgedeckt hatte, nun ihr Vorgesetzter werden würde. Sayagyi blieb standhaft. Er setzte die anfallende Verwaltungsarbeit nur mit den Büroangestellten fort. Als die Streikenden nach einigen Wochen begriffen, dass sich Sayagyi ihrem Druck nicht beugen würde, kapitulierten sie bedingungslos und kehrten auf ihre Posten zurück.

Nachdem Sayagyi seine Autorität gefestigt hatte, begann er mit viel Liebe und Mitgefühl die gesamte Atmosphäre und die Arbeitsweise innerhalb des Vorstandes zu verändern. Viele der Beamten nahmen unter seiner Führung sogar an Vipassana-Kursen teil. In den zwei Jahren, in denen Sayagyi den Vorsitz innehatte, erreichte der Vorstand Rekordwerte bei den Exporten und Gewinnen und die Effizient erreichte ein nie dagewesenes Hoch."

Aus dem Sayagyi U Ba Khin Journal.

༄

„Nachdem ich mehrere Jahre als wirtschaftspolitischer Analytiker und Berater im Vereinigten Königreich gearbeitet hatte, fiel mir auf, dass meine Arbeit unter privaten Problemen zu leiden begann. Ich beschloss, meine Stelle aufzugeben und meine Schwierigkeiten zu regeln. Ich lernte die Vipassana-Technik auf meinen Reisen kennen und praktiziere sie seit 1972.

Die Meditation hat die Richtung meines Lebens grundlegend verändert. 1984, als ich mich mit Frau und zwei Kindern in Australien niederließ, beschloss ich, nach einer Pause von fast zwölf Jahren, in die Wirtschaft zurückzukehren. Nach anfänglichen Forschungsarbeiten für den Staat Queensland war ich bald an Kabinettssitzungen und strategischen Entscheidungsprozessen beteiligt.

Die Praxis von Vipassana hat in vielerlei Hinsicht zu meinem Arbeitsleben beigetragen. Sie hat eine gute psychologische und charakterliche Grundlage für den Umgang mit wichtigen politischen Themen und führenden Persönlichkeiten der Gesellschaft geschaffen, häufig unter extremem Druck.

Es hat mir geholfen, das Wesen eines Problems klar zu erkennen und die erforderlichen Anstrengungen aufrechtzuerhalten. Es hat auch eine Grundlage geschaffen, um zur Moral und zum Wohlbefinden meiner Kollegen beizutragen."

Martin Clarke ist ein führender Wirtschaftswissenschaftler und Regierungsberater in Australien.

&

„Nur widerstrebend hatte der Innenminister des indischen Bundesstaates Rajasthan eingewilligt, seine Frau zu einem Vipassana-Retreat zu begleiten. Dann war er jedoch vom Ergebnis beeindruckt, nicht nur von der Freude und neuen Hoffnung im Gesicht seiner Frau, sondern auch von seinen eigenen positiven Resultaten, und von der Erkenntnis, dass man in nur zehn Tagen eine Technik erlernen kann, die schier unbegrenzte Möglichkeiten zur persönlichen Weiterentwicklung bietet. Im Bereich der Bildung und Ausbildung gab es auf der ganzen Welt Anstrengungen, eine Technik zu entwickeln, die die Einstellung der Menschen verändern kann. Die Methoden zur Vermittlung von Informationen, Wissen und Kompetenz waren zwar schon sehr verfeinert worden, aber es war noch keine zuverlässige Methode gefunden worden, die den menschlichen Geist und das menschliche Verhalten verändern konnte. Vipassana, so erkannte er, könnte durch die Veränderung der inneren Einstellung großen Einfluss auf die Regierung haben.

Die Regierung des Bundesstaates traf eine bahnbrechende Entscheidung: Vipassana sollte in ihren eigenen Organisationen als Mittel für Reformen eingesetzt werden. In den Gefängnissen wurden Kurse für Gefangene und das Personal organisiert, und auch in der Polizeiakademie wurde ein Kurs abgehalten. Beide zeigten ihre signifikante Wirkung bei den Teilnehmern.

Im gleichen Zeitraum waren einige meditierende leitende Beamte des Innenministeriums maßgeblich an der Einleitung interner Reformmaßnahmen beteiligt. Sie führten zu einer Verringerung des Verwaltungsaufwandes, zur Beschleunigung von Entscheidungsfindungsprozessen, zur Beseitigung des jahrelangen Arbeitsrückstandes und zur Verbesserung der Beziehungen zwischen Mitarbeitern und Beamten. Im Jahr 1977 pachtete die Regierung des Bundesstaates Rajasthan ein geeignetes Grundstück außerhalb der imposanten Stadt Jaipur für den Bau eines Vipassana-Zentrums – Dhamma Thali. Der Erfolg dieser Initiative zeigte, was Vipassana hinsichtlich Wandel und Reform einer Regierung bewirken kann. Viele Bundesstaaten sind der Empfehlung der indischen Regierung gefolgt und haben Vipassana als Reformmaßnahme in Gefängnissen eingeführt. Einige Bundesstaaten bieten Beamten auch bezahlten Urlaub an, damit sie an einem Kurs teilnehmen können. Die Erfahrung eines Vipassana-Kurses ist Teil einiger Ausbildungsprogramme im Polizeidienst, für Hochschulabsolventen in Wirtschaft und Technik und für die nächste Generation höherer Verwaltungsangestellter.

Zweitausend Jahre zuvor hatte der Große Kaiser Aśoka, ein Herrscher vom Range eines Caesar oder Karls des Großen, den Weg gewiesen. Er verzichtete auf die Grausamkeit der Eroberungen, für die er bekannt war, und widmete sich stattdessen dem Wohlergehen seines Volkes. Er ging mit gutem Beispiel voran, ermutigte die Bevölkerung zur Meditation und nutzte Vipassana als ein Instrument der Verwaltungsreform seines riesigen Reiches. Zeugnisse seiner Amtsführung, die auf Säulen und in Felsen gemeißelt sind, konnten bis heute erhalten bleiben. Hohe Ambitionen und Führungsqualitäten allein machen noch keine gute Regierung aus. Die innere Haltung muss sich ändern – eine zeitlose Herausforderung für die Menschheit. Vipassana-Meditation kann Einstellungen ändern, und dies tut sie auch."

Ram Singh, in den 1970er Jahren Innenminister
des indischen Bundesstaates Rajasthan,
lebte mit seiner Frau und seiner Familie in Jaipur.

Kapitel 11

EINE WAHRHEIT – VIPASSANA, WISSENSCHAFT UND SPIRITUALITÄT

„Die Meditationssitzungen dieses Tages waren gerade zu Ende gegangen. Ich trat in den Garten hinaus. Der Rasen war schon voller Tautropfen und am Himmel funkelten und glitzerten die Sterne. Man konnte genau die Milchstraße erkennen, und auch Cassiopeia, die Plejaden, Cygnus und andere Sternbilder. Durch den Wust der Empfindungen, die ich spürte, wurde mir bewusst, dass mein Körper substanzlos und gasförmig war, genau wie dieser weite Himmel, an dem unzählige Sterne funkelten und sich so schnell bewegten. Zwar spürte ich meinen Körper als etwas Greifbares, Festes, aber in Wirklichkeit war er gasförmig und leer. Vielleicht gehört er mir, vielleicht aber auch nicht. Wer war dieses Ich? Plötzlich wurde mir klar, dass ich bis zu diesem Moment vollkommen selbstsüchtig und egoistisch gewesen war. Tränen rollten über mein Gesicht, ich schluchzte laut auf – aber nicht aus Schmerz, sondern aus einer unbeschreiblichen Freude heraus. Wenigstens in diesem Augenblick war ich bescheiden genug, um allen und allem zu danken.

Ich legte mich auf eine Holzbank und schaute wieder in den Himmel hinauf. Das gesamte Universum war jetzt eine lebendige organische Einheit, und ich konnte sogar spüren, wie es sich sehr langsam drehte. Der Sternenhimmel da oben stand in wunderbarer Resonanz zu dem Sternenuniversum in mir, auf das ich zuvor in der Meditation einen kurzen Blick erhascht hatte. Ich fühlte mich so sicher und geborgen, glücklich und zufrieden."

Yohtaro Ota, Akupunkteur, erinnert sich an dieses Erlebnis aus seinem ersten 10-Tages-Kurs, 1992. Später übersetzte er das Buch "Die Kunst des Lebens" in seine Muttersprache, das Japanische.

Vipassana ist keine Religion, doch der Prozess der Introspektion, der Erforschung der Wahrheit in uns selbst und der Welt da draußen, ist zweifellos religiös. Die Meditationspraxis hilft uns, den Sinn des Lebens zu verstehen, und wie das Leben gelebt werden sollte. Vor allem aber gibt sie uns praktische Werkzeuge an die Hand, damit wir die höchsten Ziele erreichen können, zu denen wir fähig sind.

Vipassana ist eine universelle Technik, die allen offensteht, von allen praktiziert werden kann und allen zugutekommt, unabhängig von religiösem oder kulturellem Hintergrund, von Nationalität, Geschlecht oder Klasse. Der Buddha, eine reale historische Persönlichkeit, hat Vipassana entdeckt und gelehrt und die Lehre auf mitfühlende Weise großzügig überall verbreitet. Der Begriff „Buddhist" wurde von ihm selbst nie verwendet und kam auch erst einige Jahrhunderte später auf. Der Buddha hat sich auf die Lehre nur als „Dhamma" bezogen – das zeitlose Gesetz der Natur, die Wahrheit, die jeder für sich selbst erkennen kann. Er hat wiederholt auf die persönliche Natur der Suche nach Erleuchtung und der damit verbundenen Arbeit hingewiesen. Die Ergebnisse werden sich durch die eigene Praxis einstellen, war seine Erklärung, nicht durch die Abhängigkeit von einem Lehrer, blinden Glauben oder die Gründung einer Glaubensgemeinschaft. Mit der Zeit neigen organisierte Religionen dazu, in sektiererische Tendenzen zu verfallen und die Menschen zu spalten, sie sogar gegeneinander aufzuhetzen, anstatt ihre gemeinsame Menschlichkeit zu unterstreichen und sie zu vereinen. „Dhamma", wie es vom Buddha gelehrt wurde, schließt stets alle mit ein und ist niemals das Monopol einer Gruppe oder Religionsgemeinschaft.

❦

„Ich war schon immer der Meinung, dass zum Leben mehr gehört als das, was in den meisten westlichen Gesellschaften als wichtig angesehen wird. Obwohl auch ich das Nötigste zum Leben brauche, hatte ich immer Zweifel an meinem eigenen Bedürfnis oder Bestreben nach Wettbewerb mit anderen. Trotz vielseitiger Interessen fühlte ich mich in herkömmlichem Sinn eher ‚unambitioniert'. Stattdessen habe ich mich vollkommener gefühlt, wenn ich um der Kreativität selbst willen schöpferisch war, tiefgründige Gespräche geführt habe oder einfach nur in der Natur, in Wäldern, Bergen oder am Meer war.

Was meine berufliche Laufbahn anbelangt, so habe ich eine Ausbildung zum Rechtsanwalt gemacht und 1992 abgeschlossen, diesen Weg jedoch desillusioniert wieder beendet. Ich ahnte ja nicht, dass mein Gefühl der Unzufriedenheit eine fundamentale Wahrheit der Lehre des Buddha darstellt.

Die 1980er Jahre hatten mich davon überzeugt, dass ich eine Art Heilung brauchte, etwas mehr einer profunden spirituellen Tiefe in meinem Leben. Wie vielen anderen Menschen aus dem Westen kam es mir nie in den Sinn, dies in einer der organisierten Religionen zu suchen. Meine eigenen Eltern sind weder für noch gegen Religion, dadurch habe ich auch nie gegen Religion rebelliert – sie schien mir einfach nicht tiefgründig oder aufrichtig zu sein.

Nach einer Phase der Verwirrung und Orientierungslosigkeit gelang es mir, den Sprung in eine neue Richtung zu wagen und Kunstunterricht zu nehmen, in der Hoffnung, die Fähigkeiten, die ich in diesem Bereich zu haben glaubte, irgendwie nutzbar machen zu können. Dies gipfelte in einem weiteren Abschluss, aber auch hier fand ich mich mit mehr

Fragen als Antworten wieder. Überraschung, Überraschung
– noch mehr Unzufriedenheit."

Robert Hider lebt mit seiner Frau, ebenfalls Meditierende,
sowie seiner Tochter in Großbritannien. Er arbeitet als Grafiker,
Biobauer und Künstler. „Ich habe den Weg gefunden,
auf den ich unbewusst schon immer gewartet habe,
seit ich weiß nicht wann", schrieb er, nachdem er
ein Jahr lang Vipassana praktiziert hatte.

Angewandte Wissenschaft

Dhamma und Wissenschaft werden immer wieder gegeneinander
abgegrenzt. In Wirklichkeit repräsentieren sie zwei sich
ergänzende Aspekte menschlicher Aktivität. Wir sind eine
wissbegierige Spezies, die sich selbst und die Welt immer besser
kennen und verstehen will. Von Geburt an versucht das Kind, die
Beziehung zwischen Ursache und Wirkung in den verschiedensten
Situationen seines Umfeldes herauszufinden: das Drücken eines
Schalters bringt eine Glühbirne zum Leuchten, das Einfüllen von
Eis in ein Glas mit Erfrischungsgetränk kühlt es. Die Wissenschaft
fasst all das Wissen zusammen, das wir mit Hilfe unserer Sinne
über die Außenwelt gewonnen haben.

Während das Kind heranwächst und die Höhen und
Tiefen des Lebens erfährt, beginnt es sich zu fragen: „Was ist
der Sinn von all dem – geboren werden, lernen, Geld verdienen,
Kinder bekommen, eine Familie gründen, dann Ruhestand und
schließlich sterben? Warum gibt es soviel Leid, verursacht durch
Krankheit, Alter, Trennung von geliebten Menschen, Umgang
mit Unerwünschtem?" Es beginnt, über den wahren Grund
von Elend und einen möglichen Ausweg nachzudenken, und
wird dadurch weiser. Dhamma ist eine Synthese der gesamten
Weisheit, die die Menschheit erworben hat und offenbart die
Gesetze, die sich auf unsere innere Welt beziehen, ebenso wie
sich die Wissenschaft mit den Gesetzen der äußeren Welt befasst.

Für eine harmonische Entwicklung des Einzelnen und der Gesellschaft ist eine angemessene Integration von Wissenschaft und Dhamma unerlässlich, und doch werden sie oft als unvereinbar angesehen. Dhamma wird heute von vielen Menschen mit konfessionellen Religionen, Ritualen, Gesellschaftskonflikten und einem hartnäckigen Widerstand gegen jede logische Überprüfung von Glaubensinhalten gleichgesetzt. Die Wissenschaft wird in der Regel durchgängig mit Materialismus in Verbindung gebracht – der Ansicht, dass Materie die einzige Realität darstellt.

Vipassana verwendet einen wissenschaftlichen Ansatz, um die innere Wahrheit zu ergründen. Die Meditationstechnik ermöglicht es jedem, die Gesetze der Natur zu erfahren, nicht nur einigen wenigen Auserwählten. Jede Behauptung wird als Hypothese dargestellt, die nur dann akzeptiert wird, wenn sie durch Erfahrung und nicht durch Autorität bestätigt wird. Obwohl spirituelle Erfahrung per definitionem persönlich ist, kann sie geteilt und durch die persönliche Erfahrung anderer verifiziert werden. Alle Behauptungen müssen sich auch als rational und logisch erweisen, um akzeptabel zu sein.

Es ist seit langem bekannt, dass die Fähigkeit, die Begierden der Sinne zu kontrollieren, eine wichtige menschliche Errungenschaft darstellt. Aber, wenn wir dem Drang, Ärger und Leidenschaft auszudrücken, nicht mehr nachgeben sollen, wie vermeiden wir es dann, dass wir, während wir unsere Aufmerksamkeit ablenken, die Gefühle einfach nur ins Unterbewusstsein wegdrücken?

Vipassana bietet eine Methode, den Geist von seinen niederen Instinkten zu reinigen. Schritt für Schritt können wir lernen, diese geistigen Unreinheiten objektiv zu identifizieren, und sie durch neutrale Beobachtung innerhalb der geistig-körperlichen Struktur aufzulösen. Durch die Arbeit mit dem natürlichen Atem und den Körperempfindungen ist die Technik leicht zu verstehen und ihre Ergebnisse können sofort durch persönliche Erfahrung bestätigt werden. Sie ist eine angewandte Wissenschaft, eine Technologie zur inneren Entwicklung. Es ist keine vorherige Überzeugung erforderlich, um die Meditation auszuüben, und wie jede technische Fähigkeit kann sie von jedem Menschen durch systematisches Üben entwickelt werden.

Historisch gesehen förderte der Aufstieg der Wissenschaft den materialistischen Glauben, dass alle Phänomene auf der Grundlage gut verstandener Naturgesetze rational erklärt werden können. Im Westen wurden Geist und Materie als getrennte Einheiten angesehen, wobei der Geist aufgrund seiner wahrgenommenen Subjektivität eher zum Stiefkind wurde. Auch heute noch wird jeder Vorschlag zur ‚Transzendierung des Intellekts' häufig als unwissenschaftlich abgetan. Die jüngsten Entwicklungen der Wissenschaft, wie die Relativitätstheorie und die Quantenmechanik, führen jedoch zu einem tiefgreifenden Wandel in unserer anerkannten Sicht auf die Natur. In so unterschiedlichen Bereichen wie Physik, Biologie, Psychologie und Neurowissenschaften werden die Wahrheiten der Unbeständigkeit und der Ichlosigkeit des Universums sowie die Verbindung von Geist und Materie entdeckt. Die entstehende Weltsicht erkennt nun neben traditionellen Ansätzen auch die Rolle der direkten Erfahrung oder Einsicht zum Verständnis der ‚Realität' an. Jenseits scheinbarer Widersprüche ergänzen sich die Perspektiven des Dhamma und der Wissenschaft, was unser Verständnis enorm erweitert und uns weise Wege in die Zukunft aufzeigt.

❧

„Lange vor den Entdeckungen der modernen Wissenschaft erkannte der Buddha, indem er sich in tiefer Meditation selbst untersuchte, dass die gesamte materielle Struktur aus winzigen subatomaren Teilchen zusammengesetzt ist, die in einem einzigen Wimpernschlag trillionenfach entstehen und wieder vergehen. Vor einigen Jahren hat ein amerikanischer Wissenschaftler den Nobelpreis für Physik erhalten. Er hatte ein Instrument, eine Art ,Blasen-Kammer' entwickelt, mit dem sich berechnen lässt, wie schnell sich die Teilchen im Universum verändern. Er fand heraus, dass ein subatomares Teilchen pro Sekunde 10^{22} mal entsteht und vergeht. Diese beiden ,Wissenschaftler' sind zu demselben Ergebnis gekommen. Doch während der Buddha die Wahrheit direkt am eigenen Leib erfahren hat, hat sich der Physiker für seine Daten nur auf sein Instrument und seine intellektuelle Weisheit verlassen. Der Buddha hat durch seine Forschung die Befreiung von allem Leiden erreicht. Hat der Nobelpreisträger ebenfalls die Erleuchtung erlangt?"

S.N. Goenka, Bearbeitung einer Geschichte
aus einem Vortrag vom 10-Tage-Kurs.

❧

„Was ist Glück? Bei allem, was die Wissenschaft auf dem Gebiet des Materialismus erreicht hat, sind die Menschen in der Welt glücklich? Hin und wieder mögen sie Vergnügen in einer sinnlichen Erfahrung finden, aber in ihrem Herzen sind sie nicht glücklich, wenn sie erkennen, was gewesen ist, was geschieht und was sich als nächstes ereignen könnte. Warum? Das ist deshalb, weil der Mensch zwar die Materie beherrscht, es ihm aber immer noch an der Beherrschung seines Geistes mangelt.

Anstatt all unsere Intelligenz für die Eroberung der Atomenergie in der äußeren Materie einzusetzen, warum nicht auch für die Eroberung der Atomenergie im Innern? Dies wird uns den ,inneren Frieden' schenken und uns befähigen, ihn mit allen anderen zu teilen."

Sayagyi U Ba Khin, Vipassana-Lehrer.

Eine universelle Lehre

Vipassana ist eine universelle Technik. Sie stellt sich dem allgemeinen menschlichen Problem des Leidens entgegen und geht auf das menschliche Bedürfnis nach Tröstung ein – nach Erlösung vom Leiden. Es wurden bereits Meditationskurse in christlichen Kirchen und Seminaren organisiert, in einer muslimischen Moschee sowie an religiösen Stätten von Hindus und Buddhisten. Tausende Anhänger der verschiedenen Weltreligionen und viele ihrer Anführer nehmen an Vipassana-Kursen teil. Atheisten und Agnostiker fühlen sich davon ebenfalls angezogen. Warum?

Das geistige Training, das wir in der Vipassana-Praxis durchführen – Moral, Konzentration und Läuterung des Geistes – ist völlig konfessionsunabhängig. Die Objekte der Meditation, der Atem und die Körperempfindungen, stehen in keinerlei religiösem Zusammenhang. Es geht nicht um religiöse Bekehrung. Man kann in seiner Religion oder Tradition verbleiben und trotzdem alle Vorteile der Meditation nutzen. Vertrauen oder Glaube ist eine unschätzbare Unterstützung auf dem Weg. Aber der Glaube muss sich auf gesunde Qualitäten in Menschen, Göttern und Religionen stützen, die uns inspirieren, uns selbst zu verbessern. Niemand kann das für uns erledigen; wir müssen verstehen, dass nur wir selbst diese Arbeit tun und die Ergebnisse jetzt und in Zukunft erfahren können. Unsere gemeinsame Aufgabe besteht darin, bessere Menschen zu werden. Was auch immer unser Hintergrund ist, wenn wir diese Verantwortung annehmen, wird uns Vipassana zum Ziel führen.

❧

Die meisten Menschen im Westen kommen aus einem christlichen Umfeld. Für einige ist dies ein Teil ihrer Erziehung und Kultur, der mehr oder weniger verschüttet bleibt, ja sogar von ihnen abgelehnt wird. Andere wiederum, einfache Menschen ebenso wie Nonnen, Mönche und Priester, pflegen einen aktiven Glauben. Vipassana hilft uns dabei, uns wieder mit unseren spirituellen Wurzeln zu verbinden und in der Meditation durch die direkte Erfahrung der Wahrheit als Individuum zu wachsen.

Bill Vorhauer war während eines Großteils seines Berufslebens als Pädagoge und Sozialarbeiter für die spanische Bevölkerung der USA tätig. In seinem jetzigen Ruhestand möchte er mehr Zeit damit verbringen, 10-Tage-Kurse zu sitzen und zu helfen; und vielleicht ein paar Gebäude aus Strohballen zu bauen.

„Die meisten Menschen führen ein Leben in stiller Verzweiflung."

H.D. Thoreau.

„… ist es die Schwäche des Geistes, mein Vögelchen, rief ich, oder ein ziemlich zäher Wurm in deinem kleinen Innern?"

Gilbert & Sullivan.

„Um 3:00 Uhr am Morgen einer schlaflosen Nacht, wenn das Gehirn zu brummen beginnt wie eine kaputte Leuchtstoffröhre, habe ich mich immer gefragt, wozu all die Aufregung und die Anstrengungen des Tages gut waren. Oder wenn es ein friedlicher Tag gewesen war, hatte ich ihn vergeudet, weil ich mich nicht in den täglichen Kampf um die Erledigung von Aufgaben in der Verwaltung gestürzt hatte? Und überhaupt, war das Eine oder das Andere wertvoller, oder war das Ganze nur eine Selbsttäuschung? Das Ringen um die Durchsetzung eigener Interessen, die Verkaufsquoten oder eine Beförderung – gab es denn nichts Besseres, für das es sich lohnte, Luft zu holen, geschweige denn zu leben oder zu sterben? Nun, mit etwas weniger Dramatik ausgedrückt: alles was ich wollte, war nur ein bisschen Überzeugung oder eine subjektive Realität, anstatt ständig unsicher auf wackeligem Untergrund zu balancieren."

"Du ahnst ja nicht, was für eine schlechte Meinung ich von mir selbst habe, und wie wenig ich sie verdiene."

Gilbert & Sullivan.

„In den USA versuchen die Minderheiten, die sich in den Konkurrenzkampf eingeklinkt haben, das zu übertreffen, was der weiße Mainstream aus Mangel an künstlichen Barrieren erreicht. Die eigene Gruppe macht ihnen ihre Angepasstheit zum Vorwurf, und die anderen kümmern sich überhaupt nicht darum, oder wenn doch, dann nur, um abfällige Bemerkungen zu machen. Als mexikanischer Amerikaner fand auch ich mich verloren in diesem Morast wieder, obwohl ich mich seit meinem 14. Lebensjahr durch meine sehr aktive Teilnahme an der Pfingstbewegung um Zugehörigkeit bemüht hatte. Mit 16 Jahren bekehrte ich meine Eltern und wir wurden alle Mennoniten (Täufer). Mit achtzehn verlor die organisierte Religion für mich schließlich sämtlichen Anreiz.

Bis zu meinem 53. Lebensjahr hatte ich für ein gewisses Maß an Sicherheit und Zufriedenheit gearbeitet und gebetet, denn die Menschen, die ich kannte, schienen mit den Zielen und dem Lohn des normalen Lebens, die sie eifrig verfolgten, zufrieden zu sein: Angeln, Jetski fahren, Zuschauer-Sport, Bier, Kneipengänge und so weiter. Ich glaube, ich wäre ein überzeugter Alkoholiker geworden, wären die Kater danach nicht so böse gewesen. Um es kurz zu sagen: da war dieser nagende Wurm in meinem Geist, das Gefühl der Entfremdung und keine Quelle des Friedens oder der Zufriedenheit zu haben.

Als ich 1978 zum ersten Mal von Vipassana erfuhr, veränderten zwei wichtige Erkenntnisse die Landschaft meines Geistes. Nach so vielen Jahren der Ungewissheit und Verwirrung hatte ich endlich eine subjektive Wirklichkeit gefunden, die keinen Glauben oder Beweise außerhalb meiner selbst benötigte.

Nach sorgfältiger, wiederholter Prüfung all meiner Hoffnungen, Wünsche und Bedürfnisse dämmerte es mir schließlich, dass meine durch Konditionierungen bedingten

Wünsche die Hauptursache für meine psychische Not waren. In meiner Unwissenheit (aktiv konditioniert und manipuliert durch alle Bereiche der Gesellschaft) hatte ich nach Trost, Bestätigung und Sicherheit in Dingen und im Standardprogramm meines Familienlebens gesucht. Dies wurde für mich zu einer sich selbst bestätigenden und unanfechtbaren Schlussfolgerung. Ich fühlte mich wie aus einem Gefängnis befreit und konnte wieder durchatmen. Begeistert ist ein zu schwaches Wort, um meinen neu gefundenen Gemütszustand auszudrücken.

Der Zweite Teil meiner neuen subjektiven Realität war (und ich möchte dringend bitten zu verstehen, was die praktischen Auswirkungen einer subjektiven Wirklichkeit sind), dass ich einem Irrglauben aufgesessen war. Jetzt hatte ich die Möglichkeit, mich von der Vorstellung zu befreien, jemals die Kontrolle über meinen Geist gehabt zu haben. Durch Vipassana war offensichtlich geworden, dass der übliche Zustand des Geistes eines jeden Menschen ein einziges Chaos ist: ich war an dem einen Ende des Seils und das wilde Pferd meines Geistes war am anderen Ende. Und ich wurde tagtäglich durch Dornen, Schlamm, Dreck und über felsigen Boden geschleift und mein Messwert war, wie viel oder wie wenig Haut ich an diesem Tag eingebüßt hatte. Es war, als ob ich dachte, geschleift zu werden sei die normale Art der Fortbewegung.

Man könnte sagen, dass Vipassana das Wissen über Sättel und Reitkunst in sich birgt. Da war sie, die Hoffnung oder der Glaube, der sich aus keiner anderen Alternative ergibt. Es gab auch das perfekte Verständnis und die Erfahrung vieler Meditierender, die mich in meiner Zuversicht bestärkt haben, dass geistige Reitkunst eine Fertigkeit wie jede andere ist, und dass sie, obwohl sie einfach sein mag, nach dreiundfünfzig Jahren des wilden Herumrennens weder leicht noch schnell zu erlernen ist, aber dennoch möglich und wahrscheinlich ist, wenn man ausreichend übt. Es ist nie zu spät, es sei denn, man fängt gar nicht erst damit an."

❧

Pater Desmond D'Souza, seit über einem Vierteljahrhundert
Exerzitienlehrer der Redemptionisten und ehemaliger Sekretär der
protestantischen Kirchen der Dritten Welt in Singapur, hat die
Teilnahme an einem zehntägigen Kurs mit einer zweiten, tieferen
Ausbildung im Rahmen seiner Berufung verglichen.

„Vipassana bedeutet einen radikalen Wechsel von einem
deduktiven, theoretischen, vorgefertigten System zu einer
induktiven, erfahrungsbasierten Art des Lernens. Kein Buch,
keine Bibel, kein Rosenkranz, keine Messe, kein Gebet, kein
Gott – nichts. Du leerst dich aus. Und dort beginnst du zu
erkennen, dass du selbst das ‚wahre‘ Buch bist, der eigene
Körper und der eigene Geist. Du entdeckst, dass in deinem
Inneren dieselben Gesetze wirken, die auch draußen im
Universum herrschen.

Deshalb gehe ich jetzt nicht mehr von einem Glaubenssystem
aus – ich gehe nicht mehr von meinem Glauben an Gott
aus. Sondern ich gehe von Jesus von Nazareth aus, einem
Menschen, der einen ähnlichen Läuterungsprozess hin zur
Erleuchtung durchlaufen hat und schließlich von Gott
transformiert wurde. Vipassana ist der bestmögliche Prozess
erlernter Selbstbeobachtung. Wir können damit den höchsten
Zustand der Sensibilität erreichen, um das Geschenk der
Gnade Gottes zu empfangen.“

❧

Pater John Chang hat seinen ersten 10-Tages-Kurs in Taiwan
absolviert, bevor er nach Brasilien berufen wurde.

„Vipassana dient mir als tägliche spirituelle Praxis. Es gibt mir
Kraft und Stärke, um den Anforderungen meines geistigen
Amtes als Katholischer Priester gerecht zu werden. Es hilft
mir, eine klare und offene Sichtweise auf religiöse Praktiken
zu haben. Es inspiriert mich zu einem besseren Verständnis
der Lehren Jesu und der Bücher der Bibel. Mit der praktischen
Perspektive von Vipassana machen die Worte Jesu, die in der

Bibel aufgezeichnet sind, für mich Sinn. Sie werden lebendig. Es geht nicht mehr nur um die Autorität der Bibel, sondern um die Autorität, die sich aus dem Teilen derselben Weisheit über das Leben ergibt. Es freut mich zu sehen, dass Buddha und Jesus dieselbe Weisheit über die Kunst des Lebens teilen. Vipassana hilft mir auch, meinen Geist besser zu kontrollieren und befreit mich schneller von traurigen oder unerfreulichen Momenten. Es hilft mir, die menschliche Schwäche anderer zu verstehen und gibt mir mehr Mitgefühl für die Notleidenden.

Fundamentalismus, Konservativismus, Ausschließlichkeit, Engstirnigkeit und Vorurteile – alles, was mir in meinem religiösen Umfeld begegnet – kann durch Vipassana hinterfragt und verringert werden. Jesus sagt: ‚Die Wahrheit wird Euch frei machen.‘ Die Kraft von Vipassana kann den Menschen helfen, die Wahrheit selbst zu sehen, und allein der Akt des Sehens wird sie von den Fesseln der Unwissenheit und der Verblendung befreien. Vipassana schafft ein Licht, mit dem man das Wesentliche der Religion sehen und begreifen kann. Es verringert Distanzen und Konflikte und ermutigt die religiös Gesinnten, sich um das Gemeinwohl und die Verbesserung des Wohlergehens des gesamten Universums zu bemühen. In anderen Worten, es bringt uns einen neuen Horizont und eine neue Vision des Lebens."

⳹

Muslime sind manchmal zögerlich, wenn es um Meditation geht, weil sie befürchten, dass sie mit ihren eigenen religiösen Grundsätzen in Konflikt geraten könnten. Dennoch äußerte kürzlich ein angesehener religiöser Gelehrter in den Arabischen Nachrichten, dass durch Meditation, sofern sie keine besonderen Rituale erfordert, alles, was im Islam wünschenswert sei und gefördert würde, anhand von Introspektion erreicht werden könne. Zahlreiche Muslime aus verschiedenen Schulen und Gemeinschaften haben in Vipassana eine Technik entdeckt, die ihr Leben als Muslime bereichert, ohne dass sie sich mit der Ausübung einer anderen Religion identifizieren müssen.

Trotz der ausdrücklichen Empfehlung eines Freundes zögerte Mohammed Arif Joyia, einen Kurs zu belegen:

„Oh! Das ist die Religion der Buddhisten, der Atheisten. Diese Buddhisten glauben nicht an die Seele und auch nicht an Gott. Was können die schon groß lehren? Ich bin ein Muslim. Ich kann so eine Straftat nicht begehen."

Nachdem er schließlich doch seine Ängste überwunden hatte, entschied er sich 1978 für einen 10-Tages-Kurs in Hyderabad (Indien) und machte gute Fortschritte. Doch eines Nachts sah er im Schlaf plötzlich einen gruseligen Dämon, der ihn am Hals packte und ihn bedrohte, weil er ins Meditationszentrum gekommen war. Als Mohammed erschrocken erwachte, sah er seine Zimmergenossen friedlich schlafen, und erkannte, dass es sich nur um einen Alptraum gehandelt hatte, ein Spiel des Geistes. Unreinheiten waren durch die ernsthafte Meditation aufgerüttelt und beseitigt worden. „Jetzt habe ich es verstanden. Das ist eine Verschwörung des Unterbewusstseins. Ich werde nicht gehen, ohne den Kurs abgeschlossen zu haben." Er entspannte sich, ging lächelnd zurück ins Bett und schlief schließlich ein.

Am nächsten Tag, als er sich ruhig und gelöst fühlte, konnte Mohammed seine Erfahrung aus einer neuen Perspektive betrachten: „Ich verstand nun die Bedeutung von *Ich nehme Zuflucht zu Buddha* als Zuflucht zur eigenen Erleuchtung und nicht zur Person von Siddharta Gotama. *Ich nehme Zuflucht zu Dhamma* bedeutet, dass man in seiner eigenen wahren Natur verankert sein muss, nicht in irgendeiner abgrenzenden Religion. Und *Ich nehme Zuflucht zur Sangha* bedeutet, dass man Zuflucht nimmt zu all den edlen Menschen, die in Dhamma fest etabliert sind, unabhängig von ihrer Rasse, Hautfarbe oder Nationalität. Von diesem heiligen Moment an floss auch der Begriff des Todes mit all seinen Theorien und Tränen wie geschmolzener Schnee einfach dahin. Oh nein! Kein Wesen stirbt. Der Tod ist unmöglich. Jeder bleibt entsprechend seiner eigenen Taten auf der Reise. Und das Endziel der Reise ist *nibbāna*. Jetzt verstand ich, was die eigene

Religion ist und was die Religion der anderen ist. Ohne den Geist mit Vipassana zu reinigen und unsere eigene Natur zu erkennen, wird das Leben in der Religion der anderen gelebt. In seiner eigenen Natur zu leben, das ist wahres Dhamma."

Später schrieb Mohammed: "Ich möchte allen meinen jungen gebildeten Muslimen sagen, dass sie Vipassana wirklich ausprobieren und die Ergebnisse sehen sollten. Es ist heute so wichtig, dass sich Menschen aus allen Gesellschaftsschichten vereinigen."

Tatsächlich werden weltweit immer mehr Muslime von Vipassana angezogen; in mehreren Golfstaaten wurden Retreats abgehalten und "Die Kunst des Lebens" wurde genehmigt und in der Sprache Farsi veröffentlicht.

❧

„Nachdem ich fünfzehn Jahre lang verschiedene Meditationsmethoden studiert, erfahren und unterrichtet hatte, stieß ich auf die von Herrn Goenka gelehrte Technik und fand sie sehr effektiv. Ich war seit vielen Jahren Yogalehrer und habe viele Schüler ausgebildet. Ich habe auch ein Buch über das Thema Yoga und Meditation geschrieben. Aber mit Vipassana – wie Herr Goenka es lehrt – habe ich das letzte meiner Experimente abgeschlossen.

Als Iraner, der mit den tiefgründigen Weisheiten östlicher Mystik vertraut ist, habe ich mein Leben in der Bemühung verbracht, über den bloßen Materialismus hinauszuwachsen, und ich habe gesehen, dass diese unbeständige Welt nur ein Schatten der ultimativen Wahrheit ist. Ich habe in den Worten von Herrn Goenka ein tiefes gegenseitiges Einvernehmen gefunden. Und ich habe der Lehre des Buddha vertraut und konnte anhand meiner eigenen Erfahrung die Wirksamkeit dieser Meditationsmethode wertschätzen."

Dr. Ahmad Nourbaksh ist Dozent an der
Universität Teheran, Iran.

❧

In der gesamten jüdischen Diaspora praktizieren viele Menschen begeistert Vipassana. Besonders in Israel sind die regelmäßig angebotenen Kurse meist ausgebucht.

Paul Glantz, ein 33-jähriger jüdischer Rabbi, besuchte während eines Urlaubs einen Vipassana-Kurs in Sussex, England, und schrieb darüber für das Mitteilungsblatt seiner Synagoge.

„Mehr als einmal habe ich mir gedacht: ‚Warum bin ich eigentlich hier?‘, aber es war ein Vergnügen, mit niemandem reden oder gar jemanden kennenlernen zu müssen. Oft wollte ich im Speiseraum plötzlich ein Lied anstimmen. Aber ich hielt mich an die Regeln und vollzog keine weiteren Rituale, Gebete, oder gar Gespräche mit Gott, denn: Abmachung ist Abmachung.

Die Idee ist, dass die Meditation und der Lebensstil uns von all den Spannungen befreit, die wir in unserem Körper abgespeichert haben. Jeden Abend gab es ein Video über die Theorie hinter der Technik. Darin wurde erklärt, dass Verlangen und Abneigungen die Wurzeln all unserer Probleme sind, dass wir uns bestimmte Dinge wünschen, und dass wir andere Dinge versuchen zu vermeiden. Die Meditation soll den Geist darin üben, nicht auf unsere Begierden oder Abneigung zu reagieren. Es war für mich faszinierend, die jüdische Idee von *Yetzer Ha-Ra*, der schlechten Neigung, die dem so ähnlich ist, neu zu überdenken. Der Mishna (erstes Buch des Talmud) zufolge meditierten die frühen Rabbiner stundenlang, bevor sie beteten. Wir wissen zwar nicht, welche Technik sie verwendeten, aber für mich erscheint diese Technik sehr geeignet zu sein. Der Kurs bot mir eine großartige Gelegenheit, mich vor Jom Kippur körperlich und emotional zu reinigen. Ich würde sogar erwägen, es nächstes Jahr zu wiederholen!“

❧

Indien ist mit seinem Reichtum an Göttern, religiösen Praktiken und Meditationstechniken als spirituelles Land bekannt. Vipassana ist einst hier entstanden und hat in den letzten Jahren im gesamten Land eine rasante Wiederbelebung erfahren. Dennoch ist das Festhalten an Traditionen nach wie vor stark, besonders in den älteren Generationen. Manchmal bedarf es eines besonderen Anstoßes, um den Einzelnen zu einer neuen Perspektive und persönlichen Veränderung zu bewegen.

Das Jahr 1984 war ein besonders schwieriges Jahr für alle sensiblen Menschen in Indien. Die Operation „Bluestar" führte in einem heiligen Tempel der Sikh im Punjab zu massivem Blutvergießen. Die Premierministerin, Frau Ghandi, wurde Opfer eines Attentats, woraufhin es im Norden des Landes zu schrecklichen Unruhen kam. Und als ob dies noch nicht genug Leid über das Land gebracht hätte, ereignete sich schließlich noch die Industriekatastrophe in der Chemiefabrik in Bhopal, mit Tausenden von Toten und Verletzten. Für P.L. Dhar, Dozent am Institut für Technologie in Delhi, wurden all diese Ereignisse von der unerwarteten Krankheit und dem Tod seines ältesten Sohnes überschattet.

Dhar hatte schon während seiner Schulzeit ein spirituelles Interesse. Er begann mit dem regulären Studium der Klassiker des Hinduismus wie der *Bhagavad Gita*, der *Upanishaden* und der *Veden*. Er probierte verschiedene Meditationsarten aus, meist nach Anleitungen aus Büchern. Für eine Weile stand er einem Lehrer sehr nahe, dessen Erklärungen der Schriften besonders inspirierend für ihn waren.

Auf intellektueller Ebene konnte Dhar das Ableben seines Sohnes als "göttliche Inszenierung" verstehen, und es mit Fassung hinnehmen. Doch im Laufe der Monate begann die Fassade des Gleichmutes zu bröckeln. Er spürte ein seltsames Unbehagen tief im Innern und hatte sogar Schwierigkeiten, seine normale Arbeitsroutine aufrecht zu erhalten. Vielleicht stimmte es ja, was er gehört hatte, dass die traditionellen spirituellen Praktiken wie Chanten, Gebete der Hingabe und die Beobachtung von Gedanken nicht in die tieferen Schichten des Geistes vordringen konnten. Es gab keinen Grund, sich darüber aufzuregen, trotzdem fühlte er sich aufgewühlt. „Wofür sollte ich das brauchen?", hatte er noch vor einigen Monaten einem Freund geantwortet, der ihm zu einem Vipassana-Kurs geraten hatte. Jetzt hatte sich der Bedarf ganz von selbst eingestellt.

„Der erste Kurs war eine sehr schwierige Erfahrung, nicht etwa wegen der langen Stunden im Sitzen oder des erzwungenen Schweigens. Es waren die abendlichen Vorträge, die ich nur schwer ertragen konnte. Diese Diskurse stellten meine lange gehegten Überzeugungen in Frage und schienen außerdem über manche von mir ganz besonders verehrten Heiligen der Vergangenheit abfällige und verächtliche Bemerkungen zu machen.

Ich konfrontierte Goenkaji, der den Kurs persönlich leitete, mit meinen Einwänden. Da ich mit seiner Antwort nicht zufrieden war, und die Diskurse für mich immer heftiger wurden, beschloss ich am dritten Tag sogar, den Kurs abzubrechen. Goenkaji reagierte sehr liebevoll: ‚Sie sind ein Wissenschaftler – warum führen Sie das Experiment nicht zu Ende, bevor Sie Ihre Schlüsse ziehen? Sie brauchen nicht allem zuzustimmen, was in den Vorträgen gesagt wird. Hauptsache Sie praktizieren, was empfohlen wird. Und nach zehn Tagen ziehen Sie schließlich Ihre eigenen Schlussfolgerungen.' Als er mir die Erlaubnis zu gehen verweigerte, sagte ich zu mir selbst: Warum schiebe ich das Urteil nicht auf und versuche, für den Rest der Tage das Experiment ernsthaft zu beenden? Am Ende des Kurses war die Wirkung offensichtlich. Ich fühlte mich so leicht und glücklich, wie ich es noch nie in meinem Leben gewesen war."

❧

„Als ich 40 Jahre alt war, hatte ich es zu einem erfolgreichen Arzt mit sozialem Status und Prestige gebracht, war recht vermögend und besaß ein eigenes Krankenhaus und ein Haus und hatte eine liebevolle Ehefrau und Kinder. Doch etwas fehlte in meinem Leben – die rechte Gehirnhälfte blieb unerfüllt. Zeichnen, Malerei und das musikalische Talent, das ich als junger Mann gepflegt hatte, waren in den Hintergrund getreten. Priorität hatten nur die Karriere und der Ehrgeiz zum Erfolg – alles Leistungen der linken Gehirnhälfte. Zufriedenheit, Glück, Geduld, Stille, Frieden und Freude im Innern waren mir fast unbekannt geworden. Stattdessen war ich sehr ungeduldig, dominant und reizbar und mein ständiger Ärger übertrug sich vom Berufsalltag auf mein Privatleben.

Etwa um diese Zeit kam ich in Kontakt mit Osho Rajneesh, der mir riet, ich müsse nach innen schauen, um wahres Glück und dauerhafte Werte zu finden. Neuer Ehrgeiz packte mich, die Erleuchtung zu erlangen. Ich wurde in *Sanyas* eingeweiht, trug rote Gewänder und Gebetsperlen. Ich änderte meinen Namen und stürzte mich Hals über Kopf in verschiedene Meditationsformen, einschließlich einer Art Vipassana. Mehrere Jahre lang praktizierte ich auf meine eigene Art und Weise, ohne dass mich jemand angeleitet hätte und ließ mich unter anderem von den Lehren Krishnamurtis inspirieren. Dann stieß ich zufällig auf ein Buch, in dem die Vipassana-Technik erklärt wurde, wie sie von S.N. Goenka gelehrt wird, und mir wurde klar, dass das, was ich bisher praktiziert hatte, ganz anders war. Als ich an einem zehntägigen Kurs teilnahm, verstand ich sofort die Bedeutung von Körperempfindungen in der Meditationspraxis. Als Arzt, der 42 Jahre lang Körper und Geist behandelt hatte, wusste ich, dass die Patienten ihre Symptome stets in Form von Körperempfindungen ausdrücken, aber ich hatte mir nie die Mühe gemacht, diese Empfindungen auch bei mir selbst zu beobachten. Und auf einmal sah ich mich dabei entlarvt, wie ich immer die Empfindungen, die ich liebte, beibehalten und die, die ich hasste, loswerden wollte. Mein ganzes Dasein wurde von Empfindungen beherrscht. Doch nun winkte endlich ein Weg zu innerer Zufriedenheit – und der Schlüssel dazu war Gleichmut…"

Dr. H.N. Phadnis ist ganzheitlicher Gesundheitsberater in Puna, Indien. Alle Mitglieder seiner großen Familie praktizieren Vipassana.

◦❧

Die Lehren des Buddha enthalten tief gehende Inspiration und Anleitung zu unserem Verhalten. Doch die Hingabe an den Buddha und das Lesen seiner Schriften allein werden uns nicht zur Befreiung führen. Sein Rat ist unmissverständlich: meditiere und mache deine Fortschritte auf dem Weg.

„Als ich in Rangoon (Burma) lebte, war mir nie bewusst gewesen, was für ein Glück ich gehabt hatte, in eine religiöse Familie hineingeboren zu sein. Wie in den meisten traditionellen buddhistischen Familien sind gute Taten wie Spenden und ein ethischer Lebenswandel für uns selbstverständlich und gehören einfach zum Leben dazu. Ich habe auch als männliche Buddhist besondere Privilegien genossen. In meiner Jugend war ich mehrmals Novize und wurde nach meinem 20. Lebensjahr wiederholt als Mönch ordiniert. Ich hatte die Gelegenheit, in verschiedenen Klöstern und Meditationszentren *Samatha*- (Konzentration) und *Vipassana*-Meditation (Einsicht) nach unterschiedlichen Methoden zu praktizieren. Allerdings hatte ich nie die Möglichkeit gehabt, im Zentrum von Sayagyi U Ba Khin zu meditieren, obwohl es ganz in der Nähe des Elternhauses meiner Frau lag.

Nachdem wir in die Vereinigten Staaten umgesiedelt waren und uns in Südkalifornien niedergelassen hatten, machten meine Frau, mein jüngerer Sohn und ich eine wunderbare Erfahrung, als wir zusammen einen zehntägigen Kurs im nahe gelegenen Meditationszentrum besuchten. Obwohl

Assistenzlehrer den Kurs leiteten, hatte ich das Gefühl, es wäre Goenkaji selbst. Dabei habe ich die Effizienz des eingesetzten Audio- und Video-Lehrmaterials schätzen gelernt. In Burma hatte ich an verschiedenen Vipassana-Meditationskursen teilgenommen, die von berühmten Mönchen geleitet wurden. Die meisten Zentren dort sind das ganze Jahr über geöffnet, aber sie führen keine speziellen Kurse durch, und die Lehrer stehen oftmals gar nicht für Anweisungen zur Verfügung. Am Ende unseres Kurses war ich Goenkaji und U Ba Khin sehr dankbar für ihre Weisheit, ihre Weitsicht und ihre harte Arbeit, mit der sie erfolgreich überall auf der Welt feste Meditationszentren aufgebaut haben.

Obwohl ich während der 40 Jahre in Rangun die einzigartige Gelegenheit verpasst habe, persönlich an den Vipassana-Kursen von Sayagyi U Ba Khin teilzunehmen, konnte ich doch endlich die Früchte seiner Arbeit genießen, indem ich den Kurs im kalifornischen Zentrum absolviert habe. Für mich war es sonst immer ‚so nah und doch so fern‘ gewesen.“

U Tin Htoon hat seinen ersten 10-Tages-Kurs 1996 in
Dhamma Mahavana, Kalifornien, gesessen. Er und seine
Familie in den USA (und im Ausland) meditieren in
dieser Tradition und stehen in Kontakt mit ihren
ordinierten Lehrern in Myanmar.

꤮

Angraj Chaudhary war früher Professor für Pāli, die alte Sprache Indiens, in der die Lehren des Buddha überliefert sind.

„Bevor ich anfing, Vipassana zu praktizieren, war mir gar nicht bewusst, wie sprunghaft mein Geist war. Ich hatte zwar viel darüber gehört, aber ich selbst verstand nicht wirklich viel davon. Wenn ich meinen Schülern die Schriften erklärte, konnte ich ziemlich redegewandt über die Natur des Geistes sprechen, aber erst durch die Erfahrung von Vipassana wurde mir klar, wie sich der Geist mit rasender Geschwindigkeit von einem Objekt zum anderen bewegt und sich dabei unsere

Reaktionen vervielfältigen. Und glücklicherweise konnte ich lernen, ihn zu kontrollieren. Durch Vipassana konnte ich die Pāli-Texte noch besser verstehen. Vor allem aber hat es mir geholfen, erfolgreicher mit den in mir schlummernden Stürmen und Vulkanen umzugehen. Jetzt ist mir auch die tiefere Bedeutung dieser Verse aus dem Dhammapada vollkommen klar geworden:

Ein gut gerichteter Geist kann in der Tat mehr Gutes bewirken,
als die eigene Mutter, der Vater oder Verwandte.
Ein schlecht gerichteter Geist hingegen kann mehr Schaden anrichten,
als ein Feind einem Feind antut und ein Hasser dem,
der ihn hasst.

Unterschiedliche Auffassungen in Einklang bringen

Indem die Vipassana-Praxis gemeinsame spirituelle Werte über oberflächliche Differenzen stellt, weist sie einen Weg zu echtem Verständnis und zur Versöhnung zwischen verschiedenen Glaubensrichtungen und Traditionen.

Der folgende Text ist ein Auszug aus einer besonderen Rede mit dem Titel "Buddha, der großartige Wissenschaftler des Friedens", die S.N. Goenka im Mai 2002 vor den Vereinten Nationen in New York gehalten hat.

„Dies ist die kühne Erklärung eines herausragenden Wissenschaftlers. Er sagt: ‚Ich habe dieses Naturgesetz, das Gesetz der voneinander abhängigen Entstehung, in mir selbst erfahren. Und nachdem ich es erfahren und verstanden habe, erkläre ich es, lehre es, erläutere es, begründe es und zeige es anderen. Erst nachdem ich es selbst gesehen habe, verkündige ich es.' Genauso wie das Gesetz der Schwerkraft wahr bleibt, egal ob es einen Newton gibt oder nicht. Newton entdeckte es nur und erklärte es der Welt. Genauso bleibt die Tatsache, dass sich die Erde um die Sonne dreht, wahr, ob es jetzt einen Galilei gibt oder nicht.

Das Fühlen von Empfindungen ist die entscheidende Weggabelung, von der aus man zwei Wege einschlagen kann, die in entgegengesetzte Richtungen führen. Reagiert man weiterhin blind auf angenehme und unangenehme Empfindungen, vervielfacht man sein Elend. Wenn man jedoch lernt, angesichts angenehmer und unangenehmer Empfindungen Gleichmut zu bewahren, beginnt man, das Gewohnheitsmuster auf der tiefsten Ebene zu verändern und aus dem Elend herauszukommen. Die Empfindungen sind die Wurzel. Solange man die Wurzel vernachlässigt, wird der giftige Baum immer wieder nachwachsen, selbst wenn man den Stamm abgeschnitten hat. Der Buddha sagte:

So wie ein Baum mit gesunden und festen Wurzeln wieder austreibt, auch wenn er gefällt wurde,

treibt auch, solange das verborgene Verlangen nicht ausgerottet ist, das Leiden wieder und wieder von Neuem aus.

Auf diese Art entdeckte dieser herausragende Wissenschaftler, dass man an der Wurzel des Geistes arbeiten muss, um sich vollkommen von geistigen Verunreinigungen zu befreien. Jeder einzelne Mensch muss die Wurzeln des Verlangens durchtrennen.

Damit sich die Gesellschaft zum Besseren verändern kann, muss sich jedes Individuum ändern. Wenn der ganze Wald verdorrt ist, muss jeder einzelne Baum genährt, seine Wurzeln von Krankheiten befreit, und dann gewässert werden. Dann wird der ganze Wald wieder erblühen. In ähnlicher Weise muss sich für das Wohl der Gesellschaft jeder Einzelne verbessern. Soll die Gesellschaft friedlich werden, muss jeder Einzelne friedlich werden. Der Einzelne ist der Schlüssel.

Damit die Welt friedvoll werden kann, muss auch jedes Land oder jede Gesellschaft friedvoll werden. An dieser Stelle möchte ich gern noch einmal eine wichtige Ermahnung des Buddha an die Vajjianische Republik der Licchavis zitieren. Der Buddha gab die folgenden praktischen Anweisungen, die die Licchavis unbesiegbar machen würden:

- Solange sie ihre Einigkeit beibehalten und regelmäßig zusammenkommen, werden sie unbesiegbar bleiben.
- Solange sie in Einigkeit zusammenkommen, in Einigkeit aufstehen und in Einigkeit ihre Pflichten erfüllen, werden sie unbesiegbar bleiben.
- Solange sie nicht ihre alten Grundsätze von guter Staatsführung und ihr Rechtssystem übertreten, werden sie unbesiegbar bleiben.
- Solange sie ihre Ältesten verehren, respektieren, achten und würdigen und auf ihre Worte hören, werden sie unbesiegbar bleiben.
- Solange sie ihre Frauen und Kinder schützen, werden sie unbesiegbar bleiben.
- Solange sie die Objekte der Verehrung innerhalb und außerhalb ihres Staates ehren und sie finanziell unterstützen, werden sie unbesiegbar bleiben.

Auch damals gab es viele Sekten mit ihren eigenen Tempeln und Kultstätten. Die Weisheit liegt darin, alle Menschen glücklich und zufrieden sein zu lassen. Sie sollten niemals Schikanen ausgesetzt sein, die sie dazu zwingen, zu Staatsfeinden zu werden. Ihre Kultstätten sollten angemessen geschützt werden. Solange die Herrscher den heiligen Menschen Schutz und Unterstützung gewähren, werden sie unbesiegbar bleiben.

Dieser weise Rat des Buddha gilt auch heute noch, um Frieden und Harmonie in der Welt zu erhalten. Wir können religiöse Themen nicht ignorieren, wenn wir erfolgreich darin sein wollen, der Welt Frieden zu bringen.

Es ist die Pflicht jeder Regierung, ihre Bevölkerung vor Angriffen von außen zu schützen und alles zu tun, um ihre Menschen und ihr Territorium zu sichern. Dabei sollte in Erinnerung bleiben, dass derartige Maßnahmen nur kurzfristigen Erfolg versprechen. Nur guter Wille und Mitgefühl können den Hass überwinden, der all diesen Taten zugrunde liegt, egal von wem und mit welcher Religionszugehörigkeit sie begangen werden. In Indien, den Vereinigten Staaten und anderen Ländern, in denen Vipassana-Kurse in Gefängnissen abgehalten werden, sehen wir bereits, wie sich Menschen verändern. Die Wurzeln des Terrorismus liegen im Geist der Terroristen. Wir haben gesehen, wie einige hartgesottene, gewalttätige Kriminelle in unseren Gefängniskursen transformiert wurden. Wut, Angst, Rachsucht und Hass beginnen sich aufzulösen, und es entsteht ein friedlicher und mitfühlender Geist. Zunächst bitten wir einige Mitglieder des Gefängnispersonals, Vipassana zu lernen, und geben erst dann Kurse für die Insassen. Das führt zu wunderbaren Ergebnissen.

In den Lehren des Buddha finden wir eine Brücke, die verschiedene Glaubensrichtungen miteinander verbinden kann. Die drei grundlegenden Bereiche der Lehren des Buddha – Moral, Konzentration des Geistes und Reinigung des Geistes – sind die Essenz jeder Religion und jedes spirituellen Pfades. *Sīla, samādhi und paññā* sind der gemeinsame Nenner aller Religionen. Diese drei grundlegenden Faktoren, die für ein gutes Leben notwendig sind, können nicht in Frage gestellt werden. Der ganze Schwerpunkt der Lehre des Buddha liegt auf der Ausübung dieser drei Faktoren, um Dhamma im wirklichen Leben anwenden zu können. Dies ist der innere Kern einer jeden Religion. Doch anstatt diesem Kern Bedeutung zu geben, streiten wir uns ständig über die äußere Hülle, die in verschiedenen Religionen unterschiedlich ausfallen kann.

Die Geschichte hat bewiesen, dass die universelle, überkonfessionelle Lehre des Buddha, wann immer sie an einen Ort oder in eine Gemeinschaft gelangt ist, nie mit der traditionellen Kultur kollidiert ist. Stattdessen wurden die Lehren, wie Zucker sich in Milch auflöst, sanft aufgenommen, um die Gesellschaft zu versüßen und zu bereichern. Wir alle wissen, wie sehr die Süße des Friedens und der Ruhe in der heutigen bitteren Welt gebraucht wird. Möge die Lehre des Erleuchteten immer mehr Menschen Frieden und Glück bringen und so immer mehr Gesellschaften auf der ganzen Welt friedlich und glücklich werden lassen."

KAPITEL 12

KOMMT UND SEHT!

„Ich hatte das Glück, eine Schule der Sekundarstufe zu besuchen, in der wir neben den üblichen Hauptfächern auch Latein und Griechisch gelernt haben. Wir haben Platon, Sokrates und andere Philosophen gelesen. Ein Spruch von Heraklit aus Ephesus hat sich mir besonders eingeprägt: *Panta rei* – ‚Alle Dinge fließen und verändern sich ständig‘. Er hat mich beeindruckt, ohne zu wissen warum.

Als ich siebzehn oder achtzehn war, hat mir ein Freund die vegetarische Ernährung nahegebracht. Er hat mir auch das Buch *Siddharta* von Hermann Hesse geliehen, das mehr oder weniger zum Anfang meiner spirituellen Suche wurde.

Im letzten Schuljahr fuhren wir mit der ganzen Klasse nach Rom, um die Orte zu besuchen, von denen wir schon so viel gehört hatten. Bald darauf reiste ich mit einem Freund auch nach Athen. Oben auf der Akropolis begegnete ich einem deutschen Reisenden, einem Zahnmedizinstudenten. Wir hatten viel gemeinsam und von ihm erfuhr ich zum ersten Mal etwas über Meditation.

Nach meinem Schulabschluss war ich nicht sicher, was ich als nächstes studieren sollte. Philosophie war eine der Möglichkeiten, sie schien interessant zu sein, aber ich wusste, dass ich nicht wirklich die Theorien und Gedanken anderer Leute lernen wollte, sondern eher, wie ich selbst ein gutes Leben führen konnte. Weisheit war das, wonach ich suchte…"

Petra van Domburg ist Lehrerin für Informationstechnik
in den Niederlanden. Seit ihrem ersten Kurs 1984
praktiziert sie Vipassana.

&

„Als Goenkaji 1979 begann, Vipassana im Westen zu lehren, war ich das typische Beispiel einer konfusen und unzufriedenen Abendländerin, die seine Lehren des Maßhaltens und der Weisheit dringend nötig hatte. Aufgewachsen im rasanten Wandel der sechziger und siebziger Jahre, in denen die Ungerechtigkeiten der konservativen Gesellschaft stark infrage gestellt wurden, experimentierte ich wie viele andere mit verschiedenen, zum Teil widersprüchlichen Rollen und Selbstbildern herum. Ich hatte versucht, die ruhige Studentin zu sein, die Tochter von bescheidenen Migranten, die sich für Klassiker und Häkelarbeiten begeisterte. Die ernsthafte junge Wirtschaftswissenschaftlerin. Die treusorgende Ehefrau, Hausfrau und Gärtnerin. Die in bestickte Jute gehüllte Wochenend-Kifferin, die vom ökologischen Landbau träumt. Die psychedelische Astralreisende. Das depressive ‚tragische Opfer' eines besitzergreifenden Ehemannes. Die lederbekleidete Motorradreisende. Die blonde, sonnenanbetende Mittelmeer-FKKlerin. Die Himalaya-Wanderin.

Keine dieser Rollen passte wirklich, also schlüpfte ich von einer in die nächste. Ich wollte jemand anderes sein, jemand, die ich nicht war. Denn ich war nie zufrieden mit dem, was ich war, wo ich war oder was ich hatte. Manchmal versuchte ich, ein besserer, nützlicher Mensch zu sein. Aber ich hatte viel zu viele selbstzerstörerische Gewohnheiten, die mich von jeder Verbesserung abhielten.

Eines Tages ermutigte mich ein Freund, einen Vipassana-Kurs zu besuchen. Mehr aus Wertschätzung seiner

Freundlichkeit habe mich entschlossen, es zu versuchen. Es war das Härteste, was ich je in meinem Leben gemacht habe. Ausnahmsweise konnte ich meiner Selbstbetrachtung einmal nicht ausweichen, und vieles von dem, was ich dabei sah, gefiel mir überhaupt nicht. Ich war eine verwöhnte und egoistische junge Frau. Ich war meinem Ex-Mann gegenüber unehrlich und untreu gewesen und hatte ihn sehr verletzt. Es gab zwar auch ein paar gute Eigenschaften zum Ausgleich, aber nicht viele. Nach dem Kurs habe ich nicht sofort große Veränderungen an mir bemerkt, aber es gab ein gewisses Gefühl der Hoffnung, dass es möglich ist, die Kontrolle über mein Leben zu übernehmen, anstatt immer nur auf die äußeren Umstände zu reagieren."

Gilly Rowan, Australien.

Die Suche nach der Wahrheit ist eine sehr persönliche Reise. Vipassana ist eine sehr alte Meditationstechnik und heute noch ebenso aktuell wie in der Vergangenheit. Die Tradition der hier beschriebenen Lehre ist in vielerlei Hinsicht einzigartig. Sie ist völlig religionsunabhängig und unpolitisch. Die Lehrer sind Wegweiser, keine Gurus. Die Kurse werden kostenlos angeboten. Sie werden nicht aus kommerziellen Quellen finanziert, sondern einzig und allein durch die freiwilligen Spenden dankbarer Schüler. Die Herangehensweise an die Meditation ist in erster Linie praktisch. Man lernt, den Geist zu trainieren und zu reinigen, um alte Konditionierungen zu überwinden und das Leben zum Besseren zu verändern. Die Lehre ist einfach zu verstehen und nachzuvollziehen. Sowohl im 10-Tages-Kurs als auch in den täglichen Sitzungen ist jedes Element der Übung – ethische Lebensführung, Konzentration und Einsicht – wesentlich und unterstützt gleichzeitig die anderen. Kern der Praxis ist die direkte persönliche Erfahrung der eigenen Realität des Geistes und des Körpers, wie sie sich von Moment zu Moment verändert. Wenn wir die Wahrheit so erforschen, wie sie ist, ohne auf Imagination, Verbalisierung oder Visualisierung zurückzugreifen, werden wir mit Sicherheit gute und konkrete Ergebnisse durch unsere Meditation erzielen. Mit der Zeit werden unsere Bemühungen, den Geist zu reinigen, die Entwicklung von Qualitäten wie Großzügigkeit, Tugend, Geduld, Selbstaufopferung, Fleiß, Wahrhaftigkeit, Entschlossenheit, Mitgefühl, Gleichmut und Weisheit fördern. Das ermöglicht uns, anderen gegenüber gebefreudiger zu sein und unseren eigenen Fortschritt auf dem Pfad zu beschleunigen. Dies ist also eine Kurzdarstellung über die Technik und wie die Vipassana-Meditation heute überall auf der Welt erfolgreich angewandt werden kann.

❧

„Erstes Ziel der Vipassana-Meditation ist, das Erleben von *anicca* (Unbeständigkeit) in sich selbst zu wecken und schließlich einen Zustand innerer und äußerer Ruhe und Ausgeglichenheit zu erreichen. Dies wird durch die Versenkung in das Empfinden von *anicca* im eigenen Innern erreicht.

Die Welt steht heute vor ernsten Problemen, die die gesamte Menschheit bedrohen. Jetzt ist genau die richtige Zeit für jeden, sich in die Vipassana-Meditation zu vertiefen und zu lernen, wie man inmitten all dessen, was heute geschieht, einen tiefen Ort der Stille in sich findet. *Anicca* ist in allen von uns. Es ist für alle erreichbar. Nur ein Blick in das eigene Innere und schon ist es da – *anicca* das erfahren werden kann... *Anicca* ist für den Haushälter das Juwel des Lebens. Er hütet es sorgfältig, um sich einen Vorrat an ausgewogenen Kräften zu schaffen, für sein eigenes Wohlergehen und für das Wohl der Gesellschaft."

Sayagyi U Ba Khin.

❦

„In der Meditation ziehen Sie sich von anderen zurück und richten Ihre Aufmerksamkeit nach innen, um Reinheit des Geistes und Dhamma-Kräfte zu sammeln. Danach müssen Sie sich wieder nach außen wenden und diese Kräfte nutzen. Wollen Sie einen Weitsprung ausführen, müssen Sie zunächst einige Schritte zurückgehen. Dann laufen Sie los und springen. Genauso ziehen Sie sich zuerst zurück, beobachten sich selbst im Innern und schöpfen diese Kraft. Dann machen Sie einen großen Sprung in die Gesellschaft hinein, um ihr zu dienen. Diese beiden Schritte können nicht voneinander getrennt werden."

S.N. Goenka.

❦

„Die stille Meditation ist kein Weg, um zu vergessen, sondern ein Weg, nicht mehr vergessen zu können, gewissermaßen eine sofortige Wiederholung unseres eigenen Spiels. Durch stille Meditation kultivieren wir Reinheit. Aber nicht, weil wir in einem Leben nach dem Tod der Hölle entgehen, sondern weil wir uns nicht dabei beobachten wollen, wie wir im Innern unbeholfen durch unseren eigenen stillen Bildschirm stolpern. Ein lebenslanges Sich-Verpflichten zu dieser Art von Selbsterkenntnis reinigt das Leben auf natürliche Weise und löscht alles aus, was mit dem stillen, ruhigen Frieden unvereinbar ist. Je konsequenter wir uns in uns selbst vertiefen, desto nettere Menschen werden wir sein wollen. Reinheit heißt, dass wir mit dem zufrieden sein können, wer wir wirklich sind. Damit meine ich nicht bloße Selbstakzeptanz, sondern Selbsttransformation, so dass wir, wohin wir auch vordringen, weder Hindernis noch Schaden finden. Wir hören auf, uns selbst zu schockieren. Meditation, die auf Reinigung ausgerichtet ist, ist nicht etwas, das wir tun, um unseren Tag zu überstehen, sondern das, was wir tun, um unseren Tag in Richtung eines dauerhaften Friedens im Herzen zu führen."

Aus Cultivating Inner Peace von Paul Fleischman.

Die Praxis von Vipassana hilft uns, den Stürmen unseres Lebens ohne Angst zu begegnen. Wir erkennen den Wandel jeden Tag durch direkte Erfahrung, indem wir unsere inneren Reaktionen parallel zum Strom der äußeren Ereignisse verarbeiten. Wir erkennen die Unbeständigkeit auch, indem wir verstehen, was an der Natur wahr ist, wie diese tiefste persönliche Realität mit oberflächlichen Situationen koexistiert. Und wir realisieren das Prinzip Unbeständigkeit, indem wir den Impuls zu Reagieren nach und nach durch echte Akzeptanz und Positivität ersetzen. Wie Berichte aus dem täglichen Leben von Meditierenden bezeugen, ist Vipassana ein unschätzbares Werkzeug zur Lösung unserer Probleme. Wir sind keine Opfer mehr, sondern arbeiten mit dem Fluss der Dinge.

❧

Charles Brown nahm an einem der ersten Vipassana-Retreats in Indien teil und kehrte 1977, nach fast fünf Jahren Abwesenheit, nach Amerika zurück. Sowohl er als auch das Land hatten sich radikal verändert. Er hatte gerade einen Flugzeugabsturz in Guatemala überlebt (siehe Kapitel 1, Herausforderung und Wandel) und seine Rückkehr gestaltete sich schwierig.

„Ich brauchte etwas Freiraum, also lieh ich mir den Kleinbus meines Bruders, der zum Schlafen und Kochen ausgestattet war und fuhr an die Ostseite der Berge, wo gerade die Apfelernte angelaufen war. Ich fand einen Job auf einer kleinen Obstplantage, als einziger Pflücker. Zwei Tage lang war ich ganz allein mit der Apfelernte beschäftigt und nachts schlief ich allein im Campingbus. Meine Ruhelosigkeit wollte jedoch nicht nachlassen. Spät am dritten Tag stand ich pflückend auf einer Leiter. Dieses Greifen eines Apfels nach dem anderen hatte eine hypnotisierende Wirkung auf mich und plötzlich überkam mich ein großer Friede. Ich spürte, dass ich mich wieder in dem abgestürzten Flugzeug befand, und ich fühlte die völlige Ruhe, mit der ich meinem Tod entgegengesehen hatte. Da fragte mich eine Stimme ,Völlig ruhig im Angesicht deines Todes, und nun völlig verstört im Angesicht deines Lebens?' Meine merkwürdige Umkehrung der Einstellung zu Leben und Tod amüsierte mich. Meine Reaktion war das genaue Gegenteil von der fast aller Menschen auf der Welt. Ich musste lachen. Ich musste heftig lachen. Ich war etwa auf zwei Meter Höhe auf der Pflückleiter und bin lieber abgestiegen, bevor ich noch runtergefallen wäre, und auf dem Boden habe ich weiter gelacht. Mein Lachanfall machte das ganze Problem zunichte. Danach hatte ich noch viele Probleme zu bewältigen, um wieder Ordnung in mein Leben zu bringen, aber dieser Lachanfall hatte das eine große Problem in viele kleine mundgerechte Stücke zerschlagen. ,Erinnere dich an *anicca*', würde Goenkaji sagen, und hier war es zu mir nach Hause gekommen."

Charles Brown kam vor kurzem völlig unerwartet nach einer langen Pause wieder mit Vipassana in Berührung. An seinem Arbeitsplatz, einem Gefängnis nahe Seattle, wurde überraschend ein 10-Tage-Kurs organisiert. Es war die perfekte Möglichkeit, seine eigene Meditation wieder aufzugreifen und die Praxis mit sich zu nehmen, um das neue Häftlingsprogramm des NRF zu unterstützen.

„Die Situation meines Freundes wurde immer schlimmer. Anscheinend war er bereits an AIDS erkrankt, nachdem sein HIV-Test positiv ausgefallen war. In seiner Verzweiflung nahm sein Alkoholkonsum zu. Früher hätte ich versucht, ihn zu ermutigen und ihm zu helfen, aber ich merkte, dass ich ihm einfach nicht helfen konnte. Bei den Anonymen Alkoholikern hieß es, man müsse lernen, sich zu lösen, loszulassen, indem man sich auf sich selbst konzentriert und sich selbst ändert. Wieder versuchte ich zu helfen, aber das stürzte mich in eine Krise nach der anderen. Schließlich, nachdem ich sieben Jahre lang in dieser problematischen Situation gelebt hatte, habe ich gespürt, dass ich so nicht mehr weitermachen konnte und bin gegangen. Ich hatte alles versucht. Es gab nichts mehr, was ich noch für ihn tun konnte.

Ich besuchte den Vipassana-Kurs, um mit meinem Kummer fertig zu werden. Zu meiner Überraschung hat es mich entlastet, wenn ich, anstatt in Depressionen zu verfallen, meine momentanen Gefühle einfach akzeptiert habe. Mir wurde klar, dass ich, trotz der Erwartung des baldigen Todes meines liebsten Freundes, glücklich sein konnte. Doch die Überraschungen waren damit noch nicht zu Ende. Als ich nach Hause kam, erfuhr ich, dass mein Freund inzwischen schwerkrank im Krankenhaus gelegen hatte, wo er noch einmal getestet worden war. Er hatte gar kein AIDS und letztendlich war er auch nicht HIV-positiv."

Werner Jung aus Deutschland ist Künstler.

❧

Erinnern Sie sich an „Eeyore" aus Kapitel 2 (Was ist Vipassana-Meditation?)? Kerry Jacobs aus dem Vereinigten Königreich berichtet von weiteren Veränderungen.

„Mein Geist ist viel klarer und schneller geworden, insbesondere mein Gedächtnis und meine Fähigkeit, rasch zu einer Lösung zu kommen. Kürzlich musste ich für eine Japanisch-Prüfung, die mich auf das nächste Level bringen sollte, ernsthaft lernen. Ich habe mich entschieden, mehr als die Hälfte der kostbaren Zeit, die mir für das Lernen zur Verfügung stand, für die Teilnahme an einem zehntägigen Vipassana-Kurs zu verwenden. Ich wollte an dem Kurs teilnehmen, um meine Meditation zu vertiefen, und es machte mir keine Sorgen, dass ich zehn Tage des Lernens verpassen würde. Ich wusste, dass mein Geist am Ende so viel klarer sein und ich die verpassten Tage mehr als wettmachen würde. Und genauso war es auch. Ich habe die Prüfung mit guten Noten bestanden.

Bei einer anderen Gelegenheit bin ich nach einem Meditationskurs an meinen Arbeitsplatz zurückgekehrt und war gleich mit einem Computerproblem konfrontiert, das sich schon seit Monaten hinzog. Anfangs hat mich das sehr entmutigt, aber dann habe ich gedacht: mal schauen, ob ich den Knackpunkt finde. Ich habe mich für eine Minute hingesetzt und sehr klar und tiefgründig über das ganze Problem nachgedacht. Dabei habe ich erkannt, was ich tun musste und habe noch am selben Tag alles in Ordnung gebracht. Das war ziemlich verblüffend und befreiend!

Außerdem bin ich viel arbeitsfreudiger geworden. Meine Mutter hat mich immer Siebenschläfer genannt, weil ich als Kind so gern geschlafen habe, besonders morgens, wenn ich aufstehen sollte. Diese Gewohnheit habe ich bis ins Erwachsenenalter beibehalten und ausgeschlafen, wann immer sich mir die Gelegenheit geboten hat. Aber das hat sich ganz allmählich geändert. Jetzt springe ich aus den Federn sobald es hell ist und bin manchmal schon um 5:30 oder 6:00 Uhr bereit loszulegen. Es ist für mich auch nicht ungewöhnlich, schon vor dem Frühstück ein paar Stunden zu arbeiten. (Ich weiß nicht, ob das auch mit der Vipassana-Praxis zu tun hat, aber ich stelle fest, dass ich viel mehr Interesse an Bewegung habe und bin sogar Mitglied in einem Fitnesscenter geworden – das hätte ich früher nie von mir gedacht!)

Was Beziehungen angeht, habe ich etwas Frieden gefunden. Ich habe eine Geschichte schwieriger, manchmal katastrophaler, fast immer aber sehr dramatischer Liebesbeziehungen, die oft kompliziert sind und mich viel Energie und Tränen gekostet haben. Doch wie bei allem anderen auch, lerne ich heute, mein Glück nicht außerhalb von mir selbst zu suchen. Selbst wenn die äußeren Umstände schlecht sind, kann ich heute viel mehr als früher im eigenen Innern glücklich bleiben. Manchmal träume ich von einer unmöglichen Romanze oder quäle mich über eine aussichtslose Beziehung. Aber vielleicht, weil ich mir meiner selbst bewusster geworden bin, ertappe ich mich dabei viel schneller als früher. Ich habe jetzt die Ressourcen von Anapana und Vipassana, die mir helfen, die Tagträume/ Aggressionen zu verkürzen, indem ich meine Aufmerksamkeit auf meinen Atem oder meine Empfindungen richte. Es ist eine große Erleichterung, Vipassana zur Verfügung zu haben, um mit diesem Bereich meines Lebens umzugehen."

❧

Für Vajira, eine professionelle Tänzerin aus Sri Lanka, war eines der Ergebnisse der Meditation das Akzeptieren ihres Alterungsprozesses.

„In meinem Heimatland schätzen die Menschen, was ich tue und was ich darstelle. Das Niveau der kreativen Arbeit, die schönen Geschichten oder Tänze, es hat alle glücklich gemacht und ihre Blicke fordern mich auf, weiterzumachen. Also versuche ich mein Bestes, auch wenn ich nicht mehr in Höchstform bin. Ich motiviere andere dazu, es weiterzuführen, denn die Tradition muss auch bewahrt werden, sonst stirbt sie aus. Also muss ich das für mein Land tun, solange ich kann. Ich arbeite in Teilzeit, trainiere täglich, gebe Unterricht und arbeite auf der Bühne. Durch die Vipassana-Praxis verstehe und akzeptiere ich die Veränderungen – dass mein Körper nicht mehr alles so wie früher kann. Das hat mir geholfen, nicht mehr nach weiteren Erfolgen zu streben, sondern zu versuchen, das beizubehalten, was ich immer gemacht habe. Es hat mich auch bescheidener gemacht und ich sehne mich nicht mehr nach Publicity. Und es gibt noch weitere Veränderungen. Ich bin allmählich Vegetarierin und mein Lebensstil ist jetzt ruhiger geworden. Ich mache mit meiner Arbeit einfach weiter, bis sie jemand von mir übernimmt und habe keine Ambitionen mehr, noch berühmter zu werden. Ich bin jetzt zufrieden… Was ich getan habe, ist genug."

❦

„Die Meditation ist ein ganz besonderer Moment, den der Mensch in Ruhe verbringt, fernab von Lärm, fernab von allem! Besonders diese Art der Stille findet man im Leben so selten. Das Leben ist wie ein Fluss, den man selten reinigt, außer im Rahmen der Meditation. Manchmal ist er friedlich, mal aufgewühlt, mal ist er trübe und manchmal dunkel. Der Geist ist immer mit allen möglichen Gedanken überladen. Und Meditation ist eine wunderbare Art, den umherschweifenden Geist zu zähmen. Sie ist auch ein Mittel gegen Ärger und Trübsinn."

Luc, 13 Jahre, aus Frankreich.

❦

„Ich denke, es ist für alle da. Je früher man die Technik lernt, desto besser, selbst für Kinder.

Es gibt vielleicht Leute, die sagen: ‚Ich habe keine Probleme, warum sollte ich diese harten zehn Tage an mir arbeiten?' Für mich ist die Tatsache, dass sie sagen, dass sie es nicht brauchen, ein sehr starker Grund, *dass* sie es brauchen. Würden sie auch nur einen Moment lang über sich selbst reflektieren, anstatt auf das zu hören, was von außen an sie herangetragen wird, würden sie es selbst erkennen. Also los, frage dich selbst: Wie ist dein Leben? Wie ist deine Beziehung? Wie sieht es mit deiner Arbeit aus? Wirst du wütend? Bist du jähzornig? Bist du frustriert über andere Menschen und über das, was sie denken, tun oder sagen? Wenn die Antwort auf diese Fragen ein ‚Ja' ist (und das ist wahrscheinlich der Fall, denn so sind wir Menschen), dann ist auch die Antwort ein ‚Ja', und du solltest einen Kurs machen."

Aus einer Unterhaltung mit
Michael Powell aus Adelaide, Australien.

❧

Für Robert Johnson (USA), einen ehemaligen Gefängnisinsassen, ist Vipassana der Schlüssel, um auf dem richtigen
Weg zu bleiben.

> „Ich werde nicht mehr damit aufhören. Ich mag die
> Meditation…in der Alltagswelt nicht zu reagieren…Ich
> erschließe mir Wege, um die Meditation in meinem Leben
> weiter zu praktizieren: Wie kann ich ein gutes Leben führen
> und gleichzeitig meditieren? Zum ersten Mal kann ich es
> ausdrücken, wenn mir eine Situation nicht gefällt oder die
> Art von Leuten oder hier oder dort zu arbeiten. Mit Vipassana
> habe ich genug Rückhalt, um sagen zu können, ob etwas
> gut ist oder sich für mich als falsch herausstellen wird. Es ist
> eine Herausforderung, einen besseren Lebensstil für mich zu
> entwickeln. Das ist die nächste Stufe der persönlichen Arbeit.
>
> Wenn jemand im Gefängnis sitzt und sich wünscht,
> etwas Ruhe zu haben, denn Gefängnisse sind laut, die
> Leute schreien, Tore werden zugeschlagen, jemand schreit:
> ,Stillgestanden!', und man hat die Möglichkeit, Vipassana-
> Meditation zu machen, dann sollte man sofort loslegen. . .
> Ich würde es jedem empfehlen."

❧

> Nun weiß ich, dass dies der Weg ist,
> Für den Nicht-Gläubigen, der glauben möchte,
> Für den ständig Misstrauischen, der sich heimlich nach
> Vertrauen sehnt.
> Dies ist der Weg für diejenigen, die sich nie richtig wohl-
> fühlen können
> Mit menschlichen Scheinlösungen wie Gott, Psychologie,
> Geld.
> Dies ist für jene, die die Wissenschaft schätzen,
> Aber von ihr nicht getröstet werden können.
> Es ist für jene, die etwas besitzen, weil es funktioniert,

Nicht weil es einen Markennamen trägt.

Für jene ist es, die einen Atemzug höher bewerten als ein Wort.

Ayelet Menahemi aus Israel ist Filmemacherin.
Sie nahm 1993 an ihrem ersten 10-Tages-Kurs teil.
Mittlerweile meditiert ihre gesamte Familie.

❧

„Das Potential ist unbegrenzt. Als Lehrer vieler Altersstufen bin ich der Meinung, dass Meditation für Schüler aller Generationen zum Alltag dazugehören sollte. Vipassana gibt allen mehr Frieden, Klarheit, Konzentration und Selbstbewusstsein. Diese Fähigkeiten sind wichtiger als Mathematik oder Wissenschaft, weil sie einem Menschen eine innere Sprache der Einsicht vermitteln. Sie haben mich auch ermutigt, mich in einer Weise künstlerisch zu betätigen, die nicht länger zum Elend in der Welt beiträgt, sondern mich danach streben lässt, zu erhellen, zu lehren, zu inspirieren, um die Menschheit voranzubringen!"

Max Kiely, Kanada.

❧

„Es hat mir eine bessere Vorstellung davon vermittelt, wo, wie und warum wir im Gesamtgefüge der Dinge stehen. Damit hat es meinen Horizont erweitert. Anstatt eines so engen Blickwinkels, alles. Es ist alles da, so groß. Genial!"

„Ich glaube, ich bin etwas ruhiger und ein bisschen mitfühlender. Ich bin nicht mehr so auf mich selbst fixiert. Ein bisschen offener, denke ich, hoffe ich..."

„Ich habe das Gefühl, dass ich jetzt ein Werkzeug habe, mit dem ich mein Bewusstsein dafür erweitern kann, wohin mich mein Leben führen wird." Es ist das erste Mal, und ich bin schon lange auf der Suche gewesen, vielleicht 30 Jahre, und ich habe viel gelesen und immer gewusst, dass es noch etwas anderes gibt. Dies ist das erste Mal, dass ich tatsächlich etwas gefunden habe, das erklärt, wie man es macht. Alle anderen Bücher, die ich gelesen habe, sind ähnlich in ihren Zielen, aber sie sagen einem nicht, wie. Und Vipassana erklärt dir, wie es geht."

„Ich bin sehr froh, dass ich es gemacht habe…ja sehr froh."

Aus Interviews mit Teilnehmern nach ihrem ersten 10-Tages-Kurs, Australien 1990.

❦

Möge jede Leserin und jeder Leser ihren oder seinen Weg finden und ihr Glück und Frieden wachsen.

VIPASSANA-MEDITATIONSZENTREN

Üblicherweise verbreitet sich die Kenntnis von der Vipassana-Meditation durch Mundpropaganda – jemand sitzt einen Kurs und fühlt, dass ihm das viel gebracht hat. Er oder sie will das Erreichte nun mit anderen teilen und ermuntert seine Familie und Freunde, ebenfalls an einem Kurs teilzunehmen. Das Interesse an Vipassana und die Nachfrage nach Kursen ist in den letzten Jahren sehr stark gewachsen und immer mehr Menschen erfahren von dieser Technik durch Medienbeiträge, öffentliche Vorträge, Bücher und das Internet.

Die Vipassana-Homepage, www.dhamma.org (in Deutschland www.dvara.dhamma.org) bietet ein umfangreiches Verzeichnis an Kursen mit Unterbringung vor Ort, die auf der ganzen Welt organisiert werden. Viele dieser Kurse finden in speziell dafür eingerichteten Vipassana-Zentren statt, andere an angemieteten Orten. Eine kurze Einführung in die Technik und die Teilnahmebedingungen für die Kurse finden sich ebenfalls auf der Homepage. Anmeldeformulare können online ausgefüllt werden. Die Homepage bietet Informationen über Vipassana in vielen verschiedenen Sprachen. Falls Sie Fragen haben oder ein bestimmtes Anliegen, ist es am besten, eines der Zentren direkt zu kontaktieren. Man braucht keine vorherigen Kenntnisse oder Erfahrungen mitzubringen, um an einem Kurs teilzunehmen. Es genügt, wenn Sie wirkliches Interesse haben, die Technik zu lernen und ihr durch Ihre eigene Bemühung eine faire Chance geben wollen.

Vipassana-Kurse in der Tradition von Sayagyi U Ba Khin, wie gelehrt von S.N. Goenka, werden regelmäßig in vielen Zentren auf der ganzen Welt angeboten, von Indien und Asien, über Australien und Neuseeland bis nach Europa, Kanada, die USA und viele andere Länder.

Zentren, in denen deutschsprachige Kurse angeboten werden:

Dhamma Dvāra, Vipassana Centre, Alte Str. 6, D-08606 Triebel, Deutschland, Tel: +49 (037434) 79770, Fax: +49 (037434) 79771, E-Mail: info@dvara.dhamma.org, Webseite: https://dvara.dhamma.org

Dhamma Sumeru, No. 140, CH-2610 Mont-Soleil, Schweiz, Tel: +41 (32) 9411670; Fax: +41 (32) 9411650, E-Mail: info@sumeru.dhamma.org, Webseite: https://sumeru.dhamma.org

Dhamma Mudita, Naarntalstraße 2, A-4324 Rechberg, Österreich, Tel: +43 (0) 6802175465, E-Mail: info@mudita.dhamma.org, Webseite: https://mudita.dhamma.org

Dhamma Pajjota, Meditation Centre, Driepal 3, B-3650 Dilsen-Stokkem, Belgien, Tel: +32 (0) 89518230; Fax: +32 (0) 89518239, E-Mail: info@pajjota.dhamma.org, Webseite: https://pajjota.dhamma.org

Dhamma Pallava, Dziadowice 3a, 62-709 Malanów, Poland, Tel: +48 (505) 830915, Email: info@pallava.dhamma.org, Webseite: https://pallava.dhamma.org

MEHR INFORMATION ÜBER VIPASSANA-MEDITATION

Empfohlene Bücher und Filme für Interessierte und wo man sie erhält:

1. **Die Kunst des Lebens: Vipassana-Meditation nach S.N. Goenka,**
    von William Hart
    Eine ausführliche Studie über die Lehre von S.N. Goenka, entstanden unter seiner Anleitung und Zustimmung. Sie enthält Geschichten, die in den Kursen verwendet werden, und Antworten auf die Fragen der Teilnehmenden.
    dtv, 2006, 205 S., ISBN: 978-3-423-34338-1
    Titel der amerikanischen Originalausgabe: **The Art of Living: Vipassana Meditation As Taught by S.N. Goenka**
    Erhältlich auch in Englisch, Französisch, Spanisch, Hebräisch, Farsi, Hindi, Marathi, Gujarati und Sindhi.

2. **Die Zusammenfassungen der Kursvorträge,** von S.N. Goenka
    Zusammenfassungen der Abendvorträge aus einem zehntägigen Vipassana Kurs, in denen Herr Goenka den Kontext und die Gründe für die eigentliche Praxis der Vipassana-Meditation vermittelt.
    Vipassana Research Institute, 1995
    Komplette Sets der Abendvorträge sind auch in vielen anderen Sprachen erhältlich.

3. **Erkenntnis des Wandels, Vipassana-Meditation in der praktischen Anwendung,** von Ian Hetherington. Das Buch versammelt Stimmen aus aller Welt, die ausführlich über ihre Bedenken vor der Teilnahme an einem zehntägigen Kurs, ihre Erfahrungen während des Kurses und die durch die Vipassana-Praxis ausgelösten Veränderungen berichten. Titel der englischen Originalausgabe: **Realizing Change, Vipassana Meditation in Action** (erschienen ebenfalls bei Pariyatti Press)

4. **Meditation Now: Inner Peace through Inner Wisdom**, von S.N. Goenka
   Eine Sammlung von Essays und Interviews mit S.N. Goenka. Diese Auswahl enthält Vorträge Goenkas auf dem Weltwirtschaftsgipfel in Davos, dem Millennium Weltfriedensgipfel vor den Vereinten Nationen und andere Essays, die sich mit aktuellen Themen befassen.
   Vipassana Research Publications, 2002, 128 S.

5. **Karma and Chaos**, von Dr. Paul Fleischman
   Neue und gesammelte Essays (einschließlich **Why I Sit** und **The Therapeutic Action of Vipassana**) erforschen die Schnittstelle zwischen Psychiatrie, Wissenschaft und der zeitlosen Lehre des Buddha. Der Autor, ein bekannter Psychiater, praktiziert und lehrt Vipassana.
   Vipassana Research Publications, 1999, 160 S.

6. **Cultivating Inner Peace**, von Dr. Paul Fleischman
   Der Autor schildert verschiedene Beispiele von Menschen, die ihn auf seiner persönlichen Suche nach Harmonie und Glück inspiriert haben. Er enthält auch einen autobiografischen Beitrag seiner eigenen Erfahrungen mit Vipassana.
   Penguin Putnam, 1997, 300 S.

7. **The Buddha Taught Nonviolence, Not Pacifism**, von Dr. Paul Fleischman
   Ein zum Nachdenken anregender Essay und ein Gedicht, inspiriert von den Terroranschlägen des 11. September 2001.
   Pariyatti Press, 2002, 64 S.

8. **Art of Living, Audio Book,** von William Hart mit S.N. Goenka
   In dieser Audioversion des Buches wird jedes Kapitel vom Autor gelesen. Zusätzlich folgt eine der Geschichten, die S.N. Goenka selbst erzählt. Sie wurde den Vorträgen eines Vipassana-Kurses entnommen.
   Dies ist kein Selbstlernkurse für die Praxis von Vipassana. Stattdessen bietet es dem Zuhörer ein lebendiges Bild, wie es ist, Vipassana zu praktizieren und was durch die Technik erreicht werden kann.
   Pariyatti Audio Editions, 1999, CDs (5 Std. Gesamtlänge)

9. **The Dhamma Brothers,** Film von Jenny Phillips
   Ost trifft auf West, im tiefen Süden. Ein überfülltes Hochsicherheitsgefängnis – die Endstation im Strafvollzug von Alabama – erfährt

durch die Einführung eines Vipassana-Meditationsprogramms dramatische Veränderungen.

10. **Doing Time, Doing Vipassana**
    Gewinner des Golden Spire Award 1998 beim Internationalen Filmfestival von San Francisco. Dieser außergewöhnliche Dokumentarfilm nimmt die Zuschauer mit in das größte Gefängnis Indiens – bekannt als eines der härtesten der Welt – und zeigt die tiefgreifenden Veränderungen durch die Einführung von Vipassana-Meditation.
    Karuna Films, Ltd, 1997, 52 Min.
    Unter dem Titel **Zeit absitzen, Zeit für Vipassana** auch in deutscher Sprache erhältlich.

11. **Changing from Inside**, Produktion und Regie: David Donnenfield
    Dies ist der fesselnde Filmbericht über ein intensives Pilotprogramm zur Vermittlung von Meditation für die Insassen eines Gefängnisses niedrigster Sicherheitsstufe in der Nähe von Seattle, Washington.
    Vipassana Research Publications, 1998, 42 Min.

12. **Seeds of Awareness**
    Dieser Film dokumentiert die Erfahrungen moderner Kinder mit der Anapana-Meditation. Diese Technik der Achtsamkeit auf den Atem geht auf den Buddha zurück. Heute wird sie in kurzen Kursen angeboten, die auf Kinder und Jugendliche zugeschnitten sind. Der Film skizziert den Kursablauf und die Wirksamkeit.

Bezugsquellen für Vipassana-Publikationen

Die folgenden Buchhandlungen bieten Bücher, Videos und andere Publikationen für Interessierte der Vipassana-Meditation in dieser Tradition zum Verkauf an. Sie können diese direkt kontaktieren und sich eine Liste der aktuellen Titel und Preise anfordern.

Nordamerika

PARIYATTI

867 Larmon Road
Onalaska, WA 98570, U.S.A.
+1 (800) 829-2748; +1 (360) 978-4998;
bookstore@pariyatti.org, www.pariyatti.org

Australien/Neuseeland

DHAMMA BOOKS

Blackheath
New South Wales 2785, Australien
+61 (2) 4787-7184
dhammabooks@beagle.com.au, www.dhammabooks.com

VIPASSANA PUBLICATIONS AOTEAROA NZ

89 Mountain Road Roturua, Neuseeland
www.vipassanabooks.com

Europa

VIPASSANA LIVRES

2, les Sablons
89130 Villers-Saint-Benoit, Frankreich
contact@vipassanalivres.org
www.vipassanalivres.org

INSIGHT BOOKS

The Sun Garway Hill
Herefordshire HR2 8EZ, United Kingdom
+44 (0) 1981 580-436
https://insight.nandawon.com

AYANA BOOK SERVICE

Sarah Kreuz
Cubaer Str. 3
07548 Gera, Deutschland
+49 (0) 7461-12443
contact@ayana-book.com, www.ayana-book.com

Indien

THE BOOKSTORE

Vipassana Research Institute
Dhamma Giri
P.O. Box 6
Igatpuri 422 403 District Nashik Maharashtra, Indien
+91 (2533) 244076, oder 244086;
info@vridhamma.org, www.vridhamma.org

ÜBER PARIYATTI

Pariyatti hat es sich zur Aufgabe gemacht, einen erschwinglichen Zugang zu den authentischen Lehren des Buddha über die Theorie (*pariyatti*) und die Praxis (*paṭipatti*) des Dhamma der Vipassana-Meditation zu ermöglichen. Als 501(c)(3) gemeinnützige Organisation wird Pariyatti seit 2002 durch Spenden von Einzelpersonen getragen, die den unbezahlbaren Wert der Dhamma-Lehren wertschätzen und mit anderen teilen wollen. Wir laden Sie ein, sich unter www. pariyatti.org über unsere Programme und Dienstleistungen zu informieren und zu erfahren, wie Sie das Verlagswesen und andere Vorhaben unterstützen können.

Pariyatti Verlagsdrucke

Vipassana Research Publications (Schwerpunkt auf Vipassana, wie es von S.N. Goenka in der Tradition von Sayagyi U Ba Khin gelehrt wird)

BPS Pariyatti Editions (ausgesuchte Titel der Buddhist Publication Society, von Pariyatti mitveröffentlicht)

MPA Pariyatti Editions (ausgesuchte Titel der Myanmar Pitaka Association, von Pariyatti mitveröffentlicht)

Pariyatti Digital Editions (Audio und Videos, inklusive Vorträge)

Pariyatti Press (wiederaufgelegte Klassiker und inspirierende Texte von zeitgenössischen Autoren)

Pariyatti bereichert die Welt durch

- die Verbreitung der Worte des Buddha
- die Bereitstellung von Geistesnahrung für den Suchenden auf seiner Reise
- Licht auf dem Weg des Meditierenden

www.ingramcontent.com/pod-product-compliance
Lightning Source LLC
Chambersburg PA
CBHW031944090426
42739CB00006B/82